新闻学国家特色专业系列教材编辑委员会

新闻学国家特色专业系列教材

大众传播学通论

Dazhong
Chuanboxue
Tonglun

（第二版）

李　苓　　李春霞　　徐　沛　编著
王炎龙　　段　弘

四川大学出版社
SICHUAN UNIVERSITY PRESS

项目策划：王　冰
责任编辑：王　冰
责任校对：宋　颖
封面设计：墨创文化
责任印制：王　炜

图书在版编目（CIP）数据

大众传播学通论 / 李苓等编著 . — 2 版 . — 成都：
四川大学出版社，2019.6（2024.1 重印）
新闻学国家特色专业系列教材
ISBN 978-7-5690-2924-6

Ⅰ．①大… Ⅱ．①李… Ⅲ．①大众传播－传播学－高
等学校－教材 Ⅳ．① G206.3

中国版本图书馆 CIP 数据核字（2019）第 116521 号

书名	大众传播学通论（第二版）
编　著	李　苓　李春霞　徐　沛　王炎龙　段　弘
出　版	四川大学出版社
地　址	成都市一环路南一段 24 号（610065）
发　行	四川大学出版社
书　号	ISBN 978-7-5690-2924-6
印前制作	四川胜翔数码印务设计有限公司
印　刷	成都金阳印务有限责任公司
成品尺寸	148mm×210mm
插　页	2
印　张	10
字　数	294 千字
版　次	2019 年 7 月第 2 版
印　次	2024 年 1 月第 3 次印刷
定　价	39.00 元

◆ 读者邮购本书，请与本社发行科联系。
　电话：(028)85408408/(028)85401670/
　(028)86408023　邮政编码：610065
◆ 本社图书如有印装质量问题，请寄回出版社调换。
◆ 网址：http://press.scu.edu.cn

四川大学出版社
微信公众号

总　序

　　21世纪是新闻传播兴盛和日常化应用的新时代，新闻传播教育的目标正朝着培养专业学生知识结构复合、操作技能综合、职业思维创新的方向快速发展。面对时代的要求和新闻传播事业的发展需求，我们不仅要正视新闻教育中存在的滞后于实践发展的突出问题，还要以高度的责任感和使命感担当新世纪新闻创新人才培养的重任。在诸多人才培养的途径中，新闻传播教材的撰写与使用占有举足轻重的地位。改革开放30年来，我国新闻传播教育的飞速发展与教材编写、出版的日臻丰富正是新闻传播的学科建设以及创新人才的培养得以实现的途径。在内容贴近时代、形式日趋多元的教材编撰和出版现状下，我们决定陆续推出一批有特色的自编教材。

　　2007年10月，四川大学文学与新闻学院新闻学专业获得批准，成为我国第一批高校特色专业建设点。这是教育部在"十一五"期间择优重点建设的3000个左右特色专业的建设点之一，其目的是适应国家经济、科技、社会发展对高素质人才的需求，引导不同类型高校根据自己的办学定位和发展目标，发挥自身优势，办出专业特色，推进高校专业建设与人才培养，并紧密结合国家经济社会发展需要，形成一批急需和紧缺人才培养基地的战略部署，它将为同类型高校相关专业建设和改革起到示范和带动作用。"特色"之意，是侧重于立足自身的办学传统和比较优势，在教学、科研和实践三个环节形成与社会需求相适应的良性循环，并突出重点，在学科建设的区域发展中形成独特的竞争力和影响力。"特色"之"特"，还在于我们要发扬已经积淀的传统并依此形成培养优质人才服务于社会的独特模式，这种模式既可以供人参照借鉴，又可以不断自我创新。我们也以此为契机，从教材自建的角度试图达成如下心愿：

对于此次国家级特色专业——新闻学的建设，我们在教材规划中将突出"自成体系、自创风格"。所谓"自成体系"，就是既遵循传统新闻系教材注重新闻史、新闻应用和新闻理论构建等特点，又结合新闻实践的现实需要，在媒介经营管理、媒介法规、媒介公关等方面强化教材的时新性、延伸性和应用性。针对传媒事业的中外发展趋势，我们这套自编教材希望以系统的理论框架为基础带动典型案例的操作原理解析，试图提供给在校学生专业思维的有效训练和业界人士职业培训的提升指南。我们将立足新闻业务的拓新和新闻史论的现实发展，结合传媒现状的"变数"，构建"科学的新闻报道观"和职业素养的人文立场，在"学"与"术"的动态介绍和规律演绎中谋求业界和象牙塔之间的协作和平衡。所谓"自创风格"，就是在已经出版的同类教材的比照下，立足西部区域发展的特征，从案例讲解与理论探讨的角度形成统一的写作思路、结构体例和写作风格，在务实与提升的结合上开掘新的应用空间。我们将陆续推出新闻传播史论、新闻传播业务以及相关交叉领域的 15 本教材，从基础理论到业务应用，从传统报学到新媒体理论，在当今媒体发展"融合"的趋势下力图使教材的构架一目了然、内容可读启思，在出版教材的同时推出配套的电子音像读物，为达成生动、形象、深入的传播效果服务，力争在创新中突显特色之"效用"，即"实用"与"适用"，期望这些教材能成为新闻专业学生、新闻从业人员以及新闻爱好者喜闻乐见的读本，同时也祈愿它们能够为四川大学的新闻学"特色"之打造和发展提供强大的助推力。

四川大学新闻传播学教材编委会

2009 年 6 月

前　言

　　十年前，我和我的研究团队在《大众传播学通论》一书中立足于这样的分析视角：传播学之于中国社会而言，传媒研究和传媒教育已与传媒实践紧密结合并强力推动着传媒产业的现代化转型；之于社会个体的生存现实而言，使用媒体的便捷和逐渐习得的媒体免疫力，已将中国公民的媒介素养拉升到了一个虽然非均衡却又很具中国特色的"大同"水平。寻找、使用、评价传媒内容的自觉性，使身处不同语境的个体在传媒世界有限分享着国家的公共议程。

　　因此，大众传播学的专业教育任务应该以传统史论为纲，以发展传播学的新视角关注社会、媒介、人三者互动中最活跃的人类实践；在日益宏大的论域中，专业地探索不断创新的中国模式；同时，对西方经典传播学理论的科学性等进行实证或思辨的验证。

　　今天我们发现，新媒体的运作规律使我们需要对传统的传媒理论重新思考，重新定义。传播学中经典的概念也因为新媒体的到来需要推陈出新，所以我们准备对《大众传播学通论》一书进行整体修订。各章都会有新的审视与论述。

　　本书作为教育部新闻与传播学科特色专业教材，在编撰中努力遵循以下原则：（1）学科知识力求系统并能反映最新研究成果；（2）基础理论框架力求经典和有代表性；（3）研究方法和分析工具力求科学性；（4）编写体例与行文风格力求规范和易懂；（5）教学过程力求有效互动。除此之外，本书中的"扩展阅读""课堂教学活动""课后小调查"以及每章后的"思考题"等单元内容，也都是编者在长期的教学实践中认为值得推广的特色教学环节。因为大众传播学课程所承担的教育任务，是为新闻传播学科的各相关专业学生提供一个基础性的学科平台，让学生们能够正确理解相关理论，教材中的理论无不来源于传媒实践和人们对传媒与社会关系的认知。教材的作用最终是让学生能正确地入门并自觉培养自己观察与思考的能力。

本书由李苓、李春霞、徐沛、王炎龙、段弘编著。其具体分工如下：李苓负责全书编撰框架、体例和文风的确定，并对所用资料的权威性和前沿性整体把关，独立撰写第一、二、四、九章；李春霞撰写第三、五章；徐沛撰写第八章；王炎龙撰写第六章；段弘撰写第七章。李苓负责全书统稿和初审工作。

对于四川大学出版社领导和编辑对本书的顺利出版所给予的大力支持与帮助，全体编撰人员表示诚挚的谢意。

李　苓

于成都河滨印象

2019 年 5 月 4 日

目　录

第一章　导论………………………………………………（ 1 ）

　　第一节　传播与传播学………………………………（ 1 ）

　　第二节　传播学奠基人及其贡献……………………（ 15 ）

　　第三节　经典传播理论………………………………（ 23 ）

　　小结……………………………………………………（ 34 ）

第二章　系统理论…………………………………………（ 35 ）

　　第一节　系统论及其相关理论………………………（ 36 ）

　　第二节　控制论及其相关理论………………………（ 43 ）

　　第三节　信息论及其相关理论………………………（ 51 ）

　　第四节　系统理论与传播研究………………………（ 59 ）

　　小结……………………………………………………（ 64 ）

第二章　大众传播的社会功能……………………………（ 68 ）

　　第一节　大众传播功能的经典理论…………………（ 68 ）

　　第二节　大众传播社会功能的评估…………………（ 75 ）

　　第三节　大众传播社会功能研究与媒介教育………（ 85 ）

　　小结……………………………………………………（ 96 ）

第四章　传播的控制研究…………………………………（ 97 ）

　　第一节　概念与内涵…………………………………（ 97 ）

　　第二节　"把关"与"施控"…………………………（100）

　　第三节　"受控"的现实描述…………………………（105）

　　第四节　"受控"的理论分析…………………………（117）

　　小结……………………………………………………（121）

第五章　信息的交流与符号理论·································· (123)

　　第一节　信息交流与符号理论的关系·················· (123)

　　第二节　传播过程中的符号学························· (127)

　　第三节　案例：符号学的运用························· (138)

　　小结·· (147)

第六章　传播媒介及其媒介理论···························· (149)

　　第一节　传播媒介的科学内涵························· (149)

　　第二节　媒介发展与传播变革························· (159)

　　第三节　媒介理论································· (174)

　　小结·· (185)

第七章　受众研究···································· (188)

　　第一节　受众的概念解析····························· (189)

　　第二节　受众研究的理论成果综述··················· (205)

　　第三节　受众调查································· (222)

　　小结·· (238)

第八章　传播效果研究································· (241)

　　第一节　效果研究的兴起····························· (242)

　　第二节　"强效果"假说····························· (244)

　　第三节　有限效果理论····························· (254)

　　第四节　宏观效果理论····························· (261)

　　第五节　效果研究的源流····························· (273)

　　小结·· (277)

第九章　大众传播理论与方法···························· (278)

　　第一节　经典理论的类型····························· (278)

　　第二节　帕森斯的传播功能理论····················· (284)

　　第三节　"使用与满足"研究························· (288)

　　第四节　传播学的研究方法························· (292)

　　小结·· (301)

参考文献·· (302)

大众传播学通论（第二版）

第一章　导　论

第一节　传播与传播学

传播是人类的日常行为，也是易得的交流工具。它无处不在，无时不有，就像人类必需的阳光和空气。所以，人类的传播史俨然人类自己的发展史。它有如此丰富并使人类无不受益的技术和工具，以致人类如果厌倦了传播，也就厌倦了生存与发展的意义。然而，几千年来人类却几乎没有认真地去想过，传播是什么？

传播是什么呢？它的本质、特征、规律、功能以及与个体、群体和社会的关系是什么呢？20 世纪初开始有人思考这些问题，并试图解答这些问题。

人类能够以自觉的姿态去探究曾经习以为常，甚至不以为然的东西，一定离不开一个特定的时代所赋予人类的某些特定的意义。那会是一种存在的新范式吗？它能为人类带来更多的福音，还是使人类面临更大的焦虑？它催眠了人类原本独立的意志，使之从众化特征日益突出，抑或是对客观世界越来越普遍的疏离？总之，人类开始探究他们"自己的"传播行为和令人"不可思议"的传播现象，开始观察因传播而互动的"人""媒体""社会"及其之间的关系。

探究的目光一开始就具有多学科的大视野与交叉研究背景下关注点趋同的特征。来自政治学、舆论学、社会学、心理学、文化人类学，以及生物学、物理学、工程学、统计学、系统论、控制论、信息论等领域的学者从各自的学科出发，不约而同地，或前或后地专注于他们感兴趣的有关人类的传播行为及其社会效果问题。传播，不再局限于人们对信息交流的日常化感知，更成为一个方兴未艾的新兴学科——传播学热议的关键词。

一、什么是传播

界定"传播"的内涵与外延是件困难的事情。传播学中的"传播"一词取自英语中的"communication"，来源于拉丁语"communis"，是一个多义词，它既有传播、传达、传递、传染等单向信息流通的含义，又有双向或多向交流、交往、会话、参与、交通等意思。研究者们对于以什么为领域并确定其研究对象，从什么层面揭示传播行为和传播过程的本质特征，选择哪些视角观察并阐释传播功能等，不仅争议激烈，而且观点林立，但"这些观点之间的张力和冲突本身即构成了充满魅力的研究领域"①。

（一）不同视野的界说

不同视野的界说是我们讨论人类传播所必须具备的观照领域，因为在探索与发现方面，前人已做了很多。迄今，关于传播的定义约有百余种，综合众多学者富有建树的观点，我们认为比较有代表性的界说可归纳为以下三大类。

1. 共享说

以美国著名学者施拉姆为代表的研究者认为，人们在传播时，总是努力想同谁确立"共同"的东西，即我们努力想与他人共享信息、思想或态度。此立场强调传播过程中"传者"与"受传者"同时对信息的分享。

事实上，"共享"现象不但是传播实践中的一种主观愿望，在多数情况下，也是客观结果。当传者向受传者传递某一信息时，一般而言，该信息就自然地由传者"此前的独享"变成了传受双方"此刻的共享"。中国文化中的"心有灵犀一点通"，可谓是对信息

---

① 奥利弗·博伊德－巴雷特、克里斯·纽博尔德编：《媒介研究的进路——经典文献读本》，汪凯、刘晓红译，新华出版社，2004年版，第3页。

共享过程中最佳状态的描述。

然而，以下传播现象却检验出共享说的局限性。

（1）拒斥。传者发出信息，目标受众拒绝接受，如敌对关系语境中的传播。

（2）不通。因符号识别系统的差异，受传者无法"解读"传者发出的信息，如不同语种间传受双方缺乏相同识别能力的传播。

（3）误解。传播中因词不达意或理解困难而导致传受双方信息沟通不对称或错位。尤其当传者采用"旁敲侧击""避实就虚"的策略性叙事时，受传者一旦缺乏"听话听声，锣鼓听音"的经验，误解现象就会经常发生。

（4）独处。当我们处于思考、内心冲突、暗自神伤、窃喜、睡眠等自我传播状态时，传者与受传者的身份是合为一体的，具有信息不与人分享的特征。即使偶然"出声"了，也是一种自言自语、拒绝信息共享的心理。

由此可见，共享说虽然把握了传播的一些本质特征，但它还不是一个科学的定义。

2. 交流说

以美国人类学家 E. T. 霍尔为代表的学者认为，传播是人们相互之间传递和交流各种观念、思想、情感，以建立和巩固人际关系的过程。

与共享说不同的是，"交流说"不仅观察到了传播活动的信息共享结果，更关注传播活动的交流过程和交流方式。研究者发现，信息交流过程中"拒斥"或"传而不通"的结果一定另有原因。而且，传播工具也并不是只有语言一种符号体系。信息传播最基本的方式应该是言语交流和非言语交流。

著名语言学家斐迪南·德·索绪尔（Ferdinand de Saussure）认为，言语交流是人们以语言为媒介进行的人际交流或自己思考时的一种复杂的心理活动，它是一种动态的过程，如说话和听话。说话者有一种思想或情感要表达，就利用言语对它进行编码，表现为合乎语法的话语，把深层内涵转化为表面传达；听话者则对话语进行译码，把表面传达的内容按其理解还原为深层内涵的结构形式并对其做出反应。这就是言语交流的基本过程，富有个性色彩。语言则是根据约定俗成的规则形成的符号体系，是一种社会现象，具有相对静态和稳定的特征。

非言语交流，即不用言语为媒介进行的交流，包括动态无声的交流、静态无声的交流、副语言三类：

（1）动态无声的交流，如表情、眼神、点头、手势、拥抱等肢体交流手段的运用。早在1872年，英国生物学家C. R. 达尔文就率先研究了人的面部表情，认为面部表情具有愤怒、幸福、悲伤、厌恶、恐惧、惊讶6种情绪，这些情绪对来自不同社会、不同文化背景的人群具有普遍的意义。1963年，在这一领域最卓越的美国学者R. L. 伯德惠斯戴尔首创"身势语"的概念。他把人体的大部分动作分解并结构为"身势语词素"，按句法结构的原则将这些"词素"如同词的字母和音素一样排列使用，并赋以特定含义。伯德惠斯戴尔进一步指出，这种有内在结构的身势语随文化的不同而变化，是习得的而非本能的。

（2）静态无声的交流，即人的无声的静止姿态和人与人在交往时所保持的空间距离。研究者认为，静止姿态不仅能表达出个体内心的情绪状态和指示群体内的一般倾向，还能反映出交流双方的社会背景、地位、学识水平等。霍尔提出的"近体学"概念，将交往互动中传受双方的空间距离从近至远分为4圈：亲昵区，3英寸①~12英寸；个人区，12英寸~36英寸；社会区，4.5英尺~8英尺；公众区，8英尺以上②。他进而指出影响人们交往的空间距离的这四个重要因素，能正确反映出交往双方的亲密程度、文化背景、社会地位的差别及其性别差异。

（3）副语言，主要包括声音音调、音量、节奏、转音变调、停顿、沉默等表达不同意义的交流手段。在书面语言中，通常借助标

---

① 1英寸=2.54厘米。

② 1英尺=12英寸=0.3048米。

点符号把它表示出来，比如中国民间流传的"下雨天留客天留我不留"的断句故事。副语言不仅能影响听话者对说话者的知觉，而且还能调节沟通。

交流说揭示了传播工具的重要性和传播过程的规律性特征，使关于传播的界说具有一定的科学性。但关于人类传播活动的客体——信息，这一核心概念的特性却没有明晰的界说。

3. 信息说

20 世纪中期，有关传播的研究开始繁荣。以信息论创始人——数学家 C．E．申农和 W．韦弗为代表的技术型学者认为，传播是许多学科涉及的课题，例如计算机间的交流过程，生物发育过程中的基因表达，人与人之间的谈话和谣言的传播等都可看作传播的形式，应该从人类的共同活动和交往的整体关系中去把握和研究传播现象。

1948 年，C．E．申农发表论文《通信的数学理论》，N．维纳出版《控制论》。这被看作全面研究传播过程的开端。1949 年，申农和 W．韦弗根据他们对通信系统的研究提出了第一个较全面的传播模式，包括信源、转换器、信道、噪声源、接收器和信宿 6 个传播环节。后来，维纳又把《控制论》中的反馈概念引入了申农的模型。虽然申农等人的模型是纯技术性的，但由于它能直观地描绘人类一切沟通过程的基本环节，具有普遍意义，并显示了应用数学和物理学工具精确地模拟和研究传播沟通过程的情景，因此不少学科纷纷引入这个模型。时至今日，许多学科的传播研究仍然受它的影响。

在"信息说"的研究视野中，传播就是信息的流动过程，信息是人们对接触到的讯息（客观存在的消息、情报、指令、数据、科研成果和资料等）"排除不确定因素"后，从中选择出自己所需要的那部分内容，而语言就是这些内容的载体。

信息说的最大贡献在于，它以系统整体的研究视角使传播研究的学科领域变得清晰。但研究者们在传播效果的技术控制方面所取得的成就，并不能替代他们在研究编码与译码时，因忽略传播过程的"环生态"现实而留下的遗憾。

（二）不同类型的传播实践

人类因传播而组构了社会——一个日益庞大而复杂的信息系统。作为这个社会传播总系统中的个体系统，人们是怎样自动与他人互动从而生存与发展的呢？关于这个问题，学者们的看法比较一致。那就是将人类的传播实践分为自我传播、人际传播、群体传播、组织传播和大众传播 5 大类，并在此基础上去把握各类传播行为模式的差异性和共性，以及两者并存的本质特征。

1. 自我传播

自我传播（intra-personal communication），也称内向传播，指个人不以交际为目的的内部信息处理的活动。它是作为客体的外部环境信息刺激作为主体的个人的大脑而产生的心理和生理上的一种反应。这种反应的表征是"不出声"，但个人的言语运动器官仍然在活动，并执行着与说话时相同的信号功能。

1952 年，语言学家、布拉格学派奠基人雅科布森（Jakobson Roman）在撰写《言语分析初阶》一书时曾做过一次实验。他将电极装在被测试者的下唇或舌尖上，指令被测试者数数或算简单的算术题，或者诵读一首诗。第一次测试"出声地"进行，第二次测试"默默地"进行，发现两次测试所得到的动作电流节律基本相同，表明人在默默思考时也有言语器官的运动，且其性质与说话时相同。实验证明，当人处于自我传播状态时，由于言语活动的对象是自己，信息在交流中往往比较简略和概括。

一般而言，自我传播的主要特点有：（1）"传播者"与"受传者"角色重叠，往往表现为矛盾的统一体；（2）所传信息不与人分享；（3）由大脑储存信息量的多少决定自我传播的活跃程度，同时，自我传播的自觉程度也决定着大脑对有效信息的储存状态。

自我传播的主要表现有：思考、阅读、聆听、观赏、内心冲突等状态。自言自语、自我宣泄、做梦和戏剧独白则是比较特殊的表现形式。自我传播是人类各种传播活动的基础，即使在传媒数字化技术日新月异的今天，它仍然是个人用时最多、自由度最大、自觉程度最高的传播行为。

2. 人际传播

人际传播（interpersonal communication）指个人与个人之间直接的信息传播活动，是社会生活中最直观、最常见、最丰富的传播现象。两人谈话、书信往来、打电话、发送电子邮件等，都属于人际传播范畴。[①]

根据 F. 丹斯和 C. 拉森（1976）的观点，人际传播有三种作用：（1）教化作用。指一个人出生后可以通过不断学习和参照他人经验而由一个"自然人"成长为"社会人"。（2）联系作用。个人在人际传播中不仅可收获别人的"前车之鉴"，尽其所能地摄取环境中的"利我"信息，同时也会因自己向外部环境释放"利他"能量而获得自我实现的满足，因此个人与个人之间的相互作用会使交流双方同时获得自我潜能的发展，以及沟通意义的延伸。（3）协调作用。由于人际传播是人与人之间面对面的亲身传播，交流双方各自的动机、目的和立场一旦出现不对称，"与人方便得方便"的处世原则就会使彼此主动回避不平衡心理状态可能带来的孤独感，而使交往变得融洽愉快。当然，人类社会的复杂性决定了人们社会交往的复杂性，不健全、非理性的人际传播动机也是存在的。

人际传播具有以下主要特点：（1）信息交流渠道多、形式多样，可以面对面直接交流，也可以通过电话、电子邮件、手机等通讯媒体"准间接交流"。[②]（2）人际传播的交流符号可以用语言，也可以用言语或非言语符号交流，甚至是多种符号复合式使用。但重要的是，人际传播中的交流双方应该具备统一或近似的编码系统和译码系统，他们应有相同的词汇和语法体系，能对语义有相同的理解；否则就会交流困难或零交流，比如政见、宗教、职业、社会地位等方面的差异，必然会导致交流双方对语义的多解。（3）人际传播构成一种双向的动态系统，传者与受传者的角色可以在相互作

---

① 郭庆光：《传播学教程》，中国人民大学出版社，1999 年版，第 81 页。

② 对传播者而言，受传者是特定的"这一个"。

用中随机互换，反馈非常及时。"口角"语境中的人际传播，可谓最生动的双向快速反馈状态。

综上所述，人际传播可以建立、维系和发展不同的人际关系。比如上下级关系、朋友关系、师生关系、邻里关系、夫妻关系、父子关系、兄妹关系等。

3. 群体传播

所谓群体，指通过一定的社会关系结合起来的进行共同活动的团体。例如，以血缘关系结合起来的氏族、家庭等群体，以地缘关系结合起来的邻里同乡团体，以业缘关系结合起来的企业集团、工会、协会和职业俱乐部，以兴趣、爱好结合起来的各类"圈子"等。

群体是社会系统中的重要组成部分，起着连接个人与社会的桥梁和纽带的作用。在社会学领域，群体被分为"正式群体"和"非正式群体"。正式群体指人们在共同利益制衡和理性认知基础上自觉建立的社会组织。这些组织机构有一定的规章制度和既定目标，有较固定的人员编制和群体行为规范，成员的角色地位明确，会根据规模大小分小型、中型、大型或巨型组织等。

非正式群体指以个人好恶、兴趣、认知水平为基础，自发形成的无固定目标、成员间无地位差异、彼此同情、价值观趋同的舆论群体，如趣味相投的"驴友""跑酷儿"，街区的玩伴儿，沙龙和会所的成员等。非正式群体也有一定相关的没有明文规定的结构和规范，群体成员中会自然涌现出心理上默认的首领（或称"意见领袖"），群体成员的行为一般受群体中自然形成的规范调节。

在传播学中，正式群体传播属于组织传播的研究内容；非正式群体的传播活动才是群体传播的研究对象。群体传播具有以下主要特征：

（1）群体传播会对成员保持一种亲和力和凝聚力，个人参与群体传播会受其影响，并产生对群体的认同感和归属感。

（2）成员之间的关系靠传播过程中的心领神会、彼此认同来维系和发展，个人内心的满足程度是判断群体传播价值的主要标准。

（3）成员往往会承认群体中的权威和个别人的威望。

（4）群体传播是一种开放形式，成员可以自由进出，或者参与数个群体的传播。

群体无论对社会还是对个人都具有极为重要的意义，群体传播是人类传播活动中一个重要的传播样态。著名的大众传播学者拉扎斯菲尔德对此进行的实证研究以及提出的"二级传播"理论，不仅作为传播学应用研究领域的经典性成果，使有关受众研究的课题至今受益，而且还为以后一些重要的传播效果专题研究提供了理论依据。

4. 组织传播

美国学者歌德哈珀认为，组织传播是由各种相互依赖关系结成的社会网络，为应付环境中的不确定性而创造和交流信息的过程。依此界说，我们得以专注于被社会学识别并划分出来的那些——有明确的目标，成员间有严格的分工，其行动受"管理体系"约束的"正式群体"的传播样态，比如政党、军队、政府机构、企业或社团的对内与对外传播。相互依赖性是组织传播的基本属性。有组织、有一定规模地进行信息交流，"传者"与"受传者"角色被规定，有特定的信息内容和较规范的传播周期等，是组织传播的显性特征；而信息反馈相对于人际传播和群体传播而言较困难，则是组织传播的隐性特征。

根据组织传播的信息流向，我们可以将该类传播形式分为自上而下、自下而上和横向传递三种。前两者主要使用正式的信息通道，如报告会、新闻发布会、征集意见会、田野调研等；后者既可通过正式渠道，也可通过非正式渠道实施传播，如展销会、笔会、歌友会等。而人民代表大会、学校授课等传播活动则是组织传播中正式的社会群体组织所从事的信息交流活动。组织传播又被形容为组织活力的源泉、组织关系的黏合剂、组织机体的防腐剂。正如前面描述群体传播的类型时所提到的，组织传播与群体传播有着很密切的联系。在现代大规模生产和市场经济条件下，正式群体（社会组织）中产生非正式群体（各类"圈子"）是不可避免的，也是正常的。群体中形成的目标，在很大程度上决定着群体成员对所属的正式群体的劳动和管理制度的态度，因而对劳动生产率有重大影响。当正式群体有一个自由和创造性的劳动环境时，其成员高度的团队意识会使非正式群体自觉地与组织目标保持一致；而当非正式群体与正式群体（社会组织）发生矛盾，并干扰整个组织去达到既定目标时，管理者就要有效地采用组织传播手段去设法改善紧张关系，转变非正式群体的倾向和已经形成的规范，使两者的活动协调一致。

5. 大众传播

大众传播指专业化的社会媒体组织（出版社、杂志社、报社、电台、电视台、音像制作公司等）运用先进的传播技术，对其广泛的受众所进行的信息传播过程。

（1）大众传播需要借助特定的、职业化的媒介机构传递信息；

（2）传播的信息是公开的，不具有保密性；

（3）传播模式基本上是信息的单向流动；

（4）受传者是大量的、隐匿的、分散的和各不相同的；

（5）所传信息由职业把关人把关，信息经过净化、优化的处理之后，再提供给社会以满足受众的多元需求；

（6）信息传播速度与效果直接受制于现代科技，特别是电子技术的发展速度。因此，传播技术及工具的先进与否已经成为衡量媒介组织竞争实力的关键因素。

然而，在数字时代的新媒体运作中，"大众"的同一性，被动性和数量等传统的概念已开始模糊，甚至不再成立。

需要指出的是，上述对人类传播行为的分类概述，仅仅是为了我们在认知层面清晰地辨析不同语境中的传播行为的不同特征与作用。事实上，人们在具体的传播实践中是各类传播手段兼取并用的。

那么，什么是传播呢？我们比较认同吴文虎先生的观点：传播是人类交流信息的一种社会性行为，是人与人之间，人与他们所属的群体、组织和社会之间，通过有意义的符号所进行的信息传递、接受和反馈的行为总称。①

美国传播学者丹斯曾就传播定义问题作过理性的总结：我们对传播概念的期待实在是太高了，而应用概念的"族系"代之。本教材后面各章引介的理论从整体来看便代表了对这一概念族系的各个界说进行专题研究的努力。

二、什么是传播学

传播学是研究人类一切传播行为和传播过程的发生、发展的规律，以及传播与人和社会的关系的学问，是研究人类如何运用符号进行社会信息交流的学科。在西方传播学研究领域，也把传播学称为"传学"或"传意学"。

（一）传播学的研究内容

1. 传播现象的产生与发展历史研究

传播史的研究主要涉及人类传播历史阶段的划分，早期的传播研究活动及其代表人物等内容。关于人类传播历史阶段的划分和对其特征的辨识，我们比较认同加拿大学者英尼斯和麦克卢汉的观点。他们从经济学、历史学、文化人类学的视角出发，将人类传播实践的历史分为三个主要阶段：

（1）口头传播时期，也称为"部落文化"时期。此阶段的传播活动特征是个体的各种感觉器官可以同时受到外部信息的刺激并处于和谐状态，个体的演讲才能是确定其社会地位的重要因素。

（2）文字印刷传播时期，即"脱离部落文化"时期。随着文字的出现，人的视觉功能被不断强化和扩展，致使其他感觉器官的功能被相对削弱甚至忽略。在这一阶段，由于文字表达的线性特征，而使人类逐渐形成了依"行"为序的阅读习惯和使用一种线性的、因果关系的特殊推理方法来组织视觉经验，于是思考——逻辑层面的抽象思维能力得到了发展。尤其当印刷技术普及之后，各地区的方言得以规范化，人们对抽象民族的忠诚度也日益凸显，最终促成

---

① 吴文虎：《传播学概论》，中国新闻出版社，1988年版，第1～3页。

用"国家"的概念取代"城邦"的概念。从传播学的角度看，这一时期的传播活动突破了以前的时空限制，但口传时期的"现场"参与性和"感觉"的平衡性却被打破了。

（3）电子传播时期，亦叫作"重归部落文化"时期。在这一时期，电子媒体的传播速度和传播方式使人们的感官重新得以均衡地体验部落文化社会中村庄式的接触交流；而传播技术则实现着所有团体成员和谐相处的部落关系的复归。在此传播状态中，人们的交流时空距离被骤然缩短，整个世界似乎微缩成了"地球村"（global village）。[1]

英尼斯和麦克卢汉关于人类传播历史发展阶段的划分奠定了传播史研究的基本框架，也确立了传播学学科一个重要的学术传统：相信人类历史是由各个时代占优势地位的传播媒介引导前进的，媒介是人类文明的精髓。相关经典理论，本教材的第七章有详细论述。

2. 理论范式（dominant paradigms）研究

之所以使用"范式"这个词来说明一种思想倾向（亦即"理论"），其无可争辩的理由是：（1）它识别了一个研究领域内的某些重要的调查研究范围；（2）使用某种或多或少与众不同的方法；（3）形成了一系列有特色，又比较重要的结论，并且逐渐被人认识。在这种意义上，一种范式是一种基本的观点，它不仅由其生产者，而且由其消费者确立起来，并且拥有使其成立的专业知识的支持。

在传播学的探索与发现历史进程中，研究者们从不同角度研究人类传播现象的本质与特征，揭示传播行为的动机、目标、效果以及传播要素之间的关系和规律，提出了一个个命题和实验的结论，使传播学不仅逐渐成熟，其理论范式亦更加科学化和专业化。比如美国资深时政评论家李普曼1922年提出的"拟态环境范式"，著名政治家哈罗德·拉斯韦尔1948年提出的"5W"理论，信息工程学家克劳德·申农与沃伦·韦弗1949年提出的"线性传播范式"，传播学集大成者威尔伯·施拉姆1954年在C. E. 奥斯古德的传播学

---

① 张咏华：《传播媒介与有关理论》，载吴文虎主编《传播学概论》，武汉大学出版社，2000年版，第193页。

观点启发下提出的"循环范式",传播社会学家德弗勒提出的"社会系统互动范式",社会学和大众传播学权威保罗·拉扎斯菲尔德和卡茨 1955 年联合发表的"二级传播理论",以及 20 世纪 70 年代以后出现的那些更具批判精神的主导范式:"议程设置理论""使用与满足理论""沉默的螺旋理论""知识沟理论"等。

这些经典理论一般都产生于对西方资本主义国家社会现实的观察与批判,其命题和研究结论往往都经过严格的实证过程而具有突出的可验证性特征。然而,不同历史文化背景和国家体制下的传播实践对这些理论的验证,则是从经验和理论范式的创新方面具有不可置疑的双重价值。因此,对中国的社会发展与传媒生态进行系统研究,无疑是对传播学学科发展的重大贡献和一种属于人类自己的使命。

3. 研究方法的探索

人类的传播行为是一种社会现象,而能够对这一社会现象进行研究并做出解释的分析工具叫研究方法。研究方法必须是一种科学。所谓科学,是指从确定研究对象的性质和规律这一目的出发,通过观察、调查和实验而得到的系统知识。

研究方法的核心任务是描述、解释和预测事物的发生、发展与变化的过程及其规律。

传播学的研究方法是一套科学的研究程序,由以下几个步骤构成:

(1)建立假设。假设是对所要研究的问题作尝试性的回答。比如研究者可以根据新媒体对人类社会所带来的巨大变革而推测:数字信息技术的使用率越高,传统的交流方式受到的威胁就越大。这就是假设。研究程序一旦启动,假设必须首先被转化为操作化术语表达的命题。

(2)操作化。操作化是指对假设中的概念做出具体定义,说明如何测量概念,如何检验假设等。这就涉及研究方案的设计和研究方法的选择。

(3)经验观察。为了证明研究假设的成立,研究者必须依据已定的研究方案,选择恰当的方法去收集资料,并对资料进行统计、分析和整理。比如,通过对某一地区人们对传统媒体(图书、杂志、报纸等）与新媒体（网络、手机、数字音频与视频等）的使用频率、依赖程度、满意程度、受众年龄偏倚等指标的观察与测量，搜集和统计相关数据，并进行定量或定性的归因分析，从而求证"数字信息技术的使用率越高，传统的交流方式受到的威胁就越大"的假设是否成立。

（4）获得结论。如果研究工作选择的是实证研究的方法，那么，抽样调查、问卷访问、深度访谈等方法，就会以数理统计和计算机为工具，按照一套严格周密的操作程序，对样本数据做出精确的定量或定性的分析，从而得出"肯定"或"否定"假设的结论。如果研究工作选择的是文献分析的方法，其结论就主要来自对所占有资料的演绎推理。

（二）为什么说传播学是一门边缘学科

关于传播学的"诞生日"一直是学界感兴趣的话题。因为它是来自不同学科的学者们所共同关注和开拓的新的科学领域。学者们从各自学科的角度所表现出来的对人类传播行为及其与社会的关系的兴趣，使他们在坚持不懈的探索中不期而遇。他们来到一个交叉道口，这个道口对他们每个人而言都具有双重意义：一是发现了原来所属学科的创新点，二是从那些有趣的创新点发现了建构一个新的学科领域的广阔天地。他们对这个"新领域"的基础性地位争论不休，但同时，他们所发表的各种各样的观点之间的张力和冲突本身即构成了充满魅力的传播学领域。

于是我们看到，传播学的"主导范式"和被该研究领域的学者们经常使用的"作为整体的概念"因与一些学科高相关而具有异常凸显的多棱性。比如：

借助于心理学，传播学可以运用认知与行为理论，研究个体在传播活动中的种种行为与心理现象，对传播动机、传媒使用、受传效果等内容进行应用性科学研究。

借助于社会学，传播学可以运用相互作用理论和实地调查的研究方法，观察和描述大众传媒的社会功能，测量大众传媒对个体、群体以及社会的影响。

借助于政治学，传播学可以运用结构－功能理论的分析框架，研究传播过程的构成要素及其之间的各种关系，分析传播主体的"施控"权利与"受控"环境，描述公众意见的形成和表达方式，以及"意见领袖"对媒介信息的解构或强化。

借助于语言学，传播学可以运用符号学原理，着重分析媒体信息的内容和意义，研究语言符号、非言语符号以及其他表意符号在信息传递过程中的阐释功能，以及编码与译码之间的复杂关系。

借助文化学，传播学可以试图解释，通过大众传媒而实现的文化统治过程应该怎样加以概念化和理解的问题。在文化学者眼里，文化是一种体验和处理社会生活的方式，是指导人们行为的意义和价值观，它体现在社会关系、政治生活等方面，并调节着社会关系和政治生活。这一视角可以帮助传播学者观察在特定文化背景下，传播内容中的信息结构、媒介本质和语言价值。

借助于系统科学，传播学可以运用信息论、控制论、系统论的"三论坐标"，研究信息流动的特征与规律，研究信息反馈在传播过程中的重要功能，以及传媒子系统与其他社会子系统之间、传媒子系统与社会总系统之间的传播关系。

第二节　传播学奠基人及其贡献

一、哈罗德·拉斯韦尔

拉斯韦尔（Harold Lasswell，1902—1978），美国著名政治学家，传播学四大奠基人之一。1902 年 2 月 13 日生于美国伊利诺伊州的唐尼尔逊，1918 年入读芝加哥大学，1926 年获哲学博士学位。1922—1938 年在芝加哥大学教授政治学，1939 年在纽约社会研究新学院执教，1952 年任耶鲁大学政治学教授，1954 年受聘任行为科学高级研究中心研究员，1955 年当选美国政治学会会长，卒于1978 年 12 月 18 日。

拉斯韦尔是美国行为主义政治学的创始人之一，对权力关系以及人物与政治的关系有创新性研究，并对当代的行为政治科学有重要贡献。他运用 S. 弗洛伊德的精神分析法来分析和研究政治现象，认为"各种政治运动的生命力来自倾注在公众目的上的私人感情"，意即各种政治运动的成长和发展，是参加这些运动的人把自己根深蒂固的个人感情导向公共渠道的结果。他试图用精神病理的特性来分析各种类型的政治领袖，指出历史上许多杰出的政治领袖在精神上或生理上都有反常现象，而一切心理上的失常在政治上都是危险的。

拉斯韦尔对传播学的贡献主要表现在五个方面：第一，他首先用政治学观点对传播学进行系统的研究，是公认的"宣传和政治符号理论发展的先驱"。第二，他提出了著名的"5W"传播模式和传播"三功能说"，前者比较完善地描述了传播的过程，并为当代传播学研究指明了方向；后者则为赖特、施拉姆等学者对传播功能做出进一步的理论阐述奠定了基础。第三，他提出"社会传播"

> **【扩展阅读】拉斯韦尔 8 部有影响的论著**
>
>
>
> 《精神病理学与政治学》（*Psychopathology and Politics*，1930 年）、《政治学：谁得到什么？什么时候和如何得到？》（*Politics: Who Gets What, When, How*，1936 年）、《传播的结构和功能》（*The Structure and Function of Communication*，1948 年）、《政治的语言：语义的定量研究》（*The Language of Politics: Studies in Quantitative Semantics*，1965 年）、《世界历史上的宣传性传播》（*Propaganda Communication in World History*，1979 年，与人合著）以及《世界政治与个人不安定》《我们时代的世界革命》《政策科学》等。

的概念，从宏观上初步探讨了传播的社会功能等基本课题。第四，倡导并亲身实践"内容分析法"，该法精确定量的特色为传播学成为一门精确的学科立下了功勋。第五，他用定量语义学的方法，比较了有意义的政治符号在不同时间和地点在主要新闻机构的分布，为传播学研究运用内容分析的方法提供了有益的经验。拉斯韦尔与同处传播学奠基阶段的学者一道，使美国大众传播研究脱离了欧洲传统而构建经验主义的分析框架：历史诠释、媒介内容分析和大众媒介效果研究等论域。

二、库尔特·卢因

库尔特·卢因（Kurt Lewin，1890—1974），传播学四大奠基人之一，传播学研究守门理论的创立者，著名的美籍德国社会心理学家，属于格式塔心理学派①，是心理学领域"群体动力论"和"场论"②的提出者。1890年出生于维也纳，1914年获柏林大学哲学博士学位。第一次世界大战期间在德军服役，战后

【扩展阅读】卢因的论著及理论模型

《解决社会矛盾》（1948）、《个性的动力理论》（1935）、《拓扑心理学原理》（1936）、《社会科学中的场论》（1951）。

① 格式塔心理学派（Gestalt Psychology）是西方现代心理学的主要流派之一，义译为完形心理学派。主张研究现象的经验，认为现象的经验是整体或格式塔。代表人物有 M·韦特海默等。

② 心理学中的个性理论。卢因认为，人就是一个场，包括个人和他的心理环境的生活空间（LSP）。行为是由当前这个场决定的。他的基本公式是 B = f (P，E) = f (LSP)，即行为（B）依赖于人（P）和环境（E）的相互作用。

在柏林心理分析研究所任职。1933 年移居美国，在斯坦福大学和康奈尔大学任教，后被聘为爱荷华州立大学儿童福利研究所心理学教授。1944 年在麻省理工学院创建了群体动力学研究中心并任主任，1974 年去世。

卢因对传播学的贡献主要表现在三个方面：一是把心理学的实验方法引入社会学研究的同时，也给传播学研究提供了一种有效的分析手段。二是他对社会个体和群体行为的研究，给传播学中的效果研究开创了一个重要领域：在研究大众传播媒介对个人的影响时，要充分注意社会环境和个人所属群体的作用。三是他提出了著名的"把关人"（gatekeeper）概念，对信息流动的复杂性和那些能够允许信息通过或不许信息流通的人或机构等进行了科学的解释。

卢因是一个重调查和实证的学者，他在自己的一系列研究项目中，培养了赖特、怀特等一批跨传播和社会心理研究领域的出色弟子。

三、保罗·拉扎斯菲尔德

拉扎斯菲尔德（Paul Felix Lazarsfeld，1901—1976），美籍奥地利人，著名社会学家、实验心理学家，传播学四大奠基人之一。毕业于维也纳大学，先后获得数学、哲学、理学博士学位。在方法论的研究上具有开创性的影响和独到的见解，在社会科学的修养上具有特殊的优越地位。早年就读维也纳大学时，正值弗洛伊德与阿德勒在该校进行临床教授，而比勒心理研究所也刚刚筹建，学术研究蔚然成风。拉扎斯菲尔德 1924 年获得应用数学和哲学博士学位。1925 年在维也纳创办一所应用社会学研究所，根据实验研究，详述其方法论。28 岁时开始受应用社会学的影响，并毕生从事此领域的研究，用 46 年的时间撰写《应用社会学导论》（1975）。拉扎斯菲尔德 32 岁时获得一笔洛克菲勒基金会的奖学金，赴美国进修心理学，后定居美国，成为美国社会学界最富有成果也最富挑战性的人物之一。1940 年，39 岁的拉扎斯菲尔德在哥伦比亚大学社会

学系任教，并将自己后半生的学术活动扎根于此。他为哥伦比亚

大学社会学系的教学和科研做出的第一项贡献就是筹建实用社会研究所（1940—1950），随后运用数学社会学的测算方法，把数量上的调查询问与质量上的鉴定分析结合起来，建立他理想的调查研究模式，所涉及的研究项目包括"失业""大众传播""选举与政治活动""教育与心理""社会研究方法及程序""数

【扩展阅读】拉扎斯菲尔德有影响的论著

《人民的选择》（1948）、《美国士兵——述评》（1949）、《社会科学中的数学思想》（1954）、《社会研究的语言》（1955）、《选民抉择》（1968）、《定性分析》（1972）和《应用社会学导论》（1975）等。其中，拉扎斯菲尔德及其助手合作完成的《人民的选择》被称为"社会科学史上最复杂的调查研究之一"，也是传播效果研究的经典著作。

理社会学""市场研究"等主题范畴，对 20 世纪整个后半期的学术研究影响深远。

拉扎斯菲尔德在大众传播研究方面的突出贡献是，1932 年，他最早在维也纳运用实地调查法从事对广播的研究，并提出"二级传播理论"，即"媒介－意见领袖－受众"传播理论模式，强调人际传播的绝对重要性。这一研究，击破了两次世界大战之间认为传播媒介效果万能的迷信——"魔弹论"，并开创了传播效果研究的第二阶段——有限效果论。拉扎斯菲尔德明确指出，受众在媒介面前不是没有个性、消极被动的，而是积极活跃，被人际传播影响其态度的。

拉扎斯菲尔德认为，绝大多数广播电视节目、电影、杂志和相当一部分书籍和报纸以消遣为目的，对大众的鉴赏能力造成了影响，受众的平均审美水平和鉴赏力下降了。这对精英文化而言是一种堕落。

四、卡尔·霍夫兰

霍夫兰（Carl Hovland，1912—1961），传播学四大奠基人之一。美国实验心理学家，研究心理对行为的影响，是研究个人的社会交往以及态度和信念改变的先驱。1912年出生于美国芝加哥一个移民家庭，1961年在美国康涅狄格州哈姆登去世。

1932年在美国西北大学获文学学士学位，一年后获硕士学位，1936年在耶鲁大学获哲学博士学位并留校执教。1942—1945年应美国陆军部新闻与教育署聘请，在美军中从事军事教育电影对新兵的影响等研究，即让士兵看影片，通过对影片内

【扩展阅读】霍夫兰有影响的论著及观点

《大众传播实验》（*Experiment on Mass Communication*，1949年，与人合著）、《传播与说服》（*Communication and Persuasion*，1953年，与人合著）、《说服的表达次序》（*The Order of Presentation in Persuasion*，1957年）、《个性与可说服性》（*Personality and Persuasibility*，1959年，与人合著）、《态度的形成和改变》（*Attitude Organization and Change*，1960年，与人合著）。

霍夫兰的说服实验使传播研究朝着效果问题的研究方向发展，在此之后，说服的结果被看作是对传播效果的分析。说服基本上相当于态度改变，霍夫兰对于态度改变的研究实质上是一种学习理论或强化理论（reinforcement theory）取向。他相信，态度是由学习得来的，而且态度的改变与学习同时进行。

容、形式和设计的变化，测量、分析传播来源的可信度、恐惧诉求的程度、问题提出的先后效用、论辩时是讲一面之词还是两面都说、结论是明示好还是暗示好等传播问题。第二次世界大战后，他回到耶鲁大学任心理学教授（1945—1951 年任心理学系主任），主持"劝服传播与态度改变"课题，创立传播学的耶鲁学派。

霍夫兰对传播学的贡献主要表现在三个方面：第一，他引进了"控制实验法"这一行为心理学派的研究方法，并将其较完善地运用于传播效果的研究。第二，他对军事教育电影的研究为打破"魔弹论"的神话提供了更有价值的证据。第三，他由微观入手，对传播的技巧而非原理进行研究，注意到影响说服效果的多种因素，尤其是说服者及其发出的信息两个因素，并提出了改善说服效果的一系列有价值的建议，为"可说服性"这个当代传播学的重要课题奠定了基础。

五、威尔伯·施拉姆

施拉姆（Wilbur Schramm，1907—1988），美国传播学的创建者和集大成者。毕业于马里塔学院，后在哈佛大学、爱荷华大学攻读研究生，获哲学博士学位。曾从事新闻工作，自 20 世纪 30 年代起转入传播领域的理论研究，曾任爱荷华大学新闻学院院长。他是系统地研究传播行为、机构、功能，将传播研究科学化并创建传播学的第一人，并先后创办了四个传播研究机构：爱荷华大学舆论调查中心（1934）、伊利诺伊大学传播研究所（1948）、斯坦福大学传播研究所（1955），并和夏威夷东西方中心传播研究所（1955）培养了大批研究生。他著述丰富，一生撰写、主编了近 30 部著作以及大量学术论文，是美国传播学继前四位主要奠基人之后的集大成者，被人誉为"传播学之父"。

施拉姆对传播学的巨大贡献在于他把美国的新闻学与社会学、心理学、政治学等其他学科综合起来进行研究，在前人传播研究的基础上，归纳、总结、修正并使之系统化、结构化，从而创立了一门新学科——传播学，并毕生致力于传播研究和传媒教育实践。他的学生、传播学者坦卡德曾经对施拉姆有过这样的评价："施拉姆对这门学科的最大贡献或许并不在于他自己的理论观点——尽管这些理论观点很重要，而在于他对传播的核心问题所勾勒的学科框架。也正是在这一点上，他使这门学科得以完善。"施拉姆在其最后一部手稿中对传播学的未来曾做出这样的预言：传播学在不久的将来，会通过一个合并和重新确认的阶段。

【扩展阅读】施拉姆所创建的学科领域

施拉姆的著作分为两大类：一类是理论性的，一类是应用性的。《报刊的四种理论》就是理论性的。在应用性研究上，他最关注的课题就是发展中国家如何利用媒介加快现代化进程，他是媒介与发展这个问题上举世公认的权威。1964年，《大众媒介与国家发展》一书就是受联合国教科文组织所邀撰写的。其他代表作有1949年出版的《大众传播学》，将哈罗德·拉斯韦尔、库尔特·卢因、保罗·拉扎斯菲尔德、卡尔·霍夫兰等人直接命名为传播学的"四大奠基人"，使我们能够更加清楚地看到学科自身的演化如何成为传播学形成的关键因素。1984年他的代表作《传播学概论》(1973)在中国内地出版（新华出版社）。

在那时，现在被称为新闻学、言语传播学、电影学、大众传播学和信息科学的大学机构将合并成更大的、以"传播学"为名的机构。这种名称的改变是至关重要的，因为它意味着过去与传播相关的机构的区分———以传播渠道为基础，以立于每一种传播渠道背后的媒体产业为基础———将不再受到重视，以便有利于围绕传播学的核心范式建立一种理性的统一体。

施拉姆总爱用美国总统肯尼迪就职演说中的名言——"把火炬

传下去"，鼓舞学生们坚持不懈地去探索传播学王国的奥秘，把传播学研究一代代地进行下去。

第三节　经典传播理论

理论是一组经过概括和系统化的相互关联的命题和结论，以及提出可供验证的新观点。传播理论构架如楼宇建筑的立体框架结构一样，比其他学科更凸显出以下三者之间密切的互相依存关系。

理论是科学研究的产物，而科学正是以其可临摹性（即可反复实验）和可实证性，与虚假的偏见划清界限的。就传播学而言，建立理论的目的就是期望能对传播活动及其过程做出理性解释，能对传播效果进行科学预测。

范式（模式）是对理论成果简化的再现形式。传播学的诸多范式为表述各种理论提供了有用而直接的辅助手段，使人们无须陷入纷繁复杂的细节便能看到传播本质的清晰描述。这是传播学研究的一大特色。

方法是通过调查、实验分析、测定等手段，对理论进行求证的有效工具。方法论在传播学领域内的使用与其他学科相比占据了更加突出的地位。

一、理论构架

传播学理论构架呈现出以下三大类研究聚合：

1. 以心理学的基本原理和研究方法涉足传播领域所形成的传播理论框架

这一理论构架分为两大学派：

（1）霍夫兰实验心理学派。该学派深受德国心理学家冯特和美国新行为主义心理学家克拉克·赫尔的影响，认为早期行为心理学提出的"刺激－反应"基本原理虽然致力于研究传播效果，并且在态度改变的微观分析方面提出不少有价值的创见，但其过分强调传播过程的因果关系，所采用的实验方法亦难以解释社会成员态度的改变问题。

（2）卢因社会心理学派。该学派学术观点属于格式塔心理学派，但又自成一家。卢因依据现代物理学的新概念，强调以整体观念反对冯特元素分析的心理学理论构架。卢因以需要、人格、社会因素作为论域中心，从创立拓扑心理学①到群体动力学，再跨入传播研究领域，成为社会心理学介入传播研究的先驱。

2. 依据社会学的理论和方法去研究传播过程与传播现象，从而形成传播学的理论框架

代表人物有拉斯韦尔和拉扎斯菲尔德。前者规划了传播学研究的范围和方向（即"5W"理论），使控制研究、内容分析、媒介分析、受众分析和效果分析走上了研究坦途。后者重视社会学尤其是社会研究方法在传播研究中的实际应用，使传播理论和方法相辅相成。

3. 在传播学理论建构中，注意引入系统理论的宏观视野与研究方法，从而形成传播学自身的理论框架

譬如从传播学史的角度阐述传播学的"三大来源"——信息论、控制论和系统论，为传播研究提供了媒体符号系统的分析框架，代表人物有威尔伯·施拉姆。又譬如20世纪70年代出现的以梅尔文·德弗勒为代表的媒介生态学研究，就是系统分析媒介与其生存环境之间互动关系的新论域。德弗勒认为，大众媒介是社会系统中的子系统，受政治、经济及社会等外在环境条件的影响；传媒子系统的"自动"与其他相关子系统的"互动"所构成的传播生态就是特定社会系统生态的反映。

另一重要学者大卫·阿什德在其《传播生态学——控制的文化范式》中指出，就媒介而言，环境有两种：一种是媒介赖以生存与发展的现实环境，另一种是媒介通过其传播活动介入现实环境作用

---

① 用一门较深的几何学，研究图形在连续变形下不变的整体特征，以此陈述人及其行为的一种心理学体系。

后所形成的已发生改变的环境，即"物理的实在环境"和"充满符号互动的意义环境"（也被有些学者分别称为"媒介生存环境生态"和"媒介意义环境生态"）。事实上，媒介系统作为社会系统的一个子系统，是一个开放性系统，在与外界的互动中保持动态的平衡。因为这两种环境生态通过与媒介系统的互动而具有时间发生上的先后意义，从而共同构成一个完整的媒介生态：媒介赖以生存与发展的外界现实环境——媒介生存环境生态的变迁必然会引起媒介系统自身的调整与适应，从而使得媒介的传播活动对社会现实的介入与影响发生变化，并最终以"充满符号互动的意义环境"——媒介意义环境生态展现出来，而意义环境若得以扩展又会形成新的媒介生存环境。媒介生存环境、媒介系统及其作用之后所形成的媒介意义环境生态三者之间的互动，会在动态关联与平衡中一起构成整体意义上的媒介生态——此时，媒介与社会环环相扣的动态过程才得以真正显现出来。该类研究视角十分有助于传播学理论构架的进一步发展与完善。

二、理论范式

（一）拉斯韦尔范式——"5W"范式或结构范式

拉斯韦尔在其 1948 年发表的《传播在社会中的结构与功能》一文中，以建模的方法对人类社会的传播活动进行了分析，这便是著名的"5W"范式。"5W"范式界定了传播学的研究范围和基本内容，影响极为深远（见图 1-1）。

图 1-1 拉斯韦尔范式——"5W"范式或"结构范式"

谁（Who），指传播者，在传播过程中承担着信息的采集、整理、制作和传递的任务。它可以是个人，也可以是一个集体或机构。

说什么（say What），指传播的信息内容，由一组有意义的信息符号集成。符号包括语言符号、言语符号和非言语符号。

通过什么渠道（in Which channel），指传播信息必需的物质载体。它可以是诸如信件、电话等人际媒介，也可以是报纸、广播、电视等大众传播媒介。

向谁说（to Whom），指信息的接受者或受众，是读者、听众、观众的总称。它是传播的终极对象，信息到达的目的地。

获得什么效果（with What effects），指信息到达受众后在其认知、情感、行为各层面所引起的反应。它是检验传播活动是否成功的重要尺度。

该范式的不足点表现为：忽略了传播是循环往复的双向过程，仅仅把传播过程视为一种直线、单向和孤立的讯息传输过程。既看不到受者的信息反馈，也看不到传播过程中各要素之间的相互作用，更看不到传播行为与社会环境有什么联系。事实上，任何人类传播都不可能脱离社会，在"真空"里独行。

（二）申农－韦弗范式——线性范式或技术范式

1947 年，威尔伯·施拉姆阔别了学习和执教 17 年的爱荷华大学，来到伊利诺伊大学，就任校长助理兼伊利诺伊大学出版社社长。施拉姆在伊利诺伊大学办了两件对传播学来说意义重大的事情：第一是创办伊利诺伊大学传播研究所，这是他一生创办的几家有名的传播研究所中的第一家，它的成立第一次为传播研究提供了一个稳固的基地，传播研究开始步入正规化；第二是 1948 年出版了信息论的奠基之作——申农的《通信的数学理论》。这篇论文的问世不仅标志着信息论的诞生，而且也对传播研究产生了重大影响。当时施拉姆已经敏锐地洞见"那些"默默无闻的文字所包含的重要价值。申农的观点专业性很强，为使更多的人能把握信息论，施拉姆又专门邀请数学家韦弗对申农的思想进行注释，使之通俗易懂。

技术范式是申农和韦弗提出的有关信息传播的数学（线性）模型，它成为后来许多传播过程范式的基础，并激发人们在传播技术方面的研究。在这个模型中，传播被描述为一种直线性的单向过程。技术范式展示了五个要完成的正功能和一个负功能因素（噪音），如图1-2所示。

图1-2　申农-韦弗范式——"线性范式"或"技术范式"

根据图1-2，我们看到传播活动的构成要素分别指向如下内容：

信源：传播者。

信息：发出和收到的文字、口语、图像、音符、旋律等。

发射器：将信息转化成为适用于所用渠道（在此可理解为"媒介"）的信号。

噪音：信道中因技术原因对正常信息传递的干扰。

接收器：将信号还原为信息，功能与发射器正好相反（在此可理解为"媒体"）。技术范式强调，信息是由"有效信息"和"冗余信息"组成的。前者指新鲜的、有吸引力的信息；后者指被一再强调或复述信息中的关键部分。这使媒介功能的研究得到延伸。

信宿：受传者。信息达到的目的地。

在这个范式中，发射器、信道、接收器实际上就是被一分为三的媒介，它向我们揭示出媒介作用的编码、发射、译码的过程，只要我们想一想广播电台、电波、收音机之间的区别和相互作用，就不得不承认科学家思维的缜密。

遗憾的是，它没有从根本上克服线性范式的局限性，仍然忽略了信息反馈和社会环境因素对传播学行为的制约。

（三）奥斯古德-施拉姆范式——循环范式

奥氏首创这一范式，并由施氏提出。施拉姆承认自己在建模时完全照搬了申农的"技术模式"，但与之不同的是：申农把信宿看成是信息传递的终点，因而信息是单向流动的，没有对信息反馈现象的描述。施氏范式突出了信息传播过程是循环往复、周而复始的。这表明信息会产生反馈并可以为传播双方所共同分享（见图1-3）。

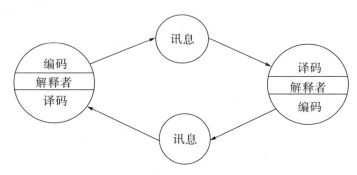

图1-3　奥斯古德－施拉姆范式——循环范式

这一范式的出现，意味着研究者对传播过程在认知上与传统的直线性的单向传播范式的彻底决裂，那种把"传者"和"受者"之间关系和作用固定地分开的观点被纠正了。而且，循环范式着眼于探讨传播过程中传播双方的行为及其相互转化；侧重研究人的传播行为本身，而不是只关注渠道是否畅通，信息能否到达目的地的技术问题。

（四）韦斯特利－麦克莱恩范式——大众传播范式

该范式保留了以前经典范式的观点（即传、受双方与外界的密切联系与相关性），但反映出更为复杂的大众传播的规律及其本质特征（见图1-4）。

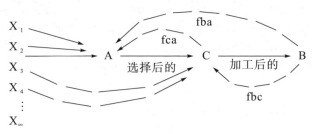

图1-4　韦斯特利－麦克莱恩范式——大众传播范式

此范式的五个基本成分是：

X：社会环境中通过大众传媒被感知的任何事件或事物。

A：代表有目的的信源提供者，亦即传播者。既可以是某个组织，也可以是个人，如广告商、政治家。

C：传播渠道，包括媒介机构或其中的人。它们既可以从 A 中选择信息，也可以直接从 X 中选择信息；它既是 B 所需要的代理人，同时也为 A 服务。

B：代表受众，即信息的接受者。需要以获取环境信息来满足需求和解决问题的个人、群体或社会体系。

F：表示反馈。其中 fba 是受众向传播者的反馈，如选民对政治家的态度变化；fbc 是受众向传播媒介的反馈，如读者来信，是 C 对信息选择时的部分依据；fca 是媒介向传者的反馈，是鼓励、改变或抵制 A 有企图的传播。

大众传播范式所揭示的传播特点是：（1）信息选择的多样性；（2）传播系统的自动调节性；（3）强调反馈的重要性。

很显然，这一范式向我们暗示出了更多关于大众媒介在未来市场竞争中如何求生存的对策性问题。比如广播媒体的"窄播"趋势，电视节目的"栏目化"以及杂志的"分众型"操作等。

（五）德弗勒范式——社会系统范式

该范式把大众传播过程置于广泛的政治、经济、文化等社会背景之下，从而显示大众传播系统是怎样与整个社会系统相联系并成为其中的一个组成部分。

德弗勒范式是从社会学的角度，引入系统科学去观察、分析大众传播体系的有益尝试。该范式认为，社会可以被视为一个母系统，其中诸如财政支持者、媒介、政府控制机构等是各类子系统。在这些子系统中还可细分低一级的子系统。比如，受众子系统可进一步细分为高、中、低三个层次的子子系统；财政支持者子系统又可细分为金融和商业机构子子系统，它们为媒介提供资金，购买广告的时间和版面，并用市场调查手段，配合受众偏爱，满足客户的利益；媒介子系统又包括制作机构、销售单位等更低一级的子系统；控制机构子系统则是对私人的财政支持者起着反平衡的作用，他们的活动直接影响制作者（见图1-5）。

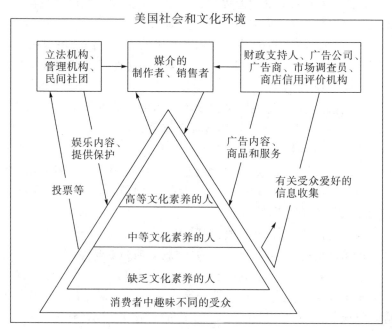

图1-5 德弗勒范式——社会系统范式

但该范式也有不足之处，即只代表美国社会的大众传播系统，而且是一种"自由市场"模式。它并没有系统地探讨来自国家、政党的控制作用。

三、马克思主义传媒理论

在传播学界，大众传播媒介对于传播信息来说并不是简单的工具，而是复杂的组织和重要的社会机构。描述媒介机构的最主要的理论可能是马克思主义的批判理论。批判理论涉及的是社会权力的分配以及某些利益对其他利益的控制。显然，大众传播媒介是这一意识形态斗争的重要参与者，并被赋予了捍卫主导意识形态的使命。对于一些批判理论家来说，大众传播媒介是这样一种文化产业的一部分，它实际上能制作出压制边际群体的符号以及形象。尽管马克思只了解成为大众媒介之前的报纸，但根据他的观念来分析现代的传播媒介，仍然有科学的指导意义。因为，媒介产业符合资本主义的一般形态，它具备生产要素（原材料、技术与劳动力）以及生产关系。他们可能被拥有资本的阶级垄断所有权，通过全国性以及国际性行动方式进行组织，来为这个阶级的利益服务。它们通过从物质上剥削工人（抽取剩余劳动价值）和消费者（获得超额利润）来达到此种目的。传播媒介往往能通过传播统治阶级的思想和世界观，封阻会导致变化或使工人阶级逐渐意识到自己利益的思想，并防止这种意识发展为积极的、有组织的政治对立。这些命题的复杂性导致几个不同的马克思主义现代媒介分析流派的产生，这些流派合并成为今日的"批判的政治经济学"。

麦奎尔认为马克思媒介理论有五大分支。第一个分支是经典马克思主义。在这个分支里，媒介被视作统治阶级的工具和资本家用于赚取和扩大利润的手段。媒介传播社会统治阶级的意识形态，以此压制其他某些阶级。

第二个分支是政治－经济媒介理论。和经典马克思主义一样，政治－经济媒介理论把社会罪恶归之于媒体所有制。这一学派认为媒介内容是一种在市场上出售的商品，传播的信息受市场承受力的控制。这一观点体系导致了媒介遵循传统的、无风险的运作模式，使某些种类的书目和媒介传播物成为主导力量而其余的则处于受排斥地位。

第三个分支是法兰克福学派。这一学派的思想将媒介视作构筑文化的一种手段，它更强调思想而不是物质产品。在这种思维方式下，媒介传播导致精英意识的统治，通过媒介操纵影像和符号为统治阶级的利益服务。

法兰克福学派侧重于马克思、弗洛伊德以及先锋派的艺术和文学。法兰克福学派的学者就像大部分非宗教的人文主义者一样，认为高雅文化有它自己的整体性和固有的价值，不能被精英阶层用来增加他们的个人力量。在颂扬高雅文化的同时，法兰克福学派也在贬低大众文化。霍克海默和阿多诺公开质疑高雅文化是否能够或应该通过大众媒介传播。按照法兰克福学派的说法，文化工业剥削大众就像资本家剥削大众一样，他们根据能吸引大众并同时美化和宣传资本主义文化的标准化公式来出版和传播产品。法兰克福学派展示了大众文化的剥削性质，以及文化工业是如何通过宣扬大公司的社会支配权来帮助摧毁个性的，批判的目标是反抗这种大众文化和剥削。①

第四个分支学派是霸权论。霸权是指伪意识或伪思维方式对实际情况的控制。意识形态不是由经济体系单独引起的，而是深深地印刻在各种社会活动之中的。这样，意识形态就不是由一群人强加给另一群人的，而是普遍的和潜意识的。主导意识形态使某些阶级的利益永远高于其他阶级的利益，在这一过程中媒介起着重要作用。葛兰西（Gramsci）的霸权概念，就是指涉一种普遍存在、具有内在连贯性的文化与意识形态，尽管并未经过紧密和有意识的组织，这种文化与意识形态却公开或者暗地里偏向统治阶级或者精英阶层。

美国学者指出，在新闻报道中至少有三个方面可以证明霸权理论的存在：一是新闻记者的社会化包括充满了统治阶级意识形态的报道指南、例行工作规则和导向。二是新闻记者倾向于报道保守的和维持现状的话题和消息。三是新闻记者倾向于表现亲美国的报道和对他国特别是第三世界国家的负面报道。

马克思媒介学说的第五个理论是社会文化学说，又被称为"文化研究"，它主要依赖于符号学。这一流派的学者对媒介信息的文化意义感兴趣，研究媒介内容如何被人们理解，其中包括主导解释和对立的解释。文化研究把社会看成是一个关于意义取舍的竞争激烈的领域。主流文化对媒介信息的选择标准将高扬被这个社会认可

---

① 董璐：《传播学核心理论与概念》，北京大学出版社，2008年版，第331～332页。

的文化意义，而压制非主流文化的意义显露。

在 20 世纪 60 年代，英国文化研究学派出现，这是当时英国的新马克思主义者发展出的一个社会理论流派。研究者们研究群体成员如何使用媒介，他们对媒介的使用又如何引导他们形成支持统治精英的观点。这些新马克思主义者认为，媒介使得具有统治权的社会精英得以维持自己的权力。媒介向精英提供便利的、微妙的但是相当有效的方法，从而推行符合精英利益的世界观。英国的传播学者进行的文化研究体现了批判学派学者的主张，他们用马克思主义的观点对资本主义的社会结构、文化意识形态等领域进行了分析和批判。

文化研究理论能够较好地分析同一媒介信息为何在不同的国家、民族或地区出现传播与接受的差异，以及截然不同的传播效果。因此，文化研究正在成为一种流行而有用的理论，而且还可以用来将各思想学派结合起来。

总之，马克思主义理论的主旨是明朗的，但是它并不能回答下列问题，例如，如何抵制媒介的力量？那些并非为资本主义或国家所有的媒介（如独立报刊和公共广播电视）的地位是什么？而领导阶级革命斗争的"先锋报刊"式的原始列宁主义模式，已经显得不切实际。大众媒介的马克思主义批评家或者依靠揭发宣传与操纵现象这种武器，或者将希望放在集体所有权的另类媒介模式上，以对抗资产阶级的媒介权力。虽然公共无线广播制度仍然是私有媒介之外的可行方案，不过它仍然受到来自马克思主义观点的抨击，认为它是中产阶级国家的另一种工具。这并非排除了"小众式"或者"草根式"的另类媒介模式出现（并不一定朝着马克思主义所认可的方向前进）的可能性。在受到公开的压制或者合法的另类媒介受到否定的情况下，尤其如此。

小　结

　　本章所提供的知识力图实现这样一个目的：为新闻传播学相关专业的初学者呈现一个简洁的学科框架，进而帮助他们知晓即将进入的专业领域将以什么为研究对象，用什么方法作为分析工具，有哪些学科发展的阶段性成果是他们必须掌握的理论或重要学说，而这些理论或重要学说可以为他们架设起正确的学习路径。

　　了解人类传播行为的日常性特征以及可以做到类型化实践的基础知识是学习和研究传播学的首要任务。因此，有关这个学科的核心概念，及其对这些核心概念的确认过程中多元化的积极探索都是需要了解的知识。本章所提供的传播学理论框架、经典理论范式和那些学科奠基人的学术背景与重要贡献，可以帮助学习者在一个开放自由的论域里找到独特的专业视角。

　　但是，本章所提供的仅仅是一个宏观的学科视野，一个有关传播学的理论框架，它就像博物馆门前的简介视窗一样。其"教"与"学"的难点在于：怎样避免只将其作为纯知识而忽略了它与后面各章内容的逻辑关系，以及怎样呈现给学习者广阔的思考空间。

思考题

1. 了解不同视野中关于传播的界说。

2. 有关传播、传播学、大众传播学的定义。

3. 从研究视角观察人类传播实践的几种类型。

4. 了解传播学和大众传播学领域的奠基人及其重要贡献。

5. 大众传播学有哪些经典理论范式，其贡献与局限是什么？

6. 作为一种延伸思考，深度理解马克思主义媒介理论的五大学科分支。

第二章　系统理论

　　传播研究中最有代表性的基础理论是系统论。系统论和它的两个相关理论——控制论和信息论——为观察世界提供了广阔的视角。系统论研究的是组织各部分之间的关系、控制论研究的是系统的控制和调节、信息论的重点在信号的测定和传递上。这些领域的研究成果直接成为传播学理论的重要基础。

　　系统思想的形成始于 19 世纪黑格尔的理论：世界是一个过程，为对立面的矛盾所控制。比如，当两个强国彼此成为对立面时，会形成一种特定的世界秩序。但从历史的角度来说，如果两强中出现某一方的最终崩溃，形成一强一弱的局面，就会产生新的世界秩序。这个过程，就是两个对立面之间矛盾斗争的过程，而且双方以一种综合的现象来解决原有的矛盾，正如我们所看到的两个超级大国之间的冷战。然而，这种平衡又会带来新的对立面，比如新的国际联盟和种族斗争会重新开始这一过程。黑格尔将这种把世界视为一个动态过程的认识论称为辩证法。①

　　卡尔·马克思很快将黑格尔的思想应用于社会中权力的分配，用它把劳动者和资本家联系起来。② 查尔斯·达尔文根据系统思想提出生命的进化和对外界压力的适应理论。1972 年，美籍奥地利理论生物学家路德维希·冯·贝塔兰斐则对系统理论进行了最好的

---

① 斯蒂文·小约翰：《传播理论》，陈德民等译，中国社会科学出版社，1999 年版，第 73~101 页。

② 安东尼·吉登斯：《社会理论的轮廓和评论》（柏克莱分校：《加州大学学报》，1982），第 8 章、第 9 章。

阐述：我们提出一个叫作一般系统理论的新的学科——一个关于"整体性"的一般学科，它将以其精巧的逻辑——数理科学的形式出现。它本身完全是形式的，但适用于各种经验学科。[①]

第一节　系统论及其相关理论

一、什么是系统论

系统论是研究自然、社会和人类思维领域以及其他各种系统、系统原理、系统联系和系统发展的一般规律的学科。它的主要任务是以系统为研究对象，从整体出发来研究系统整体和组成系统整体各要素之间的相互关系，从本质上说明其结构、功能、行为和动态，以把握系统整体并促进其良性循环发展。

系统论源于对生物机体的研究。早在 20 世纪 20 年代，生物学家路德维希·冯·贝塔兰斐就对生物学的研究方法和理论提出了质疑。他认为生物机体的基本特征是一个组织、整体和系统，而过去的生物学研究却经常错误地认为生物机体只是"简单相加""机械凑合"和"被动反应"的形式。这种机械论不足以解决生物学中的理论问题，也不足以解决由现代科学技术提出的实践问题。其原因是它不注意生物整体各部分间的关系，把生物的各部分和各过程割裂开来进行研究，所以，不能完整地描述生物现象，做出正确的结论。为了批判机械论的错误观点，贝塔兰斐把哲学中的协调、联系、秩序和目的性等概念用于有机体的研究，并提出了系统论的以下三个基本观点。

（一）系统观点

系统是相互关联并组成一个整体的一组事物，由以下四个因素组成：

---

① Bertalanffy, *General System Theory*, pp. 32—37.

（1）客体。它是系统的部分、要素和变量，可能"具体"或"抽象"或两者兼具，依据系统的性质而定。比如人的思维系统是抽象的，生理系统是具体的，而社会系统则是两者兼具。

（2）系统具有其属性。即系统和其客体所具有的性质和特征。

（3）系统中的客体之间具有内在联系。这是系统非常突出的区别性特征。

（4）系统具有一个环境。系统不存在于真空里，要受周围环境的影响。

比如我们把家庭看成一个系统，其构成因素分别为：

客体——家庭成员。

属性——父、母、兄、妹的身份特性和性格特征。

关系——即家庭成员之间的相互作用和构成状况，它们有可能是血缘的、亲情的、经济的或道义上的。

环境——家庭所处的社会和文化环境。

系统最重要的识别指标就是"封闭系统"和"开放系统"的差异。[①]

所谓封闭系统，是指不与环境发生相互作用的系统，它的活动趋向是内部的混乱、解体和死亡。开放系统则从其所处的环境中接受物质的能量，又把物质和能量传向环境。前者没有维持生命的特性，常见于自然体系，例如星球；后者以生命和生长为方向，如生物的、心理的和社会的体系。

（二）等级观点

贝塔兰斐认为，一切有机体都是按严格的等级和层次组织起来的，正如阿瑟·凯斯特勒（Arthur Koestler）（《正午的黑暗》，1941）所描述的杰纳斯效应：

———————

① Hall and Fagen，"Definition"；Anatol Rapoport，"Foreword"，in *Modern Systems Research for the Behavioral Scientist*，ed. W. Buckley（Chicago：Aldine，1968），pp. xiii－xxv. "For an Excellent Short Description of Open Versus Closed Systems"，see Ludwig von Bertalanffy，*General System Theory: Foundations*，*Development*，*Applications*（New York：Braziller，1968）.

一个等级体系的成员就像罗马之神杰纳斯一样，都有两张脸，望着两个对立的方向：对着底下层次的脸是一个自我包容的完整的整体，是一张主人的脸；而仰望着顶峰的脸则是一个从属部分，犹如一张奴仆的脸。

（三）动态观点

即一切生命现象都处于积极的活动之中，一切生命现象都是一个开放的、活的系统。任何开放的、活的系统都和周围环境发生物质和能量的交换关系。

基于这些认识，贝塔兰斐认为，完全有可能寻求出一个系统的理论框架来描述世界上的各种关系。1937年，贝塔兰斐在美国芝加哥大学哲学研讨会上第一次提出"一般系统论"的新思想，但却遭到生物界权威们的责难，其论文也未能发表。1945年3月，该文在《德国哲学周刊》上公开发表，但由于战争的原因，仍未被人知晓。直到1947—1948年，他在美国再次讲授"一般系统论"问题时，系统理论才开始受到人们的重视。此后，贝塔兰斐又与经济学家博尔丁、生物数学家拉波特合作，试图将一般系统理论进一步扩展，形成一种包括一切与系统有关的理论和方法，如信息论、控制论、博弈论、决策论、网络理论、管理理论等新的学科，并将其统称为系统论。1968年3月，贝塔兰斐在加拿大埃德蒙顿·亚尔塔特大学出版了《普通系统论的基础、发展和应用》一书，全面阐述了他的系统论思想。他在书中写道，系统论"远远超出了技术课题和技术上的需要。这种重新定向成了科学领域总的必然趋势，贯穿所有学科，最后到哲学"。1972年，在他逝世的这一年又发表了《一般系统论的历史和现状》一文，试图对"一般系统论"重新下定义。同时指出，"一般系统论"可以作为一个新的科学范畴，广泛地应用到数学、技术、哲学等各个研究领域中去。

二、系统的特征

生物的、心理的和社会文化的系统都具有一些并不是相互分开，而是有相互界定作用的共同特征。

（一）整体性和相互依存性

系统思想认为，一个系统就是一个独立的整体。其功能是"整体大于其各孤立部分的总和"。"系统"概念与物理累积性的观点对立。比如一箱石子可以从物理积累性角度被看作一个整体，但它只是一种没有相互作用的部分之集合。而系统则是部分之间的力量或相互作用的产物。斯蒂文·李特约翰为我们打了一个比方，他说，比如公共汽车站上排队的一群人算不上一个系统，但坐在桌边讨论问题的一群人就肯定是个系统了。

一个系统就是由其各个部分联系在一起而不能分开来理解的整体。系统中的每一个部分都与其他部分相互依存和制约，这一互相依存性形成了系统中的组织。如家庭中每一成员的行为都不是完全独立、自由或任意的，而是彼此制约、相互影响的。

互相依存性是系统突出的区别性特征，它作为一种变量因素对传播研究具有重要的意义。当研究人员考察一个系统时，必须考虑这些变量。系统中变量之间的相互依存的种种形式被称为相关关系。在一种相关关系中，一个变量的变化会引起另一个变量的变化。而且相关关系很少是纯粹的或完美的，只是一个程度问题。有的联系比较紧密，有的则比较脆弱，在一个复杂的系统中，变量相互产生联系，其影响的程度是不均衡的。

例如，在家庭中，青少年的反抗（因变量）通过三个自变量——父母的专制态度、同龄群体的力量强弱以及年龄——得出预测。传统的观点认为，这里面的因果关系是单向的：反抗导致专制，或者因专制导致反抗。然而在系统中，因果关系常常是双向的：因变量与自变量组是相互作用并有强弱差异的，即自变量组可以激起或强化因变量，同时因变量也会影响和制约自变量的作用。

（二）等级制

我们先来看看阿瑟·凯斯特勒讲述的"钟表匠的故事"：

> 从前有两个瑞士钟表匠，一个叫比奥斯，一个叫梅克豪斯，他们制作的手表精致而又价格昂贵。尽管一开始市场对他俩制作的表都有同样的需求，但一段时间后比奥斯

发了财，而梅克豪斯却只能勉强维持生计。最后，他不得不关了自己的店，到比奥斯的店里当一名技工。城里的人们为此争论了好长一段时间，每个人都有自己的看法，直到其中原委被泄露了出来，大家才觉得事情是如此简单而又令人惊讶。

原来，他们制作的钟表都由一千多个部件组成，但是他们两人的组装方法却不同。梅克豪斯是把部件一个一个给装起来的，就像用彩色小石子拼成马赛克地板一样。于是每当有人来打扰，他便把手中正在装配的手表放下，表又散成一个个部件，过后他又得从头开始。而比奥斯却想出了另一种装配方法，他先把十个部件装在一起，每十个作为一个独立的单元。十个这样的单元再组装成更大一些的子系统，而十个这样的子系统就可以装成一个完整的手表了。

现在，我们可以很简单地用数学方法算出，如果一个手表由 1000 个部件组成，如果每装配 100 个部件便有人来打扰一次，那么梅克豪斯就要比比奥斯多花 100 倍的时间才能装好一块表。有人计算，即使把地球生命的全部时间都用上，都来不及造出一个阿米巴——除非他（梅克豪斯）改用比奥斯的方法，分级进行，从较简单的分组装配到更复杂的装配。[①]

这个故事告诉我们，任何一个系统都是另一个更高层级系统的构成部分，同时也是更低层级系统的统摄整体。系统的复杂性随所属层级的增加而逐步增加，或随系统统摄的层级减少而递减。一个特定系统所属的更大系统叫"超系统"，一个系统内更小的系统叫子系统（如图 2-1 所示）。

（三）自我调控性

系统大多被看成是具有目标的有机体。一个系统的活动受到其

---

① Ghost Koestler, pp. 45—47.

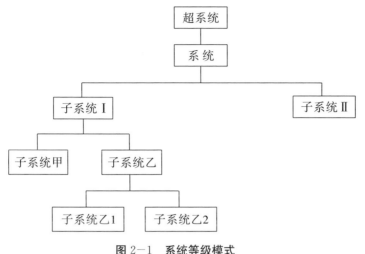

图 2—1　系统等级模式

目标的控制，且系统可以对自己的行动做出调节以达到目标。这使得系统的一部分必须根据指导方向行动，必须在反馈的基础上适应环境。比如家庭，它可以依靠某一居支配地位的成员做出决策和给予指向，同时监督成员行为，如有违反家规（反馈）的动向，会及时采取控制行动；也可以采取分工的控制方式，允许每个成员对某些决策拥有控制权。[①]

（四）相互作用机制

一个有生命力的系统一定是开放的，并与所生存的内外环境发生相互作用的。它们不仅需要接受来自外部的有机能量，同时也在向外释放自己的物质和能量，使每一层级的系统之间、所属的不同层级系统之间产生有序的良性的互动。一旦系统的输入与输出失衡或无序乱动，系统的结构就会受到破坏甚至解体。例如一家媒介机构必须不断调节自己的媒体产品在传媒产业链与消费市场中的关

---

① 斯蒂文·小约翰：《传播理论》，陈德民、叶晓辉译，中国社会科学出版社，1999 年版，第 79 页。

系，以应付来自作家、记者、编辑、制作商、推广商、经销商、受众的使用与满足程度对媒体生存与发展的影响。

（五）平衡性

有时称"稳定"，即自我维持。如果系统要保持生存，它的一个任务就是维持平衡。系统必须能探测出自己何时处于不正常状态，并做出调整以回到轨道上来。系统对变化和变异只是有限度的容忍，否则就难以维持自己，导致系统垮掉。[①] 比如在家庭系统中，父母要求孩子行为规矩的唠叨，危机婚姻中的夫妻双方仍在企图和好等，都是为了求得自身的稳定，而家庭成员的稳定又是家这个系统得以维持的保证。

（六）适应性

系统总是处在一个动态的环境中，它必须具备能顺应时代发展需要的适应性，这就可能与系统为了生存而必须保持平衡产生矛盾。因此，一个先进的系统有时必须在发展结构上做出改变以适应生存环境；而面对相应的"失衡"状态有能够"重组"自己、迎接新挑战的能力。这种系统变化的专业术语叫"生态发展"。

值得记住的是，一个系统目标的达成，是可以用不同的方法、从不同的起点去实现的。这就是我们所说的"殊途同归"效应。

三、系统论的基本方法

（一）信息方法

系统论用信息论观点，把系统看作是借助于信息的获得、传递、加工、处理、变换而实现其有目的性运动的过程。

（二）反馈方法

反馈在控制系统中指把信息输出以后，又把其作用效果返回来，对信息的再输出发生影响，起到控制作用。反馈包括有既定目标的行动、对行动所发生的效果的了解和对目标所发生的行动效果

---

① 斯蒂文·小约翰：《传播理论》，陈德民、叶晓辉译，中国社会科学出版社，1999年版，第79页。

与既定目标的比较。如果比较结果是效果和目标相一致，说明目标已达到，控制过程便告完成；如果和目标不一致，就需要调整。这种用目标所发生的行动效果来调整系统活动以达到预定目标的方法，称为反馈方法。采用这种方法研究和调节系统的活动，对进行系统决策有重要意义。

（三）系统分析

系统分析是从系统的整体性出发，在系统与系统内部各要素、要素与要素、系统与外部环境的相互关系中揭示研究对象的系统性质和运动规律，从而达到最佳处理问题的一种方法。用这种方法研究问题，一般要遵守整体性原则和最优化原则，为多角度地思考和处理复杂系统的问题提供新的思路。

系统理论作为一门独立的学科引起全世界各国的重视，是在20世纪60年代。当时随着现代科技的迅速发展，系统原理应用于社会、经济、军事等方面的工程建设已取得了显著成效。1954年，美国成立"一般系统学会"，并出版《一般系统》（年鉴）。1972年，贝塔兰斐去世后，美国哲学家拉兹洛等继续推行系统运动并出版研究成果。

第二节　控制论及其相关理论

一、什么是控制论

控制论是研究各类系统控制规律的科学。它以各类系统所共有的通讯和控制方法的特征为研究对象，探讨不同物质基础的系统所具有的信息交换反馈调节、自组织、自适应等方面的共性，对这些共性问题进行新的概括和总结，以形成一整套适用于各门科学的共同语言、概念、模式和方法。与研究物质运动、能量转换的传统科学不同的是，控制论着重研究系统的信息和控制过程，其重心又在反馈上。它寻找并建构一个系统测定自己的作用和做出必要调整的方式，来改善系统的行为，使系统稳定地运行。

控制论的思想源远流长，但控制论的真正诞生却是在20世纪40年代。1943年，美国数学家、电信工程师维纳（Norbert Wiener）和工程师比奇洛（Julian Bigelow）以及神经生理学家罗森勃律特（Arturo Rosenblueth）一起发表了著名的《行动目的和目的论》一文，第一次明确地提出了控制论的基本思想。1948年，维纳的《控制论》一书出版，标志着这门学科的正式诞生，维纳成为控制论的创始人。

信息概念和反馈概念是控制论的基本概念。维纳认为，客观世界有一种普遍的联系，即信息联系。任何组织之所以能够保持自身的稳定性，是由于它具有输入、使用、储存和输出信息的方法。在这种信息的变换过程中，存在反馈信息。所谓反馈，是指一个系统的输出信息反作用于输入信息，并对信息再输出发生影响，起到控制和调节作用。维纳揭示了这种由信息和信息反馈构成的系统的自动控制系统，抓住了一切控制和通讯的共同特点，指出了机械系统内的负熵趋势，找到了机械模拟动物行为或功能的机制和科学基础。

控制论的发展经历了三个时期：第一个时期是20世纪四五十年代，是经典控制论时期，理论发展的势头很猛，出现了各种分支学科，如工程控制论、生物控制论、社会控制论和经济控制论等。第二个时期是20世纪60年代的现代控制论时期，导弹系统、人造卫星、航天系统的迅猛发展，使控制论的研究重点从单变量控制到多变量控制，从自动调节到最优调节。第三个时期是20世纪70年代以后的大系统理论时期。三年一届的国际控制论和系统论会议总是将主题确定在像经济控制、社会控制这样一些规模庞大、结构复杂、功能综合、因素众多的大系统研究课题上，把探索前沿伸向企业、城市和国家，乃至一个地区或整个地球空间，努力把握大系统的总体性能指标，并且在"人工智能"领域取得了可喜的进展。

二、控制方法

控制论重点探讨控制方法。所谓控制方法，是指系统在没有人直接参加的情况下，利用遥控器，通过信息变换和反馈作用，使被控对象能够自动按照人们预定的程序进行，最终达到最优目标。施控系统和被控系统的矛盾，是一切控制系统和控制过程的基本矛盾，控制论采用一组简单的工具对其进行处理，这就是传感器、比较器和催化剂。传感器向比较器提供反馈；比较器决定机器运转是否脱离了常模，然后向催化剂提供导向；催化剂输出信号以某种方式影响环境。这一输出—反馈—调整的基本过程是控制论的基础。[①]

控制论所提供的方法包括信息方法、黑箱系统辨识法和功能模拟方法。信息方法着重研究系统中的信息变化规律，从信息方面来研究系统的功能，更好地输入、传递、加工和处理系统中的信息。黑箱系统辨识法认为，复杂系统除了可观察变量和可控制变量之外，还有许多不可观察和尚不可控制的变量。在这个意义上，可以把一个复杂系统称为黑箱。通过运用相对独立的原则，进行测试和主动实验，建立模型，能够辨识和阐明黑箱。功能模拟方法不考虑系统内部物质、能量、元件、结构和一个个因果对应关系的情况，而只考虑整个系统在功能上的等效性。控制方法的探索，不仅有利于控制论研究的深入，而且为现代科学方法论增添了活力。

三、反馈机制与模式

对反馈机制与模式的研究是控制论的核心部分。它要解决的问题是反馈机制在一个系统中的相对复杂度、功能强度和由此形成的反馈网络。罗森勃律特、维纳、比奇洛在大量的研究和实验中为我

———————

① 斯蒂文·小约翰：《传播理论》，陈德民、叶晓辉译，中国社会科学出版社，1999 年版，第 81 页。

们提供了以下经典成果。①

（一）控制复杂性模式②

维纳等认为，反馈机制在复杂程度上差异很大，有积极与消极行为之分。前者来自系统自身，而后者来自外界刺激。比如跟朋友打招呼是积极行为，搔痒则是消极行为。积极行为又分为有目的的和无目的（随意）的。一切有目的的行为都要求反馈，而反馈的复杂性差别很大（见图 2-2）。

图 2-2　控制复杂模型

在简单系统中，组织只是用关闭或开启对反馈做出反应，如恒温器就是一个简单反馈机制，如图 2-3 所示。

在图中，B 为能源资源向受众 C 进行输出。A 是对来自 C 的反馈做出反应控制机制，比如媒介机构对信息的处理。

复杂系统就需要用积极与消极反馈在行动期间做出调节适应。

① Arturo Rosenblueth, Norbert Wiener, and Julian Bigelow, "Behavior, Purpose and Teleology." *Philosophy of Science* 10 (1943)：18-24 [reprinted in *Modern Systems Research for the Behavioral Scientist*, ed. W. Buckley （Chicago：Aldine, 1968）, pp. 221-225].

② Rollo Handy Paul Kurtz, "A Current Appraisal of the Behavioral Sciences：Communication Theory," *American Behavioral Scientist* 7, no. 6 (1964)：99-104. Supplementary information is found in Gordon Pask, An Approach to Cybernetics （New York：Harper & Row, 1961）; G. T. Guilbaud, What Is Cybernetics? （New York：Grove Press, 1959）. For a Historical Review, see Norbert Wiener, *Cybernetics or Control and Communication in the Animal and the Machine* （Cambridge, Mass：MIT Press, 1961）, pp. 1-29. See also Rogers, *A History*, pp. 386-410; *For a cybernetic approach to communication*; see D. J. -Crowley, *Understanding Communication: The Signifying Web* （New York：Gordon and Breach, 1982）, especially chap. 1.

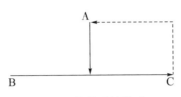

图 2-3　简单反馈模式

因为复杂系统可能具有预测性，也可能相反。预测的行为是基于预期的而不是实际的立场或反应。比如在世界杯足球赛中，优秀的球员之间的传球，往往是向"预测"中的位置传球，而不是接球队员此刻所站的位置。这期间就要使用控制机制。

　　由于系统的复杂性和输出的性质，控制机制本身在其所能施行的控制种类上有一定限制。维纳等人简约描述了以下可能发生的情形（见图 2-4）。

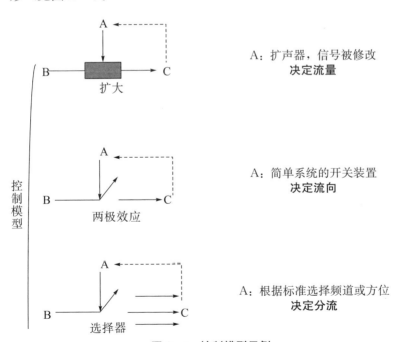

图 2-4　控制模型示例

图 2-4 中的第一个模型显示信号本身经过修改的情形，在这个模型中，信号经过 A 得到放大，比如扩声器对原来的讲话音量的扩大。第二个模型显示简单的开关装置，如恒温器或短路开关。第三个模型为选择控制，这里 A 根据标准选择频道或方位。

（二）功能模式

一个调节系统必须拥有某些控制准则。控制中心必须"知道"对怎样的环境条件做出反应以及怎样做出反应。反馈可根据系统对其做出反应的方式分积极的和消极的两类。消极反馈是现实变异的错误信息，系统通过减少或消除变异做出调节。在自身平衡中消极反馈是最重要的反馈，因为它维持了一种稳定的状态。

一个系统的反应也可以是扩大或维持变异，在此情况下反馈就是积极的。经济学中的膨胀循环就是一个积极反馈效应的例子。在传播中当说话者从听话者那里接收到消极反馈，他或她就知道自己未击中目标。来自对方的消极反馈一般要求在策略上做出改变以缩短说话者希望对方做出的反应和实际反应之间的差距。无论是在机械或人类系统中，对消极反馈的反应都是"缩短、减缓、停止"；而对积极反馈的反应是"增强、保持、继续"。

我们在图 2-5 中可以看到系统发生变异的情况。

在"稳定状态"时间中，消极反馈发出偏离标准的信号，系统为了回到正常轨道而做出调节。它使得系统永远不会偏离自己希望的状态。如传播中输出的暴力和色情类信息太滥，社会公众的不满情绪就会促使传媒自我修正以回到正常轨道上来。

在"增长状态"时间中，系统发生了变异，而且积极反馈保持着这一变异，其结果是系统一步步脱离原来的状态以至最终崩溃。比如处于变革和转型时期的社会旧系统，其原有的社会运行机制必然会在系统转向新的发展方向过程中被分裂和扬弃。当然，积极反馈并不意味着是"好"的反馈；而消极反馈不一定是"坏"的反馈，因为系统需要它来保持平衡。

在"变化状态"时间中，系统由一种状态转向另一种状态。它需要积极和消极两种反馈。积极反馈使系统转向新的方向，消极反

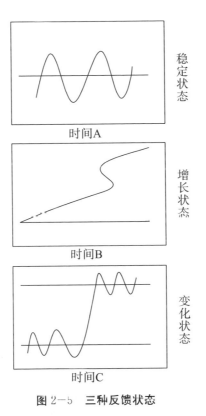

图 2—5　三种反馈状态

馈则在某一层次上出现以使系统保持平衡。

（三）网络模式

在复杂系统中，一系列反馈回路存在于系统内和子系统之间并形成网络。但无论网络怎么复杂，事物总是会回到原来的起点。请见图 2—6 的城市化例子。

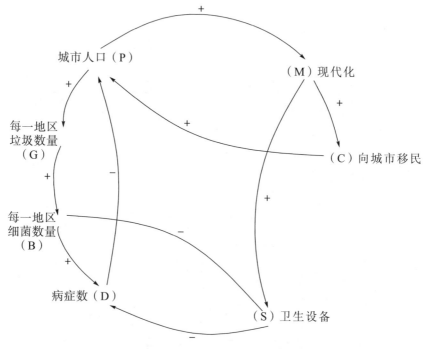

图 2-6　简化的反馈网络①

在此图中，加号（＋）代表积极关系，减号（－）代表消极关系。在积极关系中，变量共同增长或减少。在消极关系中，随着一个变量的增长，另一个变量会相应减少。例如，随着城市人口（P）的增加，现代化也在增长。而随着现代化的增长，向城市移民的人数也增长了，这又进一步扩大了城市人口。这一关系是积极反馈回路的例子。消极关系则见于疾病数（D）对人口（P）的影响。

如上所示，控制论是系统论中的一个重要概念，因为它解释了系统的这样一些特征：整体性，即系统的一部分脱离它在子系统中

---

① Maruyama，"The Second Cybernetics"，p. 311.

的反馈回路就不能被理解；互相依赖性，指子系统受到共同反馈的制约；自我调节，即一个系统通过对积极和消极反馈做出适当的反应而保持平衡并产生变化；系统与环境的交互变化，指输入和输出形成反馈回路。

尽管这些控制论概念起源于生理学、工程学和数学，可是，正如控制论的创立者维纳明确指出的那样："这一控制原则不仅适用于巴拿马运河船闸，而且适用于国家、军队和个人……这一社会反馈问题具有极大的社会学和人类学的意义。"①

第三节　信息论及其相关理论

信息论是研究信息的本质，并用数学方法研究信息的计量、传递、变换和储存的一门学科。它发端于 20 世纪 20 年代，成熟于 20 世纪 40 年代。1948 年，申农在《贝尔系统技术杂志》上发表的《通信数学理论》一文，被认为是本学科诞生的标志。在论文中，申农第一次从理论上阐明了信源、信宿、信道和编码等有关通讯方面的一些基本问题，创立了通信系统的模式，并以精确的数学概念提出了信息量的计算公式。这一研究成果实现了与申农同时代并且也致力于相关问题研究的学者们（如维纳、韦弗、布里渊等），力图将信息理论从物理学、工程学和数学的研究中独立出来组成一个单一的理论的梦想，从而使信息理论不仅对电子、通讯科学具有应用价值，也广泛适用于行为和社会科学。

一、信息论的研究内容

信息论的任务是用概率论和数理统计方法研究信息的度量、传递和变换规律，特别是研究通讯和控制系统中普遍存在的信息活动

①　Norbert Wiener, *The Human Use of Human Beings: Cybernetics in Society* (Boston: Houghton Mifflin, 1954), pp. 49-50.

的共同规律，包括如何达成信息获取、度量、变换和传递的最佳效果，如何保证其准确性和可靠性等。[①] 因而，所涉及的内容主要包括以下几个方面。

（一）分析信息的本质属性及其特征

信息是什么？至今中外学术界仍争论不休。信息是物质的，还是精神的，抑或是一种能量？有学者认为，信息是既非物质亦非能量的"第三态"。与此同时，信息与传播的关系是什么，信息与讯息是否有区别，信息的载体形式和符号传递如何等，均成为信息论要科学界定和阐释的基本问题。

（二）信息的变换和传递

信息论把编码－译码、调制－解调作为信息变换和传递的途径。编码－译码是符号信息之间的符号转换，调制－解调是便于信息传递、接收的手段。所谓编码，就是把信息转化为适合于传播和保存，便于信息接收者接纳和理解的各种符号，比如语言、文学、图像等。它是信源提供者（传者）"如何传情达意的一个创作过程，也是信息符号化的制作过程"[②]。所谓译码，是指信息接收者把符号重新还原为信息，以便接收者能够识别、进行有效的使用。需要指出的是，从"编码"向"译码"流动的符号群，严格意义上讲，往往仅是一种物态的讯息，即现实环境中实际存在的信号。这些信号所包含的意义，只有经过"译码"的转换作用才能被呈现出来。当个体不需要或不能破译某些信息时，这些信号对于个体而言就仍然还停留在讯息状态；如果个体有选择地注意到某些信号，又进一步去理解、判断、记忆或遗忘它们，这类经过一系列译码转换的信号，对受众个体而言，就是信息（如图2－7所示）。因此，讯息是各种信号（如消息、情报、指令、数据、科研成果和资料）的载体或具体的表现形式；信息是讯息接触者对这些载体（符号群）排除了"不确定因素"之后，从中提炼出自己需要的那部分内容。

---

① 张国良：《传播学原理》，复旦大学出版社，2000年版，第87页。
② 吴文虎：《传播学概论》，武汉大学出版社，2000年版，第172页。

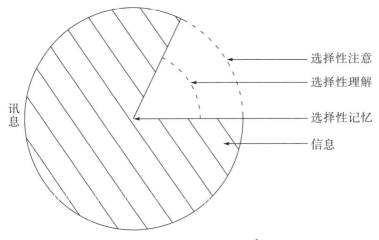

图 2-7　个体译码转换过程

调制是指利用物理规律对声音、图像等信息进行转换，以达到便于传输，特别是远距离传输的目的。解调是指把调制信号恢复成原有形式的转换。在通信设备和自动机中大量进行着这种调制和解调工作。在传播学领域，则主要是对编码-译码的研究。

（三）进行信息的度量

在信息论中，度量信息的基本出发点是把信息作为用来消除"不确定性"的东西。信息数量的大小用消除"不确定性"的多少来表示，而事物的"不确定性"的多少，则用概论函数来描述。申农提出的下列计算公式就是对信息进行度量的科学工具：

$$H = -k \sum_{i=1}^{n} P_i \log_2 P_i \quad （比特／每个信息）$$

H：每个讯息的平均信息量；k：波尔兹曼常数；P_i：先验概率；比特：以 z 为底的对数时信息单位。如果用文字表述上面的公式，即信息量等于可能性选择的概率的对数。

用这种定量分析的方法对信息的属性和运动规律进行研究的信息论提出一个重要的观点：信息"所涉及的，不全在于你说什么，更在于你能说什么"。这使人们对信息的理解能够从一个全新的角度——借自热力学的一个相关概念"熵"开始。[①]

熵即无规则，或者说情境中组织（系统中的相互依存关系）的缺乏。一个完全是熵的情境是无法预测的。

熵是一个变量，你所面临的大多数情境是可以做出部分预测的。如乌云笼罩天空，你会预测天要下雨，而且你可能是对的。因为气候是一个有组织的系统，因此存在某些可能的关系（如云和雨）。但你不可能对下雨做出完全的预测，因为有某些不确定性。比如，2003年春季的"伊拉克战争"。在这场战争打响之前，人们一直认为战争是可以通过某些政治途径避免的。因为根据"冷战"时期国际社会已经基本认可的游戏规则，我们可以对当时正在酝酿的战争风云进行预测。但战争打响之后，情境中不确定性增大，尤其是美英联军攻占巴格达以后，人们开始对战争的下一阶段和未来国际关系的变化感到难以预测了。总之，熵越多，组织性（相互依赖性）和可预测性就越少。

信息是什么呢？信息论认为，信息是对环境中不确定性或熵的测定。不确定性越大，可能的信息量就越大。所以，信息就是为减少环境中的不确定性所需要的信号数量。如"9·11"事件引发的后续事件追踪报道，新闻的价值就在于及时提供"变动中的事实"，以满足公众排除环境中不确定因素的信息需求。当一个情境是可以完全预测时，那就无所谓信息了。这种情形被叫作"负熵"。例如，你的朋友将要投掷硬币（刺激），它会是正面向上还是反面向上呢？你不能确定，你无法预测。这一不确定性在看到投币结果（信号）后就消失了。但如果结果是"定好了的"，那么对你而言，"投币"的结果因没有不确定性，亦即没有信息了。所以，一个你完全熟悉的环境对你来说就等于没有信息。

信息还可以被认为是一个人预测情境的结果时所拥有的选择方

① 斯蒂文·小约翰：《传播理论》，陈德民、叶晓辉译，中国社会科学出版社，1999年版，第87~88页。

案的数目。由于任何预测（决策）都会有或正或负的结果，人们为了避祸求福，总是有选择地寻找足够多的方案。这就增加了信息量，在情境中为自己赢得更多的选择机会。从这个意义上讲，信息量也就是人们所拥有的自由选择讯息的度量。

接下来，我们将看到信息的另一面，那同样是信息论的重要构成部分，这就是有关"冗余"和"噪音"的概念和相关的研究。所谓冗余，指环境中"可预测性"的东西，是相对于熵的功能，是对确定性的测定。例如观看电视连续剧，受众对收看的时间和内容是可以预测的，非选择性的，因而是冗余的。"冗余"的存在，使受者在接收信息的过程中具有两个方面的能动性：一是当所传信息出现缺失或错误时，受众可以自行填补或纠正，如阅读一份寄自恋人的却因水渍而字迹模糊的情书，或看一部盗版武侠小说时的情形，受众用于填补和纠正的信息，我们称之为"冗余信息"。二是受众可以用"冗余信息"去抵消传播渠道中的"噪音"。所谓噪音，是指传播过程中一切对正常信息传递的干扰，其中包括传递发射器本身出现故障和外界的干扰，比如传播者的口误或印刷媒体的错别字。一旦噪音出现，受众就会利用经验（冗余信息）去自动校正。当噪音越多，尤其是来自外界的对抗性的言论越多，受众就越注意主渠道中那些一再被强调或复述讯息中的关键内容（冗余信息）。这样一来，在一个单位时间内所能接触的有效信息——受众第一次接触的讯息——就减少了，但社会文化规范却有望得以形成和巩固。因此，对传播者而言，冗余信息的使用常常与传播功能的效力体现联系在一起，要想发挥传播活动的正功能作用，就必须在有效信息和冗余信息之间取得平衡。

（四）重视信息方法

所谓信息方法，就是运用信息的观点，把系统看作借助于信息的获取、传送、加工、处理而实现其有目的性的运动的一种研究方法。它的特点是用信息概念作为分析和处理问题的基础，完全撇开对象的具体运动形态，仅仅从可能出现的概率变化来研究事物运动、变化过程并找出其内在联系，把系统的有目的的运动抽象为一个信息变换过程，从整体出发，研究事物与外界环境之间、输出和输入之间的关系。信息方法揭示了机器、生物有机体和社会不同物质运动形态之间的信息联系，对过去难以理解的现象做出科学说明，是促使科学整体化的重要手段。

二、语言和信息

人们使用语言时，总是一个字母跟着一个字母，一个词跟着一个词，一句话跟着一句话线性地——道来。无论是"深思熟虑"而后言，还是"脱口而出"，都会按照约定俗成的结构或语法规则来表达。例如在英语中，形容词后跟名词的概率很高，字母"q"后总跟字母"u"，这使得英语句子的总体排列是有规律的，是可以做出部分预测的。同时，接受者的解码过程也变得简单容易，因为情境中出现了冗余度较高，熵相对较低，信息量较少的必然性结果。但语言的"分离性"（结构、内容的转换）和"任意性"（譬如现在汉语中对"秀""靓"等词语的运用。我们常常听说某某在"作秀"，这个"秀"其实是从英文"show"取音而来的）又会增加其不确定性。

我们很清楚也早已接受了这样的观点：语言既是思维的工具，又是交际的工具，它可以用来表达思想感情，描述各种事物和事件。但语言与信息的关系究竟是什么呢？信息论认为语言是传递信息的载体。这种载体可以是人体自身，也可以是现代的通信技术和各类CMC（以电脑为媒介的传播）硬件或软件设备。前者主要生成言语形成系统[①]，后者则构成稳定的、规则的、可以被独立出来进行分析的语言处理系统，比如情报检查系统、编辑照排系统（包括新闻通讯网）、程序教学和计算机辅助教学设备、自动翻译和计

---

① 索绪尔认为，人类传播中有两个概念是必须区分的：一个是语言，指脱离它在日常生活中的实际使用而可以进行分析的符号形式系统。它不是由现实使用者创造的，而是在人类长期的社会信息交流中约定形成、按规则使用的，在时代变迁中变化很少。另一个概念是言语，指个体为达成目标而对语言的使用，他具有创造性，并随着情境的变化而发生变化，因而规则少，非重复性和突出的目的性质是主要特征。

算机辅助翻译设备、文字的模式识别等。信息是语言的内容，它决定语言的意义和张力，世界上既没有无"信息"的语言，也没有不"言语"的信息，两者相互依存，不可分割。承认这一点，也就承认了：凡是有"信息"处，必有"语言"；反之亦然。

三、信息的存在方式

在哲学视野中，信息是事物（物质和能量）的存在方式（运动状态）以及对这种方式（状态）的直接或间接的表述。"信息总是处在一定的流动状态下，以极强的渗透力冲破种种非自然的束缚，通过多种渠道和传输手段向外扩散着。"① 譬如，"鸟语""花香"是一种生物信息的存在方式；"电闪""雷鸣"是一种物理信息的运动状态；"你言""我语"是人类社会信息的传输过程。它们无时不在，无处不在，普遍存在于整个自然生态中，信息论抛开有关信息意义的探讨而专注于人类社会信息的传输与接收研究，对今天的电子媒介传播而言，显得尤为重要。在申农－韦弗传播技术模式（图2-8）中，我们会发现媒介传播中的硬件设备及其使用技术是十分重要的制约因素。

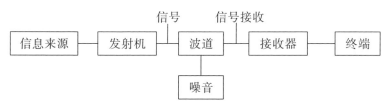

图 2-8　申农－韦弗传播技术模式

在这一模式中，信息来源由不断聚合的等待选择或准备传输的符号（包含一切可传递和交换的知识类的消息、情报、指令、数据或各种可视性图像等）组成。发射机把这些符号转换（编码）成适合于传输的信号，然后通过一个波道传递至接收器，接收器把收到

---

① 张国良：《传播学原理》，复旦大学出版社，2000年版，第85页。

的信号再转换（译码）成讯息（迅速报道新闻事实的一种新闻体裁）。申农、韦弗的传播技术模式可应用于多情境。比如表2-1对媒介传播和人际传播所进行的结构差异比较分析。

表2-1　传播结构差异比较

类型	媒介传播	人际传播
信息来源	制片人、导演、播音员	大脑
发射机	摄影、摄像和发射机械	声带系统
波道	频道（传输）	空气
接收器	电视机把电磁波转换成视觉图像	耳朵
终端	受众	大脑
噪音	波道中任何可歪曲、影响信号的干扰声	

这一模式不仅可以用来分析大众传播过程的技术性问题，也可以分析人际传播的物质构成因素，并为我们比较出这两类传播结构上的差异。

在一个电视节目的传受过程中，传播人（信源）使用发射机的行为也就是一个讯息的编码过程。它以信号的形式经由电波（波道）传送至电视机（接收器），这是一个将信号还原为讯息的译码环节，最后到达受众那里。在这个过程中，讯息收到编码、波道、译码三个环节的干扰，其中，"波道"所产生的噪音还具有"有效信息"和"冗余信息"两种构成成分。有效信息是指讯息中新鲜而具有吸引力的部分，冗余信息指被强调和复述的关键性部分。不容忽视的是，信息中的冗余部分对噪音有校正作用，可以帮助信息接收者填补丢失和被歪曲的数据和句子的意思。例如，读一封被雨水淋湿的字迹变得模糊的情书时，收信人可以凭借与写信人的"心心相印"去体验和连接那些因雨水浸渍而变得残缺的话语。

限制传输准确性的另一个因素是波道容量。所谓波道容量，指在一定时间里（如每秒）一个波道能传输的最大信息量。如果"通过量"大于波道的容量，失真就会产生。

那么，怎样才能实现有效传输呢？我们可以尝试：

（1）以不会超过波道容量的最高速度进行编码。

（2）使用代码时有充分的冗余以校正波道中出现的噪音。

一个反面的极端例子就是：不少读者对金庸小说图书盗版版本的"噪音"的高容忍度。当然，冗余过量，传输效果会出现负值；冗余出现太少，传输的准确度又会偏低。

第四节　系统理论与传播研究

传播研究领域中受系统理论影响很大的一个部分是关系传播。关系传播研究的核心是假设人际传播的功能是建立、维持和改变关系。从控制论角度看，关系反作用于人际传播的性质。

关系传播理论的思想基础，是作为相互作用的传播形成了关系结构。如人们无论是用有声语言还是手势语（哑语）进行传播，都可以从传播的具体行为中分辨出谁是支配者，谁是被支配者；可以通过传播的疏密度知道传受双方的关系程度；可以通过传受双方实施传播时利用的空间和工具得知传播行为的重要程度。公共关系学正是学习和运用诸种传播知识，以实现一个组织所需要的"关系"的一门实用性学科。它注重在传播过程中实现某种形式，也为了实现某种形式去实施过程。比如家庭，每个成员本身并不构成一个系统，但当他们发生相互作用时，"家庭"这一形式就形成了。于是我们得出一个结论：过程和形式是一个问题的两面，它们互相决定着对方。这一重要的系统思想在传播领域被广为接受。

一、关系传播理论

现在，让我们来了解关系传播理论的创立者、人类学家格雷戈里·贝特森（Gregory Bateson）提出的两个基本观点。[①]

（一）讯息具有双重性

贝特森认为，每一个人交际都包含两个讯息："报告"讯息（显示谈话的内容，即内容讯息）和"指令"讯息（显示传播者之间的关系，即关系讯息）。

比如表 2—2 中，话语"我爱你"（内容讯息）可以因传受双方采用的不同传播方式而形成不同的指令讯息（关系讯息）：

表 2—2　讯息的双重性

内容讯息	传播方式	关系讯息
我爱你	盛气凌人的	强迫
	默契、顺从的	心心相印
	恳求的	追求
	怀疑的	功利
	深信不疑的	平衡

在表 2—2 中，我们可以看到第二、第五种传播方式可以形成平等的关系讯息，而第一、第三、第四种传播方式则形成不平等的讯息。

（二）关系可以分为"互补性"和"对称性"

互补关系指一个行为引来与其相对应的行为，即参与者之一的支配行为引起对方的顺从行为。如群体传播中，"一位领袖"与其成员之间的支配和顺从的关系；夫妻之间，妻子一旦专横，丈夫则是顺从的关系。

对称关系指交往中双方的行为相同。比如支配行为与支配行为：夫妻双方争夺家庭权力时的相抵式对称关系，或顺从行为与顺从行为：夫妻双方都谦让决定权时的相容式对称关系。

---

① Bateson began to formulate his ideas on relationships from his field observations of the Iatmul tribe of New Guinea in the 1930s. See Naven (Standford, Calif: Standford University Press，1958).

二、人际传播的五项基本原理

贝特森的早期追随者被称为"帕洛阿尔托学派"（20世纪五六十年代）。这是一个以贝特森及其在加利福尼亚的帕洛阿尔托创立的一所精神病研究院为核心，坚持以系统原则为关系传播研究的基础，在人际传播研究领域取得了卓越成就的研究群体。他们的主要观点在已成为经典的《人际传播实用学》一书中被清晰地表达，其中最为重要的理论就是在对人际传播进行分析时提出的五项基本原理。

（一）人不可能不进行交流

这是一个被传播理论教科书一再引用的原理。它强调无论是否愿意，我们总是在影响他人的知觉。比如，在飞机上如果你不愿意交谈，你可以摊开一本书来读。这一举动向你的邻座传达了这样的信息："我现在没心情讲话。"邻座便识趣地保持沉默。

（二）任何谈话无论长短，都包含两种信息——"报告"讯息和"指令"讯息

例如，教授宣布一次测验，其话语可能作多重释义，相应地会引来学生（受众）的不同反应，由此形成不同的传受关系（见表2-3）。

表2-3　讯息的多重释义

"报告"讯息	多重释义	"指令"讯息
教授宣布一次测验	我是这里的权威	屈从
	我讲授的东西十分重要	尊敬
	我需要你们学习的反馈	担扰
	我要你们明白我作为一名教授的责任	要求平等

（三）交流者总是将相互作用融入有意义的模式中，即"点读"

如一对夫妇，丈夫不停地唠叨，妻子则沉默不语，可以有两种方式"点读"：

唠叨－沉默　可视为妻子因丈夫唠叨而沉默，是进攻－退却的关系。

沉默－唠叨　可视为丈夫因妻子沉默而唠叨，是不予理睬－恳求的关系。

（四）人们使用数码、类比代码两种代码进行传播

数码，如数字和字母，符号与所指（对象）之间的关系是完全任意但又彼此关联的。一些有明确所指对象的非言语符号也是数码，如"V"代表胜利。

类比代码则不能是任意的，它是连续的而非彼此独立的。它是数码在传播中的具体呈现方式。如"天啊"这个数码式的词，可以用"洪亮－轻柔""高亢－低沉""悲怆－欢呼"各类方式说出来，富于情感和内涵，传达出传播者之间的关系信息。在相互作用的交流活动中，数码与类比代码彼此交融，前者意义相对准确，传达内容；后者以感性评价关系。

（五）相互作用中的"对称关系"与"互补关系"

交流双方行为相似差异降至最小时形成的关系称为"对称式"关系；双方反应的差异达到最大时形成的关系称为"互补式"关系。

在这个方面，埃德纳·罗杰斯（Edna Rogers）和弗兰克·米勒（Frank Millar）关于"控制"变量的研究被认为是最有说服力和价值的学说之一，并且是对帕洛阿尔托学派的拓展。

例如：

甲与乙的关系
1. 甲出言不逊，乙反应强硬。即一上，是"支配"欲望的表示
2. 乙接受甲的支配，并传达信息。即一下，是"顺从"的表示
3. 乙既不接受也不放弃。即一过，是"过渡"的表示

我们可以通过表2-4来说明由这些控制信息类型组合而成的

九种控制情形。①

表 2-4　控制情形

甲控制的方向	乙控制的方向		
	一上（↑）	一下（↓）	一过（→）
一上 （↑）	1.（↑↑） 竞争性对称	4.（↑↓） 互补	7.（↑→） 过渡
一下 （↓）	2.（↓↑） 互补	5.（↓↓） 顺从性对称	8.（↓→） 过渡
一过 （→）	3.（→↑） 过渡	6.（→↓） 过渡	9.（→→） 中立式对称

根据表 2-4，我们可以用讯息交流来模拟这九种控制情形：

（1）竞争性对称（一上/一上）

　　甲：我上班了，你洗碗。

　　乙：我也要上班。

（2）互补（一下/一上）

　　甲：我需要你的帮忙。

　　乙：当然，我来啦。

（3）过渡（一过/一上）

　　甲：我们都让步吧？

　　乙：不，我坚持自己的观点。

（4）互补：（一上/一下）

　　甲：我们走吧？

　　乙：好哇。

（5）顺从性对称（一下/一下）

　　甲：下一步该怎么走？

　　乙：不知道，你说了算。

---

① Millar and Rogers, "Relation Approach", p. 97.

（6）过渡（一过/一下）

　　甲：这衣服好漂亮

　　乙：对，真漂亮。

（7）过渡（一上/一过）

　　甲：我决定买它了。

　　乙：随便你，无所谓。

（8）过渡（一下/一过）

　　甲：替我做决定吧。

　　乙：我不知道。

（9）中立式对称（一过/一过）

　　甲：这衣服价格贵了点。

　　乙：颜色也有些扎眼。

　　因此，如所有的关系传播一样，研究者不能只检查一则讯息就得出"控制"的定义，还必须查看讯息的类型及反应模式。

小　结

　　毫无疑问，系统原理使我们观察和分析人类传播的复杂整体时有了一个宏观的视野，而系统原则又为我们揭示出整体中各部分之间的相互依存性及其控制模式。这使我们将研究的领域延伸到了传播的"自我调节"功能和与"环境互动"原则的范围。

　　但系统论在以下六个方面受到质疑①：

　　（1）系统论的普遍性是有利于综合研究还是正好相反？

　　（2）系统论的开放性是更具有应用时的灵活性，还是引起更多的不确定性？

　　（3）系统论只是一种哲学观点呢，还是提供了有用的解释？

---

　　①　斯蒂文·小约翰：《传播理论》，陈德民、叶晓辉译，中国社会科学出版社，1999年版，第98～101页。

（4）系统论引起了有价值的研究吗？

（5）系统范式是一个任意的创造，还是从本质上反映了现实？

（6）系统论是简化了事物，还是使事物比它的实际情况更复杂？

斯蒂文认为，第一个问题与理论相关。支持者认为系统原理提供了能在综合多学科后而共享的一种共同语言，即可以应用于广泛事物的有用逻辑。反对者认为，如果它代表一切，就什么都不是。但帕洛阿尔托学派的佼佼者米勒和罗杰斯的关系理论则是我们具体地分析传播行为中相互作用的控制类型的有效工具，也是可以用于广泛事物的思维方式。

第二个问题主要针对原理在应用时出现的不一致状况。实际上，"开放性"指研究者不必抱有对期望获得的假设有偏见的观点。这恰恰是思维上的优势。

第三个问题是质疑系统理论的解释权问题。上一点已有回答。

第四个问题与该理论的启发价值有关，对促进研究的能力提出疑问。实际上，今天传播学的许多研究，都在运用系统论的新观点去看待老问题。

第五个问题与系统理论的效度有关。这是系统理论争议颇多的一个问题，因为它假设的事件之间的相似性是不存在的，如"人"与"电视机"。但用系统理论可以有效地对两者进行分析。

第六个问题是对系统理论是否具有简约性的质疑。批评者认为，系统理论把本来较为简单的事件看得过于复杂化了。支持者认为，系统理论用实用、合理的框架对世界过程诸多因素的分类及其分析是必要的。事实上，系统理论恰恰是在自己的领域内只用几个简单的概念就说明了许多问题。

网络－趋同理论是简约的一个极好的例子。

劳伦斯·金凯德是这方面最有贡献的人。他认为，传播促进社会结构的形成，并使结构中的个人、群体共同的信仰、价值观和行为聚合成一个个带有文化特征的关系网络。这种关系网络排除了两种极端群体存在的可能性，即一个群体中每个人都有完全一样的信仰、价值观和行为，或一个群体中个体与个体之间没有任何相同点。所有群体都处于这两个极端之间，只是人们的思想相同的程度有异而已。群体中人们的思想越来越接近的被称为趋同，而群体中人们的共同点越来越少的则是趋异。网络－趋同理论就是对群体之间为什么有共同点和差异的解释。它向我们呈现出这样一个事实：随着传播的减少，群体内的差异增加了，系统结构崩溃，熵占据上风；随着群体内传播的增加，共同的见解越来越多，结构发展了，趋同形成。因此一般说来，传播越多，趋同程度越高；而传播越少，趋异程度越高。当一个人失去和老朋友的联系，结交新朋友时，就经历着这样的体验。

金凯德认为，这一过程就是文化差异的基础。文化是共同的思想和行为方式，是在相互封闭的群体内的传播过程中形成的。如果群体之间接触较少，文化差异就产生了；如果个人接触的异域文化与本土文化一样多，"文化"就被解构为一种"行为通则"，如"大山"① 式人物。因此，社会群体和民族文化都是借助传播而维持下去的开发系统。

当然，网络－趋同理论的一个缺点是，它忽略了情境因素。它只依靠单一的解释变量：网络中传播的数量。而实际上，其他许多情境因素影响着趋同倾向。

系统论、控制论、信息论为传播理论的发展提供了丰富而深厚的学科背景。接下来，我们将讨论更为具体的传播理论与实务问题。

思考题

1. 为什么大众传播实践与传播学研究需要系统理论？
2. 系统理论的核心内容是什么？
3. 你能从系统理论的视角观察传媒与社会的关系吗？

---

① 加拿大籍的中国留学生，因熟练掌握了汉语表达技巧而成为中国受众喜爱的中加跨文化传播的使者。

4. 系统论、控制论、信息论三论之间的逻辑关系是什么？

5. 控制论中的"反馈"研究，对大众传播学研究具有什么意义？

6. 讯息与信息有区别吗，该如何正确定义它们？

第三章　大众传播的社会功能

大众传媒，尤其是电视、网络等在现代社会生活的方方面面扮演着越来越重要的角色。对现代人而言，大众传媒是日常生活和经验世界"自然而然"的部分，人们每天的感官、经验、思考和表达言说，都伴随着大众传媒呈现、展开、推演。因此，大众传播的社会功能一方面越来越为专家关注和追问，另一方面，大众则越来越难以对此产生问题意识。故而，如何更清楚地了解信息时代中传媒和社会的互动关系，理解我们当下的处境以便更好地处理我们和大众传播、传媒的关系，对于学者和专家而言，就更加任重道远了。

对于"大众传播的社会功能是什么"这个问题的敏感度，感知角色和内容，进而做出反应和回答，在不同社会、国家的情况是不同的，可谓仁者见仁，智者见智。如果沿着诞生于美国和欧洲西方的现代大众传播学之脉络，已有不少经典的理论从社会的各个方面和层面予以回答。

第一节　大众传播功能的经典理论

在大众传播学建构之初，学科的开创者们便开始尝试解析大众传播的社会功能，实际上这是大众传播学及其学科建构、发展学科所必须回答的问题，不论目的在于说服自己还是社会各界，都必须让大家了解大众传播的种种社会功能。

一、拉斯韦尔的"三功能说"

哈罗德·拉斯韦尔（Harold Lasswell，1902—1977）在1948

年发表论文《传播在社会中的结构与功能》，把大众传播的基本社会功能概括为三个方面：

（一）环境监视功能

环境监视功能被视为大众传播最主要的功能。它假定，面对不断变化的自然与社会环境，人类必须及时了解和把握，并进而适应内部、外部环境的变化，社会才能保证自己作为一个种群的生存与发展。大众媒介不断地向最大多数社会成员及时提供自然和社会生活中各类信息，对于那些即将来临的自然灾害、战争威胁和社会变动，大众媒介能够及时地向

【扩展阅读】两位有影响的结构功能主义社会学家

美国社会学家塔尔科特·帕森斯（Talcott Parsons，1902—1979）在20世纪40年代提出了"结构功能主义"一词，是结构功能分析学派的领袖人物。他认为一个社会只有满足了四个基本的功能性需求（functional requisites，包括获得目标，适应环境，将社会不同部分整合为一个整体，控制越轨行为），才能发挥其功能，才能维持这个社会的秩序和稳定。

美国社会学家罗伯特·默顿（Robert K. Merton，1910—2003）改进了帕森斯的结构功能主义理论，使其更适用于经验研究。他指出社会系统中并非所有组成部分都发挥着正功能，当社会结构中的某一单位阻碍了其组成部分或整个社会需求的满足时，它便是反功能的（dysfunctional）。他还提出功能有"外显功能"（有意造成并可认识到的后果）和"潜在功能"（非有意造成和不被认识到的后果），有正负之分（对群体的整合与内聚有贡献的是正功能，而推动群体破裂的则是负功能），因此默顿主张根据功能后果的正负权衡来考察社会文化事项。默顿还引入了"功能选择"的概念，认为某个功能项目被另外的功能项目所替代或置换后，仍可满足社会的需要。在这些认识的基础上，默顿提出，社会价值观确定了社会追求的目标，而社会规范界定了为达到目标可采用的手段。如果文化结构（目标）与社会结构（制度化手段）之间发生脱节，就会出现社会失范状态，导致越轨行为。

深入阅读：塔尔科特·帕森斯：《社会行动的结构》，张明德等译，译林出版社，2003年版。

帕特里克·贝尔特：《二十世纪的社会理论》，翟铁鹏译，上海译文出版社，2006年版。

人们发出警告，促使他们及早防御。当这被认同为人们获取生存的安全感和稳定感的必备条件时，大众传媒在社会中所扮演的角色便被类同于大海航行中站在船头向船上全体人员汇报情况的"观察者"，不断向大家及时报告环境的变动。"报告"的信息因此必须是及时、客观、准确的；否则，就会引起人们的不安、恐慌甚至动乱。

当然环境监视功能也被认为有其消极的一面。比如全球新闻的流通会构成一种对某些社会体制、文化或个人的潜伏威胁。对于社会中的统治阶层而言，有些事件的新闻信息，一旦进入信息流通，便犹如进入乱流，以各种形式影响统治者的威信，甚至危及他们的统治。对某个文化而言，信息广泛流通，能促进文化交流，也可能因此而出现文化渗透甚至文化侵略的危机。而对某些个人而言，受到过多的新闻的冲击，会产生无所适从的感觉，这就是所谓的"信息超载"。

（二）社会协调功能

社会协调是一种组合功能，大众传播对新闻的选择和评价，甚至加以解释或提出相应的解决方案与策略，能更好地发挥这些新闻的作用，对社会或个人来说，有助于他们对信息的摄取，以防止受传者因信息过量或混乱而无所适从，有助于人们的注意力集中到当前环境中最为重要的事情或事件上。

拉斯韦尔那个时代的传播学者深受当时流行的社会学和人类学派结构-功能主义（Structural Functionalism）的影响，把社会看作一个建立在分工合作基础上的有机体，各组成部分以有序的方式相互关联，并对社会整体发挥着必要的功能。整体是以平衡的状态存在，任何部分的变化都会趋于新的平衡。

大众传播协调社会行动也会产生负功能。比如新闻选择带来的"议程设置"对公众视线和舆论的引导和限定，也包含着负面影响。再者，由于新闻信息及评论的公开性，也以这样那样的形式限制甚至"造就"传媒对评论和解释。另外，媒体对新闻的选择和解释可能削弱社会或个人的判断力。

（三）社会遗产传承功能

人类社会的发展是建立在继承和创新的基础之上的，只有将前人的经验、智慧、知识加以记录、积累、保存并传给后代，后人才能在前人的基础上进一步完善、发展和创造。通过大众传播把文化传递给后代，并继续教育离开了学校的成年人，使社会成员共享同一的价值观、社会规范和社会文化遗产。在这个方面，大众传媒具备任何学校、博物馆、图书馆所不能具备的优势。

二、赖特的"四功能说"

美国社会学家，文化批判主义的主要代表人物之一查尔斯·赖特（Charles Wright Mills，1916—1962）于1959年在《人众传播：功能的探讨》一书中从社会学的角度，继承了拉斯韦尔"三功能说"，并在此基础上围绕大众传播的社会功能问题提出了"四功能说"（见图3-1）：

图 3-1　赖特的四功能说关系图

相比拉斯韦尔的三功能说，赖特又提出了一个在今天看来大众传播非常重要的功能——娱乐功能。他认为，大众传播中的内容并不都是与政治和社会这样的东西有关的，它还有一项重要功能，即为大众提供娱乐，尤其在电视媒体中。

但是需要注意的是，赖特所说的娱乐功能，并非指活动层面的娱乐。为避免人们滥用自己的四功能说，赖特指出了这四种功能与传播活动的区别。

监视、联系、文化传承和娱乐，这一传播活动的四重奏本来是用来指普通的活动类型，这些活动可能或不一定作为大众传播或者私下的人际传播而展开。这些活动与功能并不同义……功能指的是大众传播的制度化程序下日常进行的传播活动的后果。要理解功能主义与大众传播的联系，有必要对功能（日常进行的传播活动的后果）和传播活动的效果加以区别。①

这里面有三层含义需要注意：

第一，监视、联系、文化传承和娱乐这四种活动的范畴大于传播，也就是说即便没有大众传播或人际传播活动存在，这四种活动也会存在。

第二，这四种活动不等于其功能。活动是存在，而功能是这些存在（活动）对社会（共同体）的作用及人们对这种作用的认知和评价。

第三，大众传播的功能不同于传播活动的效果。功能比效果更为宏观，传播活动的效果在于传播者对其传播活动效用的检测和表述，而功能则是大众传播这一制度性的社会行为在作为一个有机体整体运行的社会里所具备的作用，正如人体的正常运作中血液的作用一样。

在结构功能主义者看来，社会是一个有机体，其正常运行必须依靠内部各个组件以及不同组件之间关系的正常工作。而大众传播是现代社会这个有机体正常运行必不可少的组件，这个组件在整体中所承担的功能包括拉斯韦尔、赖特等人归纳的四种。

三、施拉姆对大众传播社会功能的概括

美国学者威尔伯·施拉姆（Wilbur Lang Schramm，1907—1987）是现代大众传播学的集大成者和学科的创始人。1973年他与威廉·波特（W. E. Porter）出版了大众传播学经典《传播学

---

① 斯坦利·巴兰、丹尼斯·戴维斯：《大众传播理论：基础、争鸣与未来》，曹书乐译，清华大学出版社，2004年版，第259页。

概论》，当时的书名为《人、信息和媒介：人类传播一瞥》（*Men, Messages and Media: A Look at Human Communication*），1982 年出版了修订版，并改为现在的书名。1984 年 9 月，新华出版社出版中译本，该书比较系统地阐述了大众传播学的理论，分析并展望了未来的大众传播学，在中国掀起了一股大众传播学热。

在这本书里，施拉姆从政治功能、经济功能和一般社会功能三个方面对大众传播的社会功能进行了总结（见表 3—1）：

表 3—1　传播的社会功能①

传播的社会功能：传播起什么作用		
政治功能	经济功能	一般社会功能
监视（收集情报）	关于资源以及买和卖机会的信息	关于社会规范作用等的信息；接受或拒绝它们
协调（解释情报；制订、传播和执行政策）	解释这种信息；制定经济政策；活跃和管理市场	协调公众的常识和意愿；行使社会控制
社会遗产、法律和习俗的传递	开创经济行为	向社会的新成员传递社会规范；娱乐（消遣活动，摆脱工作和现实问题，附带的学习和社会化）

施拉姆还介绍了这种功能内外（传/受）两方面的具体情况（见表 3—2）：

表 3—2　传播社会功能的两个方面②

传播功能	外向方面	内向方面
社会雷达	寻求和传播信息	接受信息

①　威尔伯·施拉姆、威廉·波特：《传播学概论》，陈亮等译，新华出版社，1984 年版。

②　威尔伯·施拉姆、威廉·波特：《传播学概论》，陈亮等译，北京：新华出版社，1984 年版。

传播功能	外向方面	内向方面
操纵，决定-管理	劝说，指挥	解释，决定
指导	寻求知识，传授学习	指导
娱乐	娱乐	享受

更难能可贵的是，施拉姆等还探讨了根据媒介来划分的社会类型，以及传播在这些社会中功能的不同表现形式（见表3-3）：

表3-3 　在口语和媒介社会中传播功能的不同表现①

传播功能	口语社会	媒介社会
社会雷达（监视）	个人接触、看守人、宣讲人、旅行者、会议、集会等等	个人接触，新闻媒介
管理	个人影响、领袖、委员会	个人影响、领袖、政府和法律机构、舆论媒介
指导	家庭教育、专家示范、学徒制	家庭早期的社会化、教育制度、指导性和参考媒介
娱乐	民谣歌手、舞蹈者、说书人、群体参与	创造性的和表演的艺术、娱乐媒介

施拉姆等旨在通过对这些功能的描述，确立传播对于人类的本体意义，正如从希腊人到法兰西文学院的所有哲学家已断定的那样，我们既不完全像神，也不完全像动物。我们的传播行为证明我们完全是人。

我们撷取了大众传播学历史（也是美国大众传播学史）上几种被视为经典的传播功能说作为代表，实际上这是传播学建设早期先驱们对传播，尤其是制度性的大众传播之社会功能的认知和期许，试图通过这样的阐释，论证大众传播学作为一门新学科的重要性和

---

① 威尔伯·施拉姆、威廉·波特：《传播学概论》，陈亮等译，新华出版社，1984年版。

合法性。

实际上，这样的强调并不为过，随着大众传媒成为现代生活中的题中应有之义，传播的社会功能的本体意义进一步得到人们的认同、内化和强化。传播不仅成为现代社会文化的制造者，更成为其现实的建构者，传播被涂上了类似于神的色彩。

随着学科的发展、新兴思潮的影响，尤其是欧美涌现的新哲学、社会学的研究成果，对大众传播社会功能的研究也不再限于经典说法，为了吸取近来传播功能研究的新成果，下面两节我们将努力开拓传播功能的视野。

第二节　大众传播社会功能的评估

经典的大众传播社会功能是一条比较集中的，沿着结构功能主义社会观进行的阐释，而随着社会观的多元化，加之人们对大众传播本身的认知也日益多元化，大众传播社会功能不再仅限于结构功能主义的视野，而出现了更多的理论和观点。提问题的方式也由"大众传播的社会功能是什么？"变为问三个关联的问题：何谓传播？传播与社会的关系为何？怎样评估大众传播媒介与社会的关系？

一、"传播"的两个视野

鉴于传播依赖于媒介的属性，其领域的界定在今天迅速变化与组合的新媒体环境下愈加困难，国内外学界对于传播的概念，对于传播学的定义问题进行了诸多的讨论。

比如，1989 年美国传播学者詹姆斯·凯里（James Carey）提出了与此前传播研究主流相对应的另一种模式："仪式"模式（ritual model），凯里认为社会现实是在传播中建构和生成的：

> 我们通过建构一系列符号体系：艺术、科学、新闻、宗教、常识、神话来创造、表达和传递我们对现实的知识和态度。我们如何做到以上这些？这些符号体系有何不

同？它们历史的比较的变形如何？传播技术的变化如何影响我们创造并领悟的一切？社群如何为有关什么是现实的定义而争斗？这些问题虽然是简单列出，但正是传播学研究必须回答的。[1]

传统的传输模式只关注了政治和经济的社会秩序，而忽视了社会的仪式秩序：社会审美经验、宗教思想、个体价值、情感以及智识的分享。凯里认为，传播是人为界定后呈现的现实，而不是什么等待我们去发现的对象。在美国西方传播思想史中，传播拥有两个彼此相反的定义：传输视野中的传播和仪式视野中的传播。并由此出现两种不同的传播"景象"，两种不同的传播研究模式（见图3-2）：一种是大家熟知的"传输"模式；另一种是大家陌生的"仪式"模式。

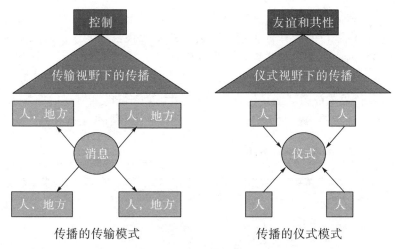

图 3-2 传播的两种视野

传输模式的目的在于控制空间和人，关注如何有效地传递信息，

---

① James W. Carey, *Communication as Culture: Essays on Media and Society.* Boston: Unwin Hyman, 1989. pp. 30-31.

因此，隐含着工具性和因果关系。凯里提出替代"传输"（transmission）传播观念的是"仪式"。传播与共享、参与、协作、友谊、拥有共同的信仰等问题有关，而不是与传递、接受、噪音、反馈、效果等问题相关。传播不仅是信息传递，同时也是仪式，是参与传播的人（被传播对象，传播者，受众）再现社会中共享的信念。传播的仪式性不是指"信息"在空间里延伸，而是指"社会"在时间中的维持和确认。凯里因此认为，传播最原初、最高级的表现不在于传送睿智的信息，而在于建构和维系（construction and maintenance）一个有序、有意义的，作为人类行为控制器和容器的文化世界（cultural world）。

二、大众传播的七大传统

1999 年美国传播学者罗伯特·克里格（Robert Craig）在这场论战中提出了广受关注的"大众传播的七大传统说"，在他看来，由于人类的传播实践具有多样性的特点，故而传播学科不可能被一种理论流派或体系所统辖。在传播学科的建设与发展时需要把握两个方向：

一是研究者应该寻找不同的传播理论与观点流派之间的相似性与差异，通过比较差异或相似性，进一步阐明其理论流派之间的碰撞与交汇之处，在进行比较差异与相似处的基础上，达成学术上的共识。

二是要取得共识，需要对学者们头脑中的"理论"概念进行重新定义。他认为，从学科建设角度看，理论不是对某个研究过程进行的阐述，而是一些围绕学术发展方向的陈述与争论。[①]

罗伯特认为，关于传播是什么，意见纷纭，想要寻找某种足以涵盖所有传播理论的统一视野可能本身就是错误的。加之传播学是操作性的学问，直接面对生活世界，看重自下而上的学理，故而需

① 胡翼青：《传播学的反思与中国学派的传播哲学》，http://news.bjd.com.cn/zxtj/200805/t20080501_456669.htm［2008-05-01］。

要根据现实的问题来梳理传播的理论，因此，传播学的真正图像应该是一个"组构模型"（constitutive model）。在这个组构模型中，各种传播理论不过是其中的某一面向。他将传播理论分为七大传统（见表3—4），并针对这些理论进行比较分析，整理出其间各种相互抵触与论证的观点。

表 3—4　大众传播学的七大传统①

	修辞学传统	符号学传统	现象学传统	控制论传统	社会心理学传统	社会文化传统	批判传统
传播学理论是	话语的实践艺术	以符号为媒介的主体性	对他者的体验，对话	信息过程	表达和互动和影响	社会秩序的生产和再生产	话语的反思
传播学理论要解决的问题是	社会现实要求集体的思考和判断	主体观点之间的误解和差异	缺乏或者无法维持可靠的人际关系	噪音、超载、信息不足等系统中的故障	情形要求对行为的原因进行操控以便达成特别的结果	冲突、疏离、偏移、无法达成一致	意识形态的霸权，系统性地扭曲言说的情景的
"元话语"的词汇，诸如	艺术，方法，交流者，策略，共同点，逻辑，情感	符号，象征符号，像，索引，意义，所指，编码，语言，媒介，理解/误解	经验，自我和他者，对话，真挚，支持、反对	资源，接收者，信号，信息，噪音，反馈，冗余，网络，功能	行为，变量，效果，个性，感情，感觉，认知，态度，互动	社会，结构，实践，一时，规则，社会化，文化，认同，共建	意识形态，对话，压迫，提升自我意识，反抗，解放

① R. T. Craig, "Communication Theory as a Field". *Communication Theory*，9，170.2 (1999)：161—199.

	修辞学传统	符号学传统	现象学传统	控制论传统	社会心理学传统	社会文化传统	批判传统
在这些方面具有说服力	词语的力量，充分获取信息情况下所做判断的价值，实践的叫改善性	理解要求共同的语言，传而不通的危险无处不在	人类沟通所需要的就是：应把他者当作平等的人类看待，尊重差异，寻求共同的基础	心智的角色，信息和逻辑的价值，复杂的系统难以预测	交流反映个性，信仰和情感将误导判断，群体中的人们相互影响	个体是社会的产物，每个社会有独特的文化，社会行为具有出了意料的影响	对权力和财富的自我意识，自由、平等和理性的价值，讨论催生警觉和洞见
受到质疑的地方	纯粹的词语并非行动，表象并非现实，风格并非实质，观点不是真理	词语有正确的意义，并能代表思想。编码和媒介是自然的渠道	传播是技能，词语不是实物，事实是客观的，评价是主观的	人类和机器不同，情感非逻辑的，因果之间有线性关系	人类是理性的存在，我们知道自己的心智，我们知道自己看到了什么	个别的位置和责任，自我的绝对身份，社会秩序的自然性	传统社会秩序的自然性和理性，科学和技术的客观性

这七个传统包括：

1. 修辞学传统（The Rhetorical Tradition）

在这个传统中，传播学被视为一种讲究艺术的公众演说，并有几大特性：会说话，使人异于其他动物；公众演说是单向传播；公众演说的效果比"下诏书"更好；演说训练是培训领导的基石；修辞学接近艺术，而不是科学。

2. 符号学传统（The Semiotic Tradition）

在这个传统中，传播学的主要研究意义是如何共享的？通过符号分享意义的过程便是传播。包括传者如何编码，接收者如何解码的全部过程。在符号编码和解码的过程中，意义得以诞生，意义的产生是一个复杂的过程，涉及参与者的主体性，符号的多层意义，以及主体之间、主体和符号之间的种种关系，因此符号的意义因境而异。

3. 现象学传统（The Phenomenological Tradition）

在现象学传统中，传播学是研究对话，体验自我与他人的理论。强调一般人对自身经验的感受和诠释，强调个人的生活故事。主张如果要改变人际关系，应该注意交流过程中的言行一致，并无条件地给予对方肯定和尊重，要以同情心来理解对方。

4. 控制论传统（The Cybernetic Tradition）

控制论传统是研究信息处理的。传播过程就是信息的处理过程，所有的努力都是要弄明白这个系统中的种种变量，以求把信息最完整和饱和地传递给对方。

5. 社会心理学传统（The Social Psychology Tradition）

社会心理学传统聚焦于人与人之间的影响。寻找传播和效果之间的因果关系，多用实验法，尝试找出通则，以便服务于说服活动，以搞清楚怎样才能影响他人。以耶鲁学派的态度研究为代表，关注谁对谁说了什么，产生了怎样的效果。

6. 社会文化传统（The Socio-Cultural Tradition）

关注社会真实是如何形成的，认为传播即社会现实的创造和实施过程。人们在会话中共同创造自己的社会真实。

7. 批判传统（The Critical Tradition）

批判传统想要挑战不平等的社会论述，认为传播应具有反省力，对不符合公义的论述提出质疑和挑战。法兰克福学派作为批判传统的代表，聚焦于权力和霸权，关注文化工业（culture industry），试图解读媒体在大众社会（Mass society）中所扮演的操控意识形态的角色，比如女性主义批判大众传媒是父权社会的表达；又比如大众传媒催生了消费社会，使得消费控制了身体和欲望。

罗伯特·克里格认为要将此七大理论传统间的各种矛盾导向"协同合一"（coherent）的方向，就应在既有的多种传播模型上，建构一个更大的"元模型"（meta-model），也就是其所说的"组构模型"，而传统的传播理论模型则是这个元模型的某一组件或某一个面。这个元模型可以提供一个各种传播理论辩证的场域，透过一种"元叙述"（meta-discourse），为这些传统理论的论述建构一个可相互辩证的沟通语言，而这就应是传播的主体。

李特约翰（Stephen W. Littlejohn）在《人类学传播理论》（*Theory of Human Communication*，2002）一书中发展了罗伯特的七大传统，以近五页篇幅介绍罗伯特的"元叙述"，进而提出了"核心传播学理论"（Core Communication Theories）的倡议。核心传播学理论没有特别处理传播学某一个方面的理论，而是聚焦于所有传播学中共有的一般概念和过程。李特约翰强调核心理论的重要性，认为它能帮助我们理解一般意义上的传播，让我们洞察任何传播发生的过程。而核心传播学理论包含以下几个典型的要素：

第一，核心理论要告诉我们有关讯息（messages）生产（development）的知识。我们如何创造了我们对别人所写、所说和表达的东西？其间有怎样的心理过程？在跟别人互动的过程中，我们以何种程度，以何种方式创造讯息？讯息生产的过程为何因文化而异？各种文化运作机制（cultural mechanisms）又是如何进入讯息生产过程的？

第二，核心理论强调意义的阐释和生成（interpretation and the generation of meaning）。人们如何理解讯息，且意义如何在与别人的互动中产生？我们的头脑如何获知并解释经验？在何种程度上，我们可以说意义和理解是文化的产物？或者文化以何种方式产生意义和理解？

第三，核心理论讨论讯息的结构（message structure），即在书写的、口语的和非语言的形式中讯息所包含的各种要素。讯息如何聚合并组织在一起？以什么方式组织讯息才能产生意义？交流者的讯息如何在对话中组织？对话的参与者如何编织有意义的对话？

核心理论强调的第四个要素是互动的动力学（interactional dynamics）。包括传播互动中各方的关系和依赖，话语和意义产生的节点，强调传播活动中各部分（不论是个体还是群体）之间的给予和接受，生产和接收。

第四，核心理论还有助于我们理解组织和社会的动力学（institutional and societal dynamics），即社会中权力和资源的分配方式、文化生产的方式，以及社会各部分之间的互动。

李特约翰认为，没有任何一个单独的传播学理论可以强调以上所有的因素，但是几乎每种理论都可能涉及一个或一个以上的因素，并都能对核心理论做出贡献。

三、多维的社会功能评估体系

至此，我们看到一个非常复杂却又精彩纷呈的传播学景象，故而对大众传播的社会功能之考评也变得同样复杂和精彩（见图3-3）。

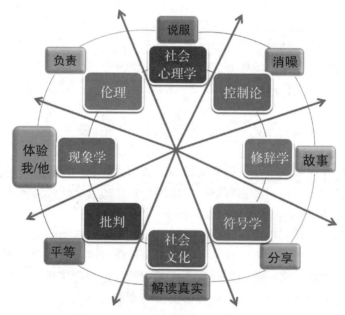

图3-3　传播的七大传统各自重视的效果评估方向，内圈为
　　　　传统理论视野，外圈为评估方向。

由此我们很难以一锤定音的方式去评估大众传播给我们社会、文化带来的影响。发展传播学把大众传播视为落后地区社会文化发展的重要推动力，大众传媒会从观念、态度和行为等多个层次和维度来影响落后地区，为发展提供必备的"软件"，于是我们有了"村村通"工程，文化下乡运动，尽管人类学家和民族学家认为，所谓的落后地区也有自己的文化系统，也有自己接纳新事物的逻辑和方式。文化研究视野下的大众传播则是文化产业的条件，文化产业是现代社会及其成员遭到异化的重要原因之一。消费社会背景下的大众传媒不仅能满足受众的需求，更能为受众创造需求。符号学者和哲学家们在思考，大众传播为大家呈现的新闻是否是"真"的，是否是一个社会现实？政治学家们在思考，大众传媒如何帮助国民建构一个国家的想象，如何能够用大众传媒去整合社会？同时，更多的大众传播学者倾力于如何才能更好地设计打动消费者的广告，如何才能更好地把新闻信息、新闻故事、娱乐传达到每一个受众眼前。总之，这是一个喧哗的景象，从大众传播诞生之时开始，它与社会的关系就一直是人们关注和讨论的核心问题，于是我们有了一场永不落幕的辩论。

社会效果也有自己的特点，比如"三位一体"，个体、家庭和社会三个层面的效果会各不相同，且又相互勾连。再有社会效果的六种互动维度（见图3-4）。

所以当下对大众传播的社会效果这样一个基本的问题也难以形成大家都认同的看法，正如李特约翰提倡的那样，能纳百川始能成海。

媒介环境学（Media Ecology，在这里"Ecology"指社会环境而不是生态环境），试图唤起人们注意媒介对社会实践的影响，长效而深层的社会、文化和心理影响，关注技术、环境、媒介、知识、传播、文明的（长时段）演进，主张泛技术论、泛环境论、泛媒介（不简单等同于媒体）论。其学理前提是把"媒介"视为生活展开或文化生成、变迁的背景，这里的"媒介"是围绕在大众传媒周围的"泛媒介"，包括公路、飞行技术、通信技术、编码技术

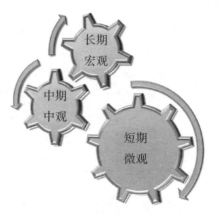

图 3-4　社会效果的六种互动维度

（诸如文字）等传输"流"（信息流、物流、人流、观念流、货币流）的工具，由此，今天，甚至过去的人类都处于媒介包围的世界，成为由媒介来叙述、指挥调度的对象。这不失为一种新的视野，具体地来研究李普曼（Walter Lippmann，1889—1962）提出的"拟态环境"（pseudo-environment，他在 1922 年提到，回过头来看，我们对自己生活于其中的环境的认识是何等的间接。我们看到，报道现实环境的新闻传递给我们时快时慢，但我们把自己认为是真实的东西当作现实环境本身来对待[1]），可以让我们放宽眼界来看待大众传播和社会的关系，不拘泥于一时一地的短时小范围效果，也关照世界系统下，相互生成的系统变动中的效果。

　　1998 年美国电影《楚门的世界》（*The Truman Show*）可以看作是对大众传播作为"拟态环境"的最形象阐释，拟态环境即信息环境，它不是现实环境的"镜子"式的再现，而是传播媒介通过

　　① 李普曼：《舆论学》，上海人民出版社，2002 年版，第 4～13 页。

对象征性事件或信息进行选择和加工、重新加以结构化以后向人们展示的环境。很多学者认为我们每一个人都是楚门，都生活在媒介的拟态环境中。

【扩展阅读】

　　马歇尔·麦克卢汉：《理解媒介：论人的延伸》，何道宽译，商务印书馆，2000年版。

　　哈罗德·伊尼斯：《传播的偏向》，何道宽译，中国人民大学出版社，2003年版。

　　尼尔·波兹曼：《童年的消逝》，吴燕莛译，广西师范大学出版社，2004年版。

　　电影：《楚门的世界》（*The Truman Show*），美国派拉蒙影业公司，1998年。

　　因此，反思大众传播与社会的关系不仅是一个传播学问题，更是一个社会问题，它关系到我们每一个人。

第三节　大众传播社会功能研究与媒介教育

　　今天人们开始用诸如"媒介世界"（media world）、"媒介化世界"（mediation world）或者"媒介塑造的世界"（media-saturated world）这样的词汇来描述我们生活的世界，因为大众传媒日渐普及，成为现代人的日常生活必需品；现代人对世界的感知、体验和认知有很大部分源自或经由大众传媒。可以说传媒文化建构了现代人的日常生活，构造了我们面临的文化情景，而媒介景观就是传媒文化建构我们生活及文化情景的重要途径和方式，我们对媒介景观的体验、态度和行动，便是我们在媒介塑形世界里被分类，被界定为某一种、某一类人的重要标准。

　　在这种情况下，如果我们没有接触、解读，辨识媒介（包括其内容和形式）和媒介景观的能力，我们就可能会失去在地球村生存、发展的机会，我们可能沉溺于媒介（网瘾者），我们可能误读媒介（如忽略新闻、广告的叙述霸权和意识形态），我们可能忽略媒介（成为信息时代的盲者），我们还可能在媒介中丢失自己（如刘德华的"超级粉丝王"杨××及其父亲的悲剧）。

一、媒介素质：个体解读生境的必备能力

20 世纪 80 年代初，联合国教科文组织在德国慕尼黑召开"国际媒体教育研讨会"（"International Symposium on Media Education"），发布宣言指出：我们生活在一个媒介无处不在的社会，与其一味谴责媒介的强大权力，不如接受媒介对世界产生巨大影响这一事实，承认媒介作为文化要素的重要性。

2001 年在英国伦敦大学教育研究所，多迈尔（Kate Domaille）和帕金翰（David Buckingham）主持了联合国教科文组织提交的《青年人媒介教育考察报告》（*Youth Media Education Survey*）的撰写①，他们在 52 个国家选取了 72 个媒介教育专家（包括学者、政策制定者和教育顾问）于 2001 年 6 月发放了相关的问卷（10 月中旬他们回收了 35 个国家的有效问卷，还有 17 个国家没有回复，这 17 个大都是比较小的国家），最终向联合国教科文组织提交了 88 页的报告，综述世界各国关于媒介教育的理念及实践，作为联合国教科文组织传播和信息部（Information and Communication）推动全球媒介素质教育的基础发展。

媒介素质（Media Literacy）：我国香港地区译为"传媒教育"，我国台湾地区译为"媒体识读教育""媒体素养""传媒素养"或"媒体（公民）教育"等；在美国和加拿大，"media literacy"兼有"media education"（媒介教育）的含义，在具体指一种教育活动时则用"media education"。

这个概念随时代、国家国情而变迁着。韦氏词典上"literacy"指"the quality or state of being literate"（具备某种知识、能力的

---

① Kate Domaille，David Buckingham. *YOUTH MEDIA EDUCATION SURVEY* 2001（FINAL REPORT，Prepared for UNESCO，Sector of Communication and Information）. November 2001. http：//portal. unesco. org/ci/en/ev. php－URL＿ID＝5682&URL＿DO＝DO＿PRINTPAGE&URL＿SECTION＝201. html.

素质或状态；有文化；有读写能力等），而"literate"在中世纪英语中为"literat"，源自拉丁语"litteratus"，这个产生于西塞罗（Cicero）时代的拉丁词，原意表示他有学问（learned）。现代英语里"literate"有两组共五种不同的含义：

(1) a：educated，cultured. 受过教育的、有教养的；
　　b：able to read and write. 能读会写。

(2) a：versed in literature or creative writing. 有文学才能或创作才能；
　　b：Lucid，polished，a literate essay. 精练的、优美的，如一篇优美的散文；
　　c：having knowledge or competence. e. g. computer-literate，politically literate. 具有某方面的知识或能胜任某事，如能使用计算机的，政治才能。

媒介素质因为国家认定的教育目的不同，故而在不同的国家、不同的时期拥有不同的内涵，甚至在同一国家的同一阶段也存在对媒介素质理解的多元化，下面是欧美一些比较通用的定义：

（1）巴里·邓肯（Barry Duncan）：媒介素质旨在帮助学生知识性地、批判性地理解大众传媒，理解自己生活中所使用的信息技术及其影响。媒介教育的目的是增进学生对媒介如何运作、媒介如何产生意义、媒介如何组织、媒介如何建构现实等的理解，并从中获取乐趣。媒介教育还要培养学生制作媒介作品的能力。[①]

（2）美国媒介素质教育国家领导会议（National Leadership Conference on Media Literacy）：媒介素质是接触使用、分析、评

---

① Media Literacy Resource Guide，Ontario Ministry of Education，Toronto，ON. ，Canada，1989，21 世纪学校（美国远程网络教育）网站，http：//www. 21stcenturyschools. com/Critical _ Media _ Literacy. htm.

估传媒以及以多种形式传播信息的能力。①

（3）美国新墨西哥媒介素质项目（New Mexico Media Literacy Project②）：媒介素质是指批判地消费和创造媒体的能力，这是当今社会最基本的一项技能；该项目旨在通过赋予孩子和成年人接触使用媒体、分析、评估和生产媒体的能力而获得更大的自由（to give kids and adults greater freedom by empowering them to access，analyze，evaluate and produce media）。

（4）里克·谢泼德（Rick Shepherd）：媒介素质是对大众传媒的知识性和批判性理解。包括对媒体产品生产中涉及的技术、机构的检验，也包括对媒介信息的批判性分析，对受众从传媒信息中制造意义的角色的认知。③

"加拿大国家电影局政府电影委员会 1993—1994 年纪要"：（*National Film Board of Canada：Briefing Notes for the Government Film Commissioner*，1993－1994）：所有的媒体产品都包含一定的世界观，不论这些观点是否被有意识地表现出来，都只是制作者在以下众多选择过程中表达自己的一种方式：

将选择讲述或报道什么故事？从谁的角度来讲？如何拍摄（机位，镜头运动，取景）？如何剪辑？用什么类型的背景音乐，或者不用？谁来配音？什么信息是要明确表达的？

作为受众我们要问：

谁是这些影像的制作者？谁在说话？谁的观点没有被提到？

摄影机是从哪些视角记录事件的？谁拥有这家媒体？我们在视听或质疑过程中的角色是什么？

媒介素质即以上谈到的种种。媒介教育的目的是增进学生对媒

---

① Aufderheide，P.（Ed.）.（1993）. *Media Literacy: A Report of the National Leadership Conference on Media Literacy*. Aspen，CO：Aspen Institute.

② 1993 年成立，是美国最早、最为成功的媒介素质教育组织之一。

③ "Why Teach Media Literacy"，*Teach Magazine*，Quadrant Educational Media Services，Toronto，ON.，Canada，Oct. Nov. 1993，21 世纪学校（美国远程网络教育）网站，http：//www.21stcenturyschools.com/Critical_Media_Literacy.htm.

介如何运作、媒介如何产生意义、媒介如何组织、媒介如何建构现实等的理解，并从中获取乐趣。媒介教育还要培养学生制作媒介作品的能力。[①]

（5）伊丽东白·托曼（Elizabeth Thoman）：媒介素质是以下三个阶段的整合。

第一个阶段，简单地开始意识到平衡和管理个人的媒体"饮食"，即选择和管理花费在电视、录像、电子游戏、电影和（多种形式的）印刷媒体上的时间。

第二个阶段，学会批判式观看的特殊技能，学着去分析和质疑媒体内容构架的内容，以及内容是如何建构的，有什么东西可能被舍弃或省略了。批判式观看技能最好的培训方式是提问式的课堂或互动团体活动，也包括通过创作和生产自己的媒体信息来学习。

第三个阶段，能深入媒体构架的背后，探索更深层次的话题：是谁？为何生产了我们体验的媒体？也就是说谁从中获得利益？谁又因此受损？又是谁在做决定？这个阶段集中对以下问题进行社会学、政治学和经济学的分析：每个社会成员如何从其体验的媒体那里获取、制造出意义？大众传媒又是如何将社会成员导向全球消费经济体系的？有时，这些质疑也会成为种种媒体支持运动，致力于挑战或纠正公共政策或企业行为。

虽然电视和电子传媒是今天我们开展媒介素质教育至关重要的原因，但是媒介素质教育的原则和实践适用于所有的媒体样式，从电视到 T 恤，从公告牌到网络。[②]

（6）华利·鲍恩（Wally Bowen）：媒介素质追求赋予（empower）公民权（citizenship），将公民与媒体的被动关系变为积极主动的参与，能批判性地挑战个体或商业传媒文化的传统和结

---

① 21 世纪学校（美国远程网络教育）网站：http://www.21stcenturyschools.com/Critical _ Media _ Literacy. htm.

② Operational Definition of Media Literacy，洛杉矶媒介素质中心，1995，21 世纪学校（美国远程网络教育）网站，http://www.21stcenturyschools.com/Critical _ Media _ Literacy. htm.

构（traditions and structures），进而发现公民表达自己及其话语（discourse）的新途径。①

（7）美国媒介素质教育联盟（Alliance for a Media Literate America）：在北美，媒介素质教育包括一系列的传播技能，如接触使用、分析、评估以及能以多种形式传播（包括公开发布和未发布的）信息的能力。

媒介素质旨在将人们培养为批判性的思想者，创造性的信息生产者，能利用越来越丰富的信息类型，如形象、语言、声音等，将我们传统的读写能力运用于传媒。随着传播技术改变着我们的社会，它们将影响我们对自己，对我们的社区，对我们文化多样性的理解，媒介素质是21世纪最基本的一种生存技能。要成为一个优秀的学生，负责任的公民，多产的工人或谨慎的消费者，每个个体都需要更为专业地认识我们越来越复杂的信息和娱乐媒介：它们正多感官层次地影响着我们思考、感受和行为的方式。

多年来，关于媒介素质的定义层出不穷，出现了不同理念，不同的视野、方法和目的，甚至不同的教育对象。②

（8）Ofcom（英国独立的传播通讯业监管机构，2004）：基于坚信人们通过使用传播通信技术将更好地理解我们的周遭世界，更好地与之和谐共处。Ofcom 将媒介素质定义为接触使用（access to）、理解传媒以及能在多种语境中（variety of contexts）创造传播作品（create communications）的能力。③ 接触使用传媒包括四部分：基本的接触和使用（basic access），拥有、指导能力（ownership, navigational competences），控制能力（control

---

① Citizens for Media Literacy，Asheville，NC，U. S. A，1996. Citizens for Media Literacy 是美国一家非营利的公共组织，致力于与公民权相关的概念及其实践相关的媒介素质教育。http：//www. main. nc. us/cml/.

② 美国媒介素质教育联盟官方网站：http：//www. amlainfo. org/home/media-literacy/what-is-media-literacy.

③ Ofcom. *Ofcom's Strategy and Priorities for the Promotion of Media Literacy: A Statement*，2004. http：//www. ofcom. org. uk.

competence），监管能力（regulation competences）。理解（understanding）传媒包括：理解（comprehension）、批判（critique）。创造包括：与传媒互动、公众创建传媒。

随着传媒、信息和传播通讯在我们的社会中变得越来越重要，媒介素质教育为公众（公民的和消费者的）在获取机会、保护自己远离媒介塑形世界的危险的过程中提供帮助。

媒介素质教育有三个主要的目的：

一是推进民主，促进参与，培养积极的公民。在一个民主社会里，一个具有媒介素质的个体能更好地获取各类信息和观点，更好地向公众、政治等领域表达自己的观点。

二是提供关于经济、竞争和选择的知识。市场经济越来越依赖信息，一个具有媒介素质的个体更容易获得好的工作，更容易取得成就。

三是终生学习，文化表达和个人的充实和成就。当今媒介化的符号环境呈现和构成了种种赋予日常生活重要性的选择，价值和知识，媒介素质有助于培养批判和表达技能，这些技能有助于建构一个充实而有意义的生活，建构一个透明的、有创造力的和有伦理感的社会。①

概括起来，媒介素质本身具有媒介素质教育的含义，其内涵大致有三方面，分别源自不同的理念，指向不同的目标。

第一方面，"免疫"（inoculation）说。其认为媒体的负面影响很大，必须保护年轻的一代免受媒体的影响。英国早期媒介素质教育便是免疫说的代表。英国是世界上最早提出媒介素质及媒介教育的国家，早在 20 世纪 30 年代，英国学者 E. R. 利维斯（E. R. Leavis）和他的学生丹尼斯·桑普森（Denys Thompson）在他们的著作《文化和环境：培养批判意识》　　　（*Culture and*

① Sonia Livingstone, Elizabeth Van Couvering, Nancy Thumim. *Adult Media Literacy: A Review of the Research Literature on Behalf of Ofcom*. 2006. 3. http：// www. ofcom. org. uk/advice/media _ literacy/medlitpub/medlitpubrss/.

Environment: The Training of Critical Awareness）中提出了媒介素养教育研究。在英国媒体分类中尤其重要的是：严肃媒体（如《泰晤士报》《金融时报》等）和大众媒体（如《每日镜报》《太阳报》等）。作为现代报业的发源地，英国人坚持大众媒体是低俗的，只能提供"低水平的满足"，故而需要通过媒介教育为青少年"注射疫苗"，帮助他们鉴别媒体。但随着大众传媒的教育功能取得大众的认同，今天英国的媒介教育也开始了"批判"转向，要求培养青少年对媒体批判性思考的能力。英国伦敦大学著名媒介教育研究专家大卫·帕金翰（David Buckingham）在《英国的媒介教育：超越保护主义》一文中指出了英国媒介教育经历了三个阶段：20 世纪 30 年代的甄辨（discrimination）模式；50—60 年代的文化研究和大众艺术（cultural studies and popular arts）；70 年代的屏幕教育与去神秘化（screen education and demystification）。[①]

与英国式媒体素养教育模式相仿的国家还包括澳大利亚、法国、瑞典、丹麦、挪威、芬兰等。当然今天还有很多刚刚兴起媒介教育的发展中国家，也是从免疫的角度来理解媒介素质及其教育的。尤其值得一提的是，今天的美国作为最大的文化出口国，也忙于保护其青少年免受媒体负面内容的影响（如影视作品分级制）。

第二方面，"批判"（criticism）说。其认为每个合格的社会公民都有必要知道传媒的运作机制，对传媒影响力（传媒技术及形式对人类感官的影响，对人类日常生活体验的影响，传媒内容及其叙述的意识形态，传媒与消费社会的关系，大众传媒与全球化的关系，大众传媒与文化霸权）有清醒的认识，从而能避免沉溺传媒文化而不自觉，让人们学会正确解读和理解我们置身其中的复杂的媒介文化。随着消费社会的兴起，今天的欧洲国家、包括中国在内的一些发展中国家越来越多地认为媒介素质教育的目标就是批判地看待传媒及其文化，从而抵御大众传媒以及传媒强国的霸权和

---

① 大卫·帕金翰：《英国的媒介教育：超越保护主义》，杨晓丽译，《媒介研究》2004，（3），https：//www. ncrel. org/engauge/skills/skills. htm.

暴力。

第三方面，"参与"（participation）说。其认为信息时代的合格公民都应该具备利用传媒（学会使用信息技术）的能力，参与传媒生产的运动，表达自己，强化认同，团结群体。20 世纪 90 年代美国的媒介素质有了一个比较统一的定义：公众使用、分析、评估各种媒介信息，达到沟通交流的目的。该定义包括三个层面，即获取信息的能力、解读信息的能力和使用信息的能力，即强调学生的实践能力。西班牙将媒介教育的目标确定为让学生变成"批判性的公民"（critical citizens），让学生获取成为"传媒社区"（media community）一部分的机会。在丹麦，媒介教育的目标是为了让学生成为民主社会中强大的个体（in order to empower students as strong individuals in a democracy）。瑞士则强调通过媒介教育帮助学生表达自己，表达他们自己的知识和感受。

学界对媒介素质及其教育的界定没有太大的分歧。其中张燕秋的概括比较系统："媒介教育的主要目的并不在于简单地追求真实的信息、判断媒介产品的价值（如电视节目的好坏等），而在于培养多角度解读、阐释信息内容的能力。体现在具体的媒介素养教育过程中，就是不过分单一强调某一媒介信息的绝对价值标准，而是培养学生主动质疑的习惯和思辨能力，从而消除其消极、被动的媒体使用观念和行为，把媒介使用变成自主和自觉的选择；鼓励他们接近并合理使用媒体，积极参与信息的媒介加工和传播过程，以达到培育社会理想公民的终极目标。在这种意义上，媒介教育是提升公民媒介素养的主要渠道，而较高的媒介素养又是理想公民的必要条件。"[①]

二、中国媒介素质及其教育现状

伴随着中国近代报业的发展，我国报纸素养教育也拉开了序

---

① 张艳秋：《国外媒介教育发展探析》，《国际新闻界》，2005 年第 2 期，第 11～16 页。

幕。在中文报纸产生初期，中国普通民众文化总体水平偏低，大多不知报纸为何物，于是当时的报纸承担了对民众普及"报纸是什么及人们能利用报纸做什么"这类知识的任务，主要目的是让民众接受报刊。随着报业实践的推进，论述报纸性质、功能、作用及报纸的采写编常识与新闻知识的文章日渐增多。另外，清末还出现了读报、讲报活动，为民众认识报纸提供了帮助。①

1918年10月14日，北京大学设立"新闻学研究会"，研究会面向所有喜好新闻学的人士，举办了两期研究班，培养会员百余人，每周开展听课、练习、研究、议事等活动，内容涉及采访、编辑、排版、印刷等报纸工作及新闻选题、新闻通讯法、新闻组织等新闻学理论。由于"新闻学研究会"的大众参与性，它的成立标志着我国媒介素养教育的正式开始。②

1931年，复旦大学新闻系教授黄天鹏提出应给中学生传播新闻纸是什么的观念，以引起学生对于作文更有"嗜好心"，而养成其写作的力量；第二，增加学生的观察力；第三，使学生认识新闻纸是指导公众的公共机关，对新闻纸的发达，及关于社会的影响，也有相当的学识。③

1997年以卜卫、宋小卫等为发起者，在国外媒介素质及其教育研究、实践的影响下，我国媒介素质及其教育研究开始了新的发展。卜卫发表了中国内地第一篇系统论述媒介素养教育的论文——《论媒介教育的意义、内容和方法》④，此后，学者们陆续发声，媒介素质及其教育在学界逐渐受到关注，2004年被列入新闻传播学

---

① 蔡尚伟、李朗：《1949年以前的中国媒介素养教育萌芽：媒介素养教育的本土化考察》，学术传媒网：http://academic.mediachina.net/academic_zjlt_lw_view.jsp?id=4679.

② 蔡尚伟、李朗：《1949年以前的中国媒介素养教育萌芽：媒介素养教育的本土化考察》，学术传媒网：http://academic.mediachina.net/academic_zjlt_lw_view.jsp?id=4679.

③ 李秀云：《中国媒介素养教育思想萌芽的阐发》，《新闻记者》，2005年第1期。

④ 卜卫：《论媒介教育的意义、内容和方法》，《现代传播》，1997年第1期。

界 10 大热门论题之一。

　　但从媒介素质及其教育的研究而言，国内的研究因历史短，成果相对较少，研究方法单一（质化研究多，量化研究少，基础性研究多，而应用型研究少），研究成果表达集中在学界内自说自话，鲜有普及的著作能引发学界与大众的互动。因此不论是媒介素质及其教育，还是相关的研究都还没有引起充分、广泛的重视。

　　总体来说，国内媒介素质及其教育的实践滞后，仅有少量高校在进行尝试性的开拓。如中国传媒大学 2002 年正式成立媒介素养教育研究中心，2004 年 1 月在国内率先设置了传媒教育硕士点，工作包括：(1) 梳理媒介教育的历史脉络；(2) 梳理媒介教育的基本理论；(3) 探索媒介教育的学科体系；(4) 开展有关媒介教育的实验等。同年，高等教育研究所设立媒介素养教育专业硕士点；同年 7 月，《光明日报》公布了教育部的重点招标课题"媒介素质教育理论与实践"，复旦大学中标；同年 9 月，上海交通大学在本科生中首次开设媒介素养公选课；同年 10 月 1 日，复旦大学媒介素养小组创建并开通了中国内地第一个媒介素养专业网站（www. medialiteracy. org. cn）；同年 12 月，由国家七部委联合召开的"2004 媒体与青少年论坛"在上海召开。2006 年 6 月 23 日，复旦大学媒介素质研究中心正式成立。

　　但在中小学课堂，媒介素养尚未成为一门独立的课程，部分教材中虽然包含了一些有关媒介的知识和应用方法，但总体而言，还缺乏系统的教育和指导。教师们对媒介素质及其教育的多学科特质并不是很了解，往往将媒体制作或者信息技术教学等课程当作媒体教育。[①]

　　参与媒介素质及其教育的组织也很单一，政府、基础教育系统、非政府组织等涉入的较少。目前大多是高校新闻传播专业院系、研究机构在主持媒介素质教育的研究和实践。在媒介素质及其教育启蒙阶段，我们就与所有的地球村村民一样进入了全球化的环

────────────

　　① 张学波：《广东省中学媒体素养教育概况的初步调查分析》，载于《媒介素养》，中国传媒大学出版社，2005 年版，第 63 页。

境，因此，对高校而言应尽快深化相关的研究和实验性实践，为媒介素质及其教育的普及铺平道路。就目前我们的条件来说，高校当下最紧要的就是在进行理论研究的同时，在教学上进行必要的实践，不仅是为理论提供矫正的机会，也为了让即将进入社会的大学生及时补上作为合格全球化信息时代公民的必要能力和技能。

小　结

这一章我们梳理了大众传播社会功能的研究脉络，从中可以看出我们在理解大众传播的社会功能，或者说是大众传播与社会关系的过程中，有一个不断深化、细化和拓展化的过程。经典的大众传播社会功能论述确定了大众传播社会功能的基本框架，但当时的理论语境中缺乏对社会、对大众传播不同维度的探究，随着对大众传播本身认知的拓展，其社会功能的认知也得到不同方向的深化和细化，我们已越来越难用一句话来描述大众传播的社会功能。同时，我们也发现大众传播的社会功能不仅深广，更以人们难以察觉的方式，细致入微地渗入我们社会生活的方方面面，因此，大众传播社会功能研究催生了媒介素质教育，让生活在"媒介世界"的"地球村"村民们拥有免疫、批判和参与大众传媒的意识、态度和能力。

思考题

1. 对大众传播的理解为什么不断更新？

2. 对大众传播理解的更新对对大众传播社会功能的理解有何影响？

3. 如何理解我们每一个个体与"媒介世界"的关系？

4. 如何理解媒介素质教育与大众传播专业教育的区别？

5. 如何处理不同时代大众传播与不同社会之间的关系？

第四章　传播的控制研究

第一节　概念与内涵

一、什么是控制研究

比起对媒介、受众、传播效果等内容的研究来说，传播学对"控制"的研究是不够的，至今还是一个薄弱环节。所谓对控制的研究，即对"5W"模式中"谁"（传播者）的研究。[①]

这里特别强调一点，传播主体"谁"不仅指单个的人，比如记者、编辑，还包括一切从事传播的组织与机构，比如报社、电台、电视台、通讯社、出版社、电影制片厂等，不管是个人还是组织，一般都统称为"传播者"（communicator）。

研究传播者的角色和作用，自然离不开：（1）大众传播制度的分析；（2）关于大众传播制度的理论；（3）大众传播与社会之间的关系等问题的研究。

所谓制度分析，即对大众媒介的所有制和控制权的分析。这在世界范围内常有多元性质，如美国式的私营企业；英国式的特许制组织[②]；日本式的公司并存制；意大利的公私合营股份制；社会主义国家、大部分非洲国家和一部分亚洲国家的国家所有制和政府所

[①] 拉斯韦尔指出，任何一个传播过程都可分解成五大要素或五大环节：谁（who）、说什么（say What）、通过什么渠道（in Which channel）、对谁说（to Whom）、产生什么效果（with What effect）。

[②] 李苓：《世界书业通论》，四川人民出版社，1996年版，第33~34页。

有制。值得注意的是，在传播制度分析中的"集中"和"垄断"问题。这个问题在不同国家的成因和模式是截然不同的。在资本主义国家，传媒的集中和对传媒的垄断往往由私人利益集团来决定；在发展中国家，则往往是由政府促成其集中，两者有本质上的区别。

传播制度理论主要有集权主义理论、自由主义理论和社会责任理论三种。

大众传播与社会之间的关系分析，主要指来自社会各方面和传播组织内部的诸种控制因素及其互动的关系研究，包括政治、经济、文化和传媒四个方面。

二、控制研究中的"施控"与"受控"①

如前所述，控制研究（即控制分析）是传播学领域中有关传播者的探讨，那么控制研究都涉及哪些问题，包括哪些内容呢？让我们先从"控制"谈起。

在传播学中，"控制"这一术语可以细分出两层意思：一层是指传播者对信息流通所进行的干预和影响、左右和操纵，比如记者在众多的事件中决定报道某一件，编辑在众多的来稿中决定刊登某一篇等。这层意思可以概括为"施控"，即主动地施加控制；另一层意思是指传播者受其时代与社会的制约，不得不屈从于外界施加在自己身上的诸多政治、经济、法律、文化的压力，从而成为某种意志的代言人。比如作为传播者的"美国之音"，就得听命于美国政府，稿件与节目也会受制于美国的外交政策与国家利益。这层意思可以概括为"受控"，即被动地受到控制。不论施控还是受控，都是针对传播者而言的。如果说在施控中传播者是主人，那么在受控中他又成为仆人。在控制问题上，传播者一身兼有二任：既是大权在握的主人，又是奉命唯谨的仆人；既对信息的传播与流通颐指气使，指手画脚，又得仰人鼻息，受人指使。总之，所谓控制，包

---

① 李彬：《传播的控制研究》，载《传播学概论》，吴文虎主编，第116～144页。

含施控与受控两个方面的含义，是说传播者操纵传播同时又受到操纵的处境。概括地讲，控制研究就是专门考察传播者（包括个人与组织）及其活动特征，揭示传播者同所处时代与社会之间关系的研究，是传播学理论探讨中的一个主要领域。具体说来，控制研究包括三项内容：一是分析传播者的施控行为，如把关研究及理论（即本章第二节"把关"与施控）；二是分析传播者的现实受控情状，如施拉姆的研究（即本章第三节"受控"的现实描述）；三是从理论上概括各种不同的控制形态，如政治控制、经济控制、受众控制、自我控制等（即本章第四节"受控"的理论分析）。

在以往的传播研究中，尤其是以美国为大本营的经验学派研究中，控制研究一向不大受重视，与其他方面的研究相比，尤其是与效果研究（效果分析）相比，大有一种"门前冷落鞍马稀"的冷清。1985年国际传播协会主席詹姆斯·霍洛伦教授在中国人民大学新闻系讲学时，曾专门讲到过传播学研究的这一不平衡状况。他说，1975年前后美国90％的传播学研究都是关于传播效果问题的，对传播者"谁"这一重要环节极少关注。究其根源，以往的传统研究实际上大都站在"谁"的立场上看待传播，无形之中都把"谁"视为不必深究的已知数，至少也把它当成无关紧要的未知数，由此出发去探求取得最佳传播效果的途径。这可以说是体现在传统的经验学派研究中的基本研究取向，而说到底这又是同美国文化中重实用、讲实惠、看实效的历史传统密切相关的。诺贝尔文学奖获得者、美国犹太裔作家索尔·贝娄说过："美国人的天性是相信看得见的好处。"（《赫索格》）哲学思想上的实用主义兴起于美国不是偶然的巧合，其中含有深刻的历史必然性。这种实用至上、功利第一的美国价值观作用于传播研究，自然便会形成注重传播效果而轻视传播主体的一边倒状况。显而易见，在所有的传播研究中，"看得见的好处"大多集中在效果研究中，传播的实用价值就体现在传而有效上。至于控制研究尤其是宏观性的受控研究，不仅不具有什么立竿见影的作用，而且让传播者觉得像是同他们过不去而有意揭他们的底似的。

近20年来，随着欧洲的批判学派异军突起，控制研究这块一向被冷落的地盘日渐热闹起来，控制研究日渐得到国际传播学界的重视。因为，批判学派同传统的经验学派在研究取向上正好相反：它根本不问如何能取得最佳的传播效果这类实际问题，而是集中火力猛攻控制领域，以期弄清传播者究竟都在为谁传播、为什么传播等大是大非的问题。尽管他们尚未对传播理论留下多少实质性的建树，但他们的努力却已使人们对控制研究开始刮目相看，这方面的研究热度随之大为增加。在经验学派的研究中，情况是"不求知己，但求知彼"，而批判学派的矫枉过正又导致"不求知彼，但求知己"。所以，如将两者有机地结合在一起，自会形成知己知彼之势，对传播实践产生极为有益的影响。

下面我们就对上述控制研究的三项内容依次进行介绍。

第二节　"把关"与"施控"

一、卢因的"门区"理论

把关问题是控制研究中的一项主要内容。最早提出把关这一概念，从而开启把关研究之先河的，是传播学五大先驱之一的社会心理学家库尔特·卢因。

1947年，即卢因去世前不久，他在一篇文章中首次提到"把关"一词（gatekeeping），它来源于英文的"gate-keeper"（守门人）一词。因此，有些书也将把关称作"守门"，与之相应，将"把关人"称作"守门人"。当然，卢因说的"把关"（守门）是比喻性的说法，它的实际含义是指传播者对信息的筛选与过滤。问题在于，把关人以什么尺度对信息进行筛选和过滤。众所周知，信息归根结底都是经由人传递的，而人都是有感情、有思想以及有各自的价值立场和思考问题的方式的，因而在传递信息的过程中不可能保持纯客观，总会不由自主地把个人的主观因素投射其中，总会多多多少少地按照自己的理解和意愿来处理信息。换句话说，传播者不可避免地会站在自己的立场上，从自己的视角出发，对信息进行筛选与过滤，这种对信息进行筛选和过滤的传播行为就叫作"把关"（即守门），凡有这种传播行为的人就叫作"把关人"（守门人）。

卢因在研究群体传播过程时指出，信息的传播渠道流通总是有"门区"的。门区就是把关人所处的位置，在那里把关人将对信息可否进入传播渠道，或者可否继续在传播渠道中流通做出决断。对此，传播学集大成者施拉姆在其代表作《传播学概论》一书中，曾举出许多实际的例子加以说明。

在信息网络中到处都有把关人。其中包括记者，面对一场法庭审判、一件事故或者一次政治示威，他们将决定其中究竟哪些事实应该加以报道；包括编辑，他们确定通讯社发布的新闻中有哪些应该刊登、哪些应该抛弃；包括作家，他们确定有哪些类型的人物和事件值得书写，什么样的人生观值得反映；包括出版公司编辑，他们确定有哪些作家的作品应该出版，他们的原稿中有哪些部分应该删除；包括电视、电影制片人，他们确定摄影机指向哪里；包括影片剪辑，他们在剪辑室内确定影片中应剪掉和保留哪些内容；包括图书管理员，他们确定应该买些什么书籍；包括教员，他们确定应该采用什么样的教科书和教科片；包括负责汇报的官员，他们确定应该把哪些情况向上级汇报；甚至可以包括餐桌旁的丈夫，他们确定当天在办公室发生的事件中，有哪些应该告诉妻子。

上述事例看似各不相同，但实质上都是在对信息进行筛选与过滤，也就是传播学所说的把关。由此也可以看到，把关是传播活动中一个非常普遍的现象，在信息的源头（信源）与信息的终点（信宿）之间，总有若干决定信息通过或终止的把关人。事实上，在整个社会范围的信息大循环中，每个人都有意无意地充当着把关人，都在自觉不自觉地扮演把关人的角色。

卢因提出的把关概念同拉扎斯菲尔德提出的舆论领袖概念一样，都恰似茫茫大海上的灯塔，尽管自身亮度有限，却为黑夜中的航船指出正确的航向。自从把关概念提出之后，许多传播研究受它的启发，沿着它引领的方向深入发掘，最后发现许多颇有意义的问题，得出许多颇具启发性的理论。这方面尤以怀特的研究最早也最典型。

二、怀特对"把关"的个案研究

怀特的把关研究一向被奉为传播学的经典个案研究之一，历来为人们所乐道。

它是通过输入信息与输出信息的对比，考察在一个具体的把关环节上，信息是怎样被过滤被筛选的，用一个简单的公式来表示就是：

$$输入的信息 - 输出的信息 = 把关过滤的信息$$
$$输入信息 \rightarrow 门区 \rightarrow 输出信息$$

怀特的这项研究是这样进行的：他请美国中西部一家地方报纸的一位编辑把报纸在一周之内所收到的各大通讯社的电讯稿全部保留下来。作为一个把关人，这位报社编辑所收到的电讯稿就相当于把关之前的"输入信息"，而他从中选用在报纸上的稿件就相当于把关人之后的"输出信息"，怀特这一研究所得的有关数据如表4-1所示。

表4-1左边一栏的数字显示的是报社在这一周内所收到的各通讯社的全部来稿及其分类比例(输入信息)，右边一栏则显示着把关人即报社编辑从中选用的各类稿件（输出信息）。从表上我们看到，这位报社编辑在这一周内总共收到11910条通讯社来稿，而他从中选用的不过是1297条，大约只占来稿总数的十分之一，也就是说其余十分之九都被他在把关过程中淘汰了。

表 4-1　怀特统计的美国中西部某地方报纸一周内信息输入输出统计表

分类	通讯社来稿（％）	采用比率（％）
犯罪	4.4	3.2
灾害	3.4	3.4
政治	19.2	22.6
（州）	(4.7)	(6.8)
（全国）	(14.5)	(15.8)
人情趣味	35.0	23.2
国际性	22.5	23.7
（政治）	(15.1)	(13.6)
（经济）	(3.4)	(4.5)
（战争）	(4.0)	(5.6)
劳工	5.5	5.5
全国性	9.9	18.5
（农业）	(2.5)	(6.0)
（经济）	(2.5)	(3.3)
（教育）	(3.2)	(4.3)
（科学）	(1.7)	(4.9)
总计	99.9％	100.1％
（条数）	11910	1297

　　怀特所研究的这位编辑，就是一位典型的把关人，他的日常工作就是一种十分有代表性的把关行为。这一把关情形可以用下面这一模式来显示（见图 4-1）：

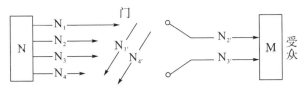

图 4-1　把关人行为模式

这里的 N 代表新闻来源如通讯社，它发出一系列不同的信息，如 N_1'、N_2'、N_3'、N_4' 等；这些信息到达把关人所在的门区后被选择，有的被舍弃如 N_1'、N_4'，有的被放行如 N_2'、N_3'。拉斯韦尔曾说："任何一个传递信息的人都可以从信息输入和信息输出两个方面受到检验。"怀特的研究正是从这两方面对把关人（"传递信息的人"）所进行的一次成功检验。

作为最早的一项把关研究，怀特的理论难免会有不足之处，其中最明显的缺陷就是他将把关人当作一个孤立的因素来考察，过分强调把关人独立的权限，从而忽略了制约把关人的社会因素对把关活动的深层控制。从怀特的把关模式中，人们容易产生一种错觉，那就是把关人对信息的传播可以为所欲为，可以随意按照自己的喜好来处置新闻。这里，把关完全被当作一项纯个人的行为，这显然不符合传播的实际。从上面那个通讯社来稿与报纸选登稿的事实看，报纸所收到的各类稿件同它所刊登的各个同类稿件在比例上非常接近。比如，收到的"灾难"消息占这一周来稿总数（11910）的 3.4％，而报纸采用的恰好也占采用总数（297）的 3.4％。再比如，通讯社来稿中国际新闻的比例占 22.5％，而报社采用的比例是 23.7％。这一事实说明，报社编辑在取舍通讯社的来稿时（即在把关时），是受制于通讯社的"标准"的。换言之，通讯社观察世界的视角无形中在支配着那个看似权限很大的把关人——报社编辑，把关人看似随心所欲，实则受制于人。

社会学家赫希（Hirsch）曾从社会制约的角度指出，怀特的研究及把关理论只看到个人在把关活动中的直接作用，而没有从社会系统上考虑其中所隐含的一系列左右把关的必然因素。如果把这一问题提到哲学高度来看，那就是古今哲人一直苦苦思索的自由与必然的问题。人究竟是按照个人的自由意志在行事呢，还是不由自主地屈从于命运之力而供它驱遣呢？俄国文豪列夫·托尔斯泰在《战争与和平》中写道："每个人的生活有两面，一、他的个人生活，这生活的兴趣越抽象越自由；二、他的基本的群体生活，他在这里边不可避免地遵守为它规定下的法则。"就怀特的把关研究而论，他的把关人（报社编辑）无疑处在托尔斯泰所说的第二种生活即"群体生活"之中，因此他的把关活动就不可能天马行空一般，想怎么样就怎么样。他既要受所在报社及其规范的约束，又要受整个社会文化的影响，也就是说"他在这里边不可避免地遵守为他规定下的法则"。总之，孤立地看把关似乎带有很大的主观随意性，而联系地看就会发现它不同程度地受到客观必然性的左右。怀特的研究只讲主观随意的一面，而不讲客观必然的一面，这是其一大缺陷。

对传播学来讲，怀特的把关研究就像拉扎斯菲尔德的两级传播理论一样，尽管存在不足之处，但都为以后的同类研究打开了窗口。山怀特研究所引发的一系列修正完善的把关学说，既充实了传播学的学科内容，又深化了人们对把关问题的认识，使得把关理论成为控制研究方面的一大构成板块。下面我们将介绍一种恰好可以补充怀特缺陷的有代表性的把关模式。

第三节 "受控"的现实描述

如果说上一节主要讲的是施控，即传播者对传播过程的操纵，那么这一节所要谈的就是受控，即传播者如何受外在因素的控制。对一位实际的传播者，比如对一位记者来说，最直接最明显的控制因素自然来自他（她）所属的媒介组织，所以我们先从这方面谈起。

一、布里德的"潜网"研究

沃伦·布里德是传播学控制研究领域的一位开拓者，他的《新闻编辑部的社会控制：功能分析》一文被视为这个领域的"一项最杰出的研究成果"（德弗勒语）。

俗话说"初生牛犊不怕虎"，那些初出茅庐、刚刚踏入新闻界的年轻记者也是如此。他们充满理想，朝气蓬勃，无所顾忌，敢作敢为，然而时隔不久，他们就会感到自己的手脚似乎被一张无形而有力的潜网所束缚。久而久之，屡屡碰壁，他们的热情便日渐冷却，锐气也日渐消磨，最终就变得同老记者一样循规蹈矩，安分守己，将自己逐渐地融入那张潜网。这张潜网，便是布里德所说的编辑部中的社会控制。

布里德在对美国几十家报纸、一百多位记者进行调查后发现，在报社内部始终存在一张十分微妙而又十分强劲的控制网络。它一方面确保媒介组织的传播意向顺利地贯彻下去，另一方面又防止不守规矩的新来者对媒介组织既定行规的袭扰。当然，这张控制网络是看不见的，因为没有谁对它做过明确解释，更没有什么明文规定，它一般都是暗中存在，可意会而不可言传。新来报社的记者只有从不断的磕磕碰碰中一点一点地揣摩它，慢慢就会心领神会。

布里德指出，任何社会的主要问题都在于维持秩序和加强凝聚力，其中尤为重要的是保持价值体系的一致与完整，因为意识形态的混乱势必会导致整个社会的土崩瓦解。由此可见，所谓媒介组织内的潜网实际上仍是更大范围的社会控制体系的折射，所以青年记者所感到的束缚与其说是来自媒介组织，不如说是来自社会系统。布里德以"阶级"这个字眼为例，阶级意味着社会不平等，容易让人联想到"朱门酒肉臭，路有冻死骨"，但这同美国社会所盛行的机会均等、绝对民主的价值观念发生抵触，于是美国的传播媒介极少提及"阶级"一词。

布里德的研究表明，任何处于特定社会环境中的传播媒介都担负着社会控制的职能。而这类控制往往是一种潜移默化、不易察觉的过程，用一个形象化的词来概括就叫潜网。

二、施拉姆的四种控制形态

我们知道，传播活动离不开特定的社会环境与历史背景，这种特定的社会环境与历史背景会对传播产生难以估量的影响与制约。而这种广阔的影响与深层的制约也属于控制研究的一项重要内容。这方面最著名的研究成果，就是传播学集大成者施拉姆参与撰写的

《报刊的四种理论》一书。这本书虽然篇幅不大，但视野开阔，论述广博，从历史与文化的大背景上对大众传播的控制问题做出较为深刻的分析与阐发。因此自 1956 年问世以来一直为传播学界所重视，在美国这块经验学派的领地更被奉为权威性的理论，影响很大，流传极广。书中所说的"报刊"，实际上是指整个大众传播事业，因为这本书的内容涵盖着大众传播的历史全程。而在 20 世纪以前大众传播的主要形态就是报刊。另外，所谓"四种理论"是这本书经过分析与综合而确认的四种控制观念及其所统辖的四种控制体系。这四种观念及体制在大众传播的不同时期分别起过支配作用或产生过重大影响，至今仍在被不同国家和不同文化的社会所实施与采纳。

（一）集权主义理论

报刊的四种理论包括"报刊的集权主义理论""报刊的自由主义理论""报刊的社会责任理论"和"报刊的苏联共产主义理论"。第一种集权论是针对大众传播事业早期的受控状态而言的，这里先简要回顾一下大众传播的发展过程。

大众传播是近代历史的产物，它同近代工业文明的兴盛同步，它的演进过程始终折射着当今已经席卷全球的这一文明形式。简单地说，大众传播最早萌芽于文艺复兴时代，即萌芽于近代文明曙光初露之际；其后，在新兴的资产阶级同没落的封建势力展开生死搏斗的革命时代，大众传播以其无与伦比的巨大力量充当阶级的喉舌和革命的先导，自身也获得较大进展；到 19 世纪工业革命完成以后，大众传播终于成为一项大规模的事业，两个外在标志便是通讯社的产生与大众报业的兴起。进入 20 世纪后，随着广播（20 年代）、电视（30 年代）、通信卫星（60 年代）等新兴媒介的纷纷问世，大众传播事业开始进入全面繁盛的时期，成为社会信息流通网络中的主要环节，在传播活动中越来越显得举足轻重、意义重大。

在大众传播萌芽与初兴之际的 16 世纪至 18 世纪，西方社会大多处在封建专制王朝的集权统治之下，集权主义成为当时左右一切、君临一切的强大的社会思潮。这股思潮的主旨大致可概括为两点：

其一，国家利益高于一切。当时所谓国家就是特定的君主，法国封建专制王朝鼎盛时期的国王路易十四的名言"朕即国家"，就很形象地说明了这一点。所以，集权主义实际上是把一国之君的权威视为至高无上、神圣不可侵犯的。这同以前把教会权威奉为第一的局面完全不同。

其二，真理是权力的产物，权力是衡量真理的尺度。也就是说，谁有权谁就掌握着真理，谁的权力越大谁的真理就越不容置疑。照此推理不难得出这种结论，即最高的真理来自万民之上的君主。

这股声势浩大的集权主义思潮的代表，就是文艺复兴时期意大利著名的政治思想家马基雅维利，他的代表作《君主论》可以说是一部集权论的"圣经"。这部书集中阐述的是君主怎样攫取权力，怎样操纵权力；它反复晓谕君主在政治上可以不择手段，可以无所不用其极，像这段流行很广的话：君主应像狐狸一般狡猾，并像狮子一般凶猛。马基雅维利的学说不仅为当时封建专制王朝的集权政治提供了理论依据，也为后代的寡头与暴君所尊奉，被称为"马基雅维利主义"。把我国封建社会同西方的封建社会进行比较可以看到一个很明显的外在差别，那就是我国封建社会从建立之日起就实行高度的中央集权，而西方的封建社会则到后期才开始形成王权专制的局面。如果说先前诸子百家中的《韩非子》为我国封建社会的中央集权制开理论之先河的话，那么，文艺复兴时代产生的"马基雅维利主义"则为西方的封建专制王朝奠定了思想基础。在马基雅维利的集权学说中包含这样的观点，即国家安全高于一切，为保卫国家安全、维护国家利益，就必须严格控制自由讨论和信息的传播。

正是在集权主义思潮处于主流的背景下，当时西方各国的封建专制王朝纷纷对新兴的大众传播活动（主要是报纸、杂志和书籍等印刷媒介）实施严格的控制和垄断，其手段主要有：向印刷商颁发经营许可证，对有关出版物的内容进行检查以及严惩那些"违法乱纪"的传播者，如罚款、抄没财产、逮捕监禁、刑讯拷打甚至处以极刑。传播学家施拉姆在其代表作《传播学概论》一书中，曾对集权时期的传播控制问题做如下总括性的论述：

> 印刷开始在西欧出现的时候，一些专制的政府已经因革命的潮流感到担心，它们理所当然地担心印刷品将如何进一步唤醒人民群众。当印刷术走出了少数行家的作坊而开始生产传单和新闻活页的时候，政府于是想方设法来控制这项新兴的媒介。它们只允许作坊为它们认为政治上"可靠"的人印刷出版物。这些政府在17世纪建立了事先检查制度——在出版之前审批政治和宗教方面的书籍和期刊，以后还要进行事后检查——对于他们判定为叛逆或"煽动性诽谤"（这是对程度稍轻的不同政见的称呼）的出版物则课以罚款和徒刑。

这些控制手段并不是什么新玩意。它们是从专制思想的悠久传统中滋生出来的。柏拉图认为国家只有在它的圣哲的指导下才能安全。霍布斯认为维持秩序的权力是至高无上的权力，任何个人不得反对。黑格尔说过："国家的存在就是它本身的目的，它享有统治并制约个体公民的最大权力，而公民的最高职责则是成为国家的一员。"这种思想方法导致了由政府"照料一切"的政策，其目的是限制个人自由，从而照顾整个国家的更大利益。

这也就是报刊的集权主义理论形成的历史背景与哲学根据。简言之，报刊的集权主义理论无非是说，国家安全高于一切，为了国家安全，君主有权对信息的流通、新闻的传播、言论的扩散加以绝对的控制。

（二）自由主义理论

这一理论兴起于资产阶级革命年代，本质上体现着自由资本主义时代的特征。当时，新兴的资产阶级在政治上要求推翻封建专制、建立自由平等的共和国；在经济上要求废除一切垄断和限制，展开自由竞争；在思想意识上，则要求尊重信仰自由、言论自由和出版自由。正是在这一自由主义蓬勃兴起的氛围下，形成了报刊的自由主义理论。

自由论的思想基础是资产阶级启蒙时代的天赋人权观，其代表人物有英国资产阶级革命的思想先驱、写下《论出版自由》的弥尔顿，以洛克、卢梭、伏尔泰等为代表的英法启蒙主义思想家，美国《独立宣言》的起草人杰弗逊，被誉为"独立战争的笔"而与"独立战争的剑"华盛顿将军相并列的思想家佩因（潘恩），以及《论自由》一书的作者、英国19世纪的哲学家约翰·穆勒等。对天赋人权观的一个最有力、最简洁、最为人所熟知的表述，就是《独立宣言》中那段开宗明义的话：

> 我们认为如下真理不言而喻，人人生而平等。造物主都赋予他们某些不可剥夺的权利，其中包括生命权、自由权和追求幸福之权。

报刊的自由主义理论正是以当时自由人权至上这一全新的观念为思想基础的，正如报刊的集权主义理论是以君权至上为基础的。

显然，自由论同集权论针锋相对。这不仅表现在它们一个表达了新兴资产阶级的愿望，另一个则代表着封建专制的利益，而且也表现在它们对传播问题尤其是对控制问题的观念大相径庭。自由论的基本主张可以概括为三点：

其一，个人权益高于一切，所谓国家，归根结底应用来保护个人权益。而在个人权益中，最重要的就是自由地持有主张、自由地抒发己见、不受压制、不被干预，这是人类的"第一自由"，同生命一样神圣不可剥夺。1787年，杰弗逊在致友人的信中曾写下一段著名的话："人民是统治者的唯一监督者……我们政府的基础就是民意……如果要我来决定究竟有政府而没有报纸，还是有报纸而没有政府，我会毫不迟疑地选择后者。"

其二，之所以允许人们有言论自由，是因为人是具有理性的动物，不论各种言论如何泛滥，人都能凭理性辨别出什么是真理，什么是谬误，什么是正确的，什么是错误的。因此，人们根本不需要其他什么人（如国家的新闻检查官）来告诫自己什么应该听，什么不应该听。这就是报刊自由主义理论的一大观念——"自我修正"。

其三，真理只有在各种意见展开"自由而公正"的竞争中才能产生，才能发展。早在第一次成功的资产阶级革命即英国资产阶级革命年代，弥尔顿就以其诗人的笔墨写下了这样的话："让真理和谬误交手吧，谁见过在自由而公正的交战中，真理会一败涂地呢？"自由主义思想的集大成者穆勒，在《论自由》一书中曾进一步论述道，任何言论不外乎三种：全部真实（true）、部分真实（part true）和全部虚假（false）。对第一种全部真实的言论当然不该压制，应该允许它自由传播。对第二种部分真实的言论也不应该压制，因为它"含有部分真理"，而真理大多是通过各种片面性的意见（即部分真实的言论）自由讨论、相互补充，才得以不断发展与完善的。

至于第三种全部虚假的言论，穆勒认为同样不能压制。因为第一，没有虚妄就显不出真理，正如没有丑陋就显不出美丽一样。法国新闻学家贝尔纳·瓦耶纳说得好："如果没有谎言，真理就不会值千金。"第二，让虚假言论存在的根本原因还在于，人们往往无法断定一种"虚假"的言论是否就是绝对的虚假。穆勒举苏格拉底和耶稣的例子说，这两人当初都因言论虚假荒谬而被处死，但如今人们却遵奉他们为圣哲，他们的言论更被视为无可置疑的真理。这类例子举不胜举，像布鲁诺不就因为所谓异端邪说而被活活烧死在罗马的鲜花广场吗？可现在谁还会认为布鲁诺的言论是异端邪说呢？事实上，正如赫胥黎所言："每一条重大的真理，在其开始时都被认为是异端邪说。"所以，只有在自由而公正的讨论中，真理才能得到发扬光大。对此，美国最高法院大法官奥利弗·霍姆斯曾以简练的语言，作了有名的概括："检验真理的最好办法，是计思想的力量本身在市场的公开竞争中获取承认。"这就是报刊的自由主义理论的另一大观点——"观点的自由市场"。

总而言之，在报刊的自由主义理论看来，只要人们能够在"观点的自由市场"中不受限制地获取各种各样的信息，充分了解事实真相，广泛听取不同主张，那么最终人们总会做出最符合实际的判断。由此出发，自由论自然坚决反对对传播活动实施的任何形式的限制，希望让传播媒介随意报道任何事实，不受任何干预，畅所欲言，自由行事，为社会大众提供尽可能广阔的选择空间和判断余地，从而使他们能够得出尽可能真切的结论。这种非控制性的控制观，从资产阶级取得革命胜利、取代封建阶级占领统治地位之后，便成为金科玉律的正统思想，与之相应的自由开放、"无拘无束"的传播体制便随之确立。

（三）社会责任理论

从历史上讲，报刊的自由主义理论比起报刊的极权主义理论，自然是一大进步。从理论表述上看，自由论的理想精神也很鼓舞人心。然而，事实证明，报刊的自由主义理论也存在很大的弊端与隐患。诚然，在自由论的传播体制下，媒介不再受政治上的直接压制，却又转而受经济上的间接摆布。自由论所倡导的理性化的言论出版自由，往往并不能真正使社会大众普遍受益，最终反倒为掌握传播媒介者的资本家开了方便之门。传播者可能在自由论的掩护下，置社会大局于不顾，视人情伦常为敝屣，只是一味专注于低级趣味、耸人听闻，有时甚至发展到造谣、诽谤、攻击与谩骂。

比如，以争取自由而著称的美国独立战争结束后，有半个世纪的时间，美国的报刊上就充满这类不负责的报道。当时一家报刊曾攻击美国的"国父"华盛顿，说他是"一个独立战争中的秘密叛国者"。还有家报纸干脆写道：

> 如果曾经有一个人使一个国家堕落了，美国就是被华盛顿堕落了。如果有一个国家遭到了一个人的不正当影响，美国就是遭到了华盛顿的不正当影响。如果一个国家曾经被一个人所欺骗，美国就是被华盛顿欺骗了。

当时就连一向大力主张自由论的杰弗逊，在屡遭诋毁、幻想破灭后也曾抱怨道："从来不看报纸的人比看报纸的人更了解情况，正如什么也不知道的人比满脑子谬误邪念的人更接近真理。"美国新闻史学者莫特，为此而将这半个世纪称为美国新闻史上的"黑暗时期"。随着资本主义自由竞争转为垄断，报刊自由主义理论的弊端就暴露得越来越明显。19世纪末与20世纪初，在美英等国所爆发的黄色新闻大战，就是这种弊端的总爆发。美国杰出的批判现实主义作家马克·吐温，在其名篇《竞选州长》中曾对此做过典型的描绘和辛辣的嘲讽。

有鉴于此，一些人便提出报刊的社会责任理论，以弥补自由论的缺陷，修正自由论的弊端。报刊的社会责任理论可以说是对报刊自由主义理论的改良、发展与完善。美国传播学者阿特休尔教授在其《权力的媒介》一书中写道："自由主义理论与社会责任论的主要区别在于：自由主义理论主张新闻媒介应完全自由，不受任何约束，而社会责任论则认识到不受限制的自由会带来危险。"这一论断应该说是抓住了自由论与责任论的本质差异。责任论正是针对自由论的主要弊端，即只讲绝对自由、不讲社会责任而提出来的。按照它的主张，传播媒介在享有充分自由的前提下，在社会为它提供自由保障的环境中，还应主动地、积极地承担相应的社会责任。换句话说，在没有"他律"的情况下自觉地进行"自律"，在没有外来约束、外来控制的条件下自觉地进行自我约束、自我控制。

如果说集权论讲求的是绝对的控制——正题，自由论倡导的是绝对的不控制——反题，那么社会责任论就是对两者的综合题。它一方面重提对传播的控制，认为"不受限制的自由会带来危险"；另一方面又表明，这种控制是建立在自由传播基础之上的，这种控制不是由外界强加到媒介身上，而是由媒介主动对自己实施的。从理论上讲，社会责任论显然较为完善，但从实际上看，它不过是一厢情愿的主张，因为它把希望寄托在媒介的"自律"（自我控制）上面，要是媒介不想"自律"，那社会责任论就只是一纸空文了。社会责任论兴起于20世纪，第二次世界大战后开始对西方传播界产生影响。然而，由于它的天生缺陷，社会责任论至今尚未形成足以同自由论的传播体制比肩抗衡的一套新的传播体制，也就是说它还停留在纸上谈兵的阶段。

至于第四种报刊理论即所谓的"苏联的共产主义理论"，这里就不再谈了。因为与其说它是科学的立论，不如说是意识形态的利益表达。正如美国批判传播学派的阿特休尔教授所言："它是在政治上动荡不安的紧张时期，也就是人们记忆中带有冷战色彩的时期起草的……施拉姆的问题出在，他的分析是怀有敌意的，他局限在'我们对他们'的框框中看问题……因此，在他的文章中，不用费力就能断定好人与坏人。"撰写此文的施拉姆本人，1982年来我国做学术访问时也承认他所阐述的许多观点均已过时，不足为训。我们只需明白，这一理论针对的是以苏联为代表的社会主义传播理论与体制，而在《报刊的四种理论》一书的作者看来，这种传播理论与体制不过是集权主义传播理论与体制的继承延续。正如社会责任论是自由论的变形发展一样。

以上我们分别对报刊的四种理论，即集权论、自由论、社会责任论和苏联共产主义论作了详略不等的评述。上文已经讲过，所谓报刊的四种理论，实际上说的是有史以来的四种大众传播的控制观念，以及与之相应的四种控制模式。四种理论所涉及的传播观念（包括控制观念在内）及体制，基本上包括大众传播兴起以来的主要控制模式，即君主独裁式、自由放任式、自我约束式与国家统管式。从当今世界各国的传播实践看，社会范围的传播控制机制主要也不外乎这四种，通过对这四种控制模式的比较研究不难看出，控制问题总是同特定的社会、历史文化背景相联系的。这种宏观上的控制也许不如把关人对信息流通的影响那么直接，但无疑更具有决定性意义。这种情形就好比一个人对自己的思想与行为，虽然能够直接操纵，但同作用于他的命运即历史的意志相比，个人的意志便往往显得微不足道了。

三、阿特休尔与《权力的媒介》

本章至此所谈的控制研究——无论把关模式还是四种理论，都属传播学经验学派的范畴。我们知道，传播学除经验学派之外，还有另外一大学派即批判学派。前面已谈过，经验学派与批判学派的研究取向正好相反。如果说经验学派主要关注的是传播链上的受众一方，以及与之相连的效果问题，那么批判学派的研究焦点则在于传播者一方，以及与之相连的控制问题。对经验学派来讲，所要解决的问题是如何影响受众，怎样传播才能取得最佳的效果；而对批判学派来讲，所要揭示的矛盾则是谁在传播，谁在控制传播。换句话说，控制研究在经验学派那里常被视为无关紧要的"芝麻"，而在批判学派那里却被看成事关重大的"西瓜"。所以，谈到控制研究而不介绍批判学派的观点显然是挂一漏万。不过，这里我们不准备把批判学派完全展开来谈，只打算提一提批判学派中的一家之言——阿特休尔的《权力的媒介》。

阿特休尔是美国传播学批判学派中的后起之秀，曾先后在关联社、《纽约时报》、美国全国广播公司当过记者，后来转向研究领域，成为大学中的新闻学教授。其《权力的媒介》一书着重考察"新闻媒介在人类事务中的作用"，分析各种权力集团对媒介的操纵、利用与控制。在阐述过程中，全书始终保持高屋建瓴之势，熔历史与理论于一炉，史论结合，纵横驰骋，所以立论新颖而不空泛，观点犀利而不偏颇。1984 年一经问世，它便受到传播学界的瞩目，人们将《权力的媒介》与《报刊的四种理论》相比较，认为这部论著对经典的《报刊的四种理论》构成了一次重大的挑战。

在《权力的媒介》中，阿特休尔用大量雄辩的历史事实与现实资料详尽地阐述了一个基本观点，即一切媒介——不论是以往的还是现存的，都不是独立的、自为的，媒介历来都是受某种权势控制的工具，都是为某种权势卖力的"鼓吹者"。这些摆布媒介的权势可能是宗教性的，也可能是世俗性的；可能体现为政治上的党派集团，也可能显示为经济上的利润指标。不管形式如何千差万别，媒介总归都是某种权势的媒介。阿特休尔写道："此书的主要论点之一是，新闻媒介历来没有发挥过独立的作用，也从来没有摆脱权力的操纵"，"新闻媒介好比吹笛手，而给吹笛手的乐曲定调的是那些付钱给吹笛手的人"。

既然媒介受权势的控制已是不容置疑的，那么这种控制的具体表现形式是什么样的呢？阿特休尔经过对比分析后，指出控制者与被控制者的关系共有四种：官方形式、商业形式、利益关系形式和非正式形式。他说：

> 这种种关系通常是混合交叠出现的，没有纯粹单独的一种关系。当然，也有某些例外。不管怎样，这四种形式十分清楚。在官方形式里，报刊、电视、广播的内容是由规定、条例和法令决定的。有些新闻媒介可能本身就是国营企业，有些可能受政府规定支配，还有些可能被一整套限制措施所操纵。没有哪个国家能够摆脱官方控制，所不同的则是来自于准许范围内的自制程度的差异。在商业形式中，新闻媒介内容反映广告商及其商业伙伴的思想观点，这些人常常本身就是新闻媒介的所有者和出版商。甚至在计划经济中，一些商业影响仍然有所表现（尽管这种影响只是通过间接的途径产生）。在利益关系形式中，新闻媒介的内容反映金融企业、或政党、或宗教团体、或追求特殊目标的其他各类组织的利益。在非正式形式中，新闻媒介的内容则以反映亲朋好友的利益为目的，他们或者直接提供资金，或者运用他们的影响来确保人们能聆听到吹笛手演奏的乐曲。

然而，我们不得不尊重的事实是"把关人"概念的提出本来是为了探讨话语权，认为媒体精英为主流社会的价值观、传统和意识形态起到了举足轻重的作用。新媒体时代每个用户都可以不经过主流媒体而从各种渠道获取信息，这使得主流媒体把关人的权力变小了。几十年前媒体统一发声，对某一问题关注就可以设定媒体议程，但现在媒体分众了、破碎化了，议程的设置也就不再集中在主流媒体上了。[①]

---

① 周树华：《传播研究的承先启后和推陈出新》，《传播与社会学刊》，2017 年第 42 期。

至此，我们已经谈过控制研究的三项内容中的两项，即把关理论和社会制约。前者是施控研究，后者是受控研究。前者可以说是控制研究中的显微镜，后者则相当于广角镜。视角虽然不同，但两者探讨的问题都是"传播由谁来控制""传播如何被控制"。下面我们再来谈谈控制研究的最后一项内容，即对受控状态的理论分析。

第四节 "受控"的理论分析

从以上三节的介绍中我们已经知道，传播活动尤其是大众传播并非是独立自发、自然而然的，任何传播都必然处在一种控制的网络中而受到制约。换句话说，每个社会文化系统都不可能对传播放任自流，它都是根据自身的政治法律制度、经济运行模式，以及历史传统、道德习俗等，对传播实施各种各样的控制。这些控制的方式、手段和程度虽然千差万别，但从基本的控制形态上讲，即从理论上进行归纳分析无非就是以下四种：政治控制、经济控制、受众控制、自我控制。

一、政治控制

政治控制最集中地表现在政府部门对传播的限制与管理上。也就是说，政治控制主要是政府控制。

在一切控制形态中，政府控制无疑是作用最大、效果最明显的控制。众所周知，传播尤其是大众传播具有引导舆论、监视环境、联系社会、维系传统等多方面的功能，举足轻重，影响广泛，任何政府都不可能对此袖手旁观，不闻不问。绝对的、毫无限制的传播自由在任何国家都是不可想象的。不论是出于直接维护自身统治、保障政权稳固的动机，还是出于捍卫社会大众整体利益的愿望，政府都不能不通过种种手段对传播加以约束，其中常见的手段有：

（一）立法

通过立法对传播实施控制，可以说是各国政府广泛采用的手段。因为它一方面可使控制显得名正言顺，另一方面又可使国家机器行之有效地监视、管理、约束传播。对国家机器来讲，任何立法都好比是输入计算机的指令，有此指令，计算机（国家机器）便可按部就班地照令行事了。以常见的新闻出版法为例，它就像一柄双刃剑，既保障传播者的权益，同时又要不同程度地限制它的自由。目前世界各国与大众传播有关的法律大约有下面几种：

（1）著作权法；

（2）煽动叛乱罪法；

（3）色情管制法；

（4）诽谤罪法；

（5）保障隐私权法；

（6）保密法；

（7）反垄断法；

（8）广告管理法；

（9）许可证申请法；

（10）广播、电视与电影管理法；

（11）图书出版法；

（12）新闻法。

（二）行政

通过行政措施对传播者施加直接或间接的压力，从而达到控制传播的目的，这也是司空见惯的政府控制手段。这种手段的具体形式有：

（1）直接或变相地资助某一传播机构；

（2）对倾向政府的传播者给予种种优惠或特权，如优先提供内幕新闻；

（3）在纸张、无线电频道等方面进行特权性配给；

（4）压制持不同政见者的传播媒介；

（5）遴选传播从业人员；

（6）确定新闻教育的基本内容与方向。

需要说明的是，不同时期或不同国家的政府所采用的行政控制手段是不同的。如德国希特勒统治和日本军国主义时期，对传媒采用了"打、压"的手段严加控制；而在和平时期，一些国家则较为宽松和开明。

（三）操纵新闻

在大多数西方国家，操纵新闻的发布、控制消息的来源是一种常见的政府控制传播的手段。像吹什么风、试探性气球、新闻发布会、记者招待会等名目，都是这一手段的具体运用。来自政府方面的消息不论是有意还是无意（当然有意的占多数），肯定都有利于政府，当传播媒介对此加以报道时，无形中也就成为政府的喉舌。于是，对政府而言这可以说是"不战而屈人之兵"，也就是说虽然没有明显的控制举动，实际上却已达到控制的目的。另外与此相关的是，政府还常常为某种意图，借助自身的财大气粗，将本来毫无意义、毫无价值的事情，经过巧妙安排而弄成轰动性的事件，吸引传播媒介来大肆报道，这也属此类控制手段。历史学家丹尼尔·波尔斯丁曾将这种人为事件，称为"伪事件"（pseudoevents）。

除上述这些手段之外，政府控制还包括登记、检查、惩办、征税、津贴等内容，这里就不再一一说明。

二、经济控制

如果说政治控制是最重要的控制形态，那么经济控制就是最根本的控制形态。

经济控制的关键在于媒介的所有权，说穿了就是谁投资媒介、谁掌握媒介，谁自然就拥有支配传播的权力，谁就有权选择传播什么不传播什么。这个问题在资本主义国家具体化为垄断媒体与广告诉求两个方面。比如，美国的传播媒介，表面上看十分发达，众多不同的渠道似乎为公众提供了多种选择的可能。然而，事实上这些五花八门的传播渠道，大都控制在美国的两大通讯社即美联社与合众国际社，三大广播电视网即美国广播公司（ABC）、全国广播公司（NBC）和哥伦比亚广播公司（CBS）以及几家垄断报业集团和出版公司的手中。有不少垄断性组织同时兼营着报纸、广播、电视、书籍、杂志，甚至还拥有自己的造纸厂、森林基地，从而形成一个庞大的帝国。

在经济控制上，另外一个重要因素是广告。对欧美等大多数媒体来说，广告商实际上等于他们的衣食父母，媒介的经济收入主要都依赖于广告。仍然以美国为例，报纸版面的 2/3 都被各种广告所充斥，以至于让人觉得这种报纸根本不像登有广告的新闻纸，而像是登有新闻的广告纸。由于这个缘故，媒介常常传播不重要但却有利于广告商的信息。至于传播媒介以新闻方式刊出广告或以节目形式播出广告，虽然违反传播职业道德，但仍然屡见不鲜。这些都体现着经济因素对传播的制约。

三、受众控制

来自受众方面的控制也是不容忽略的。它同来自政治方面的控制和来自经济方面的控制一样，都会对传播活动产生重要的影响。因为，传播归根结底是面向受众的，所以受众在传播过程中并不是消极的、被动的、无所作为的，它使传播在相当程度上得听命于受众。这种情形同生产企业与消费者的关系很类似。厂家生产产品就像媒介传播信息，如果产品（信息）不合顾客（受众）的口味，那么顾客自然不买它的账。为了占领市场，赢得顾客，厂家就必须千方百计地迎合顾客的爱好，满足顾客的要求，这样也就等于将自己置于顾客的口味制约之下。

受众对传播的控制主要表现在反馈上。简而言之，反馈就是受众对信息传播所做出的反应，就是受众意志的显示。它分两种形式：一是受众通过信件、电话、访问等手段，直接表达自己对传播活动的意见、建议和批评；二是受众通过是否订阅某份报刊，是否收听某个节目，是否收看某个频道等手段，间接地表示自己的态度和看法。另外，传播者也经常通过受众调查等手段，主动收集公众反应，以便据此做出相应调整。在西方国家，传播媒介对公众反应十分敏感，非常重视，因为广告客户主要是根据订阅数、收视率、收听率等指标来决定究竟应把广告登在哪家媒介上。

四、自我控制

以上所列举的控制形态，指的都是外部因素对传播活动的制约，称之为"他律"；自我控制则是传播者对自身主动施加的约束，称之为"自律"。自我控制大致包括两个方面：一是媒介组织对本机构人员的纪律要求与行业规范；二是各类传播从业者按照一般的行为准则和自身的职业道德对自己行为的约束。

综上所述，对传播媒介而言，政府控制是一种来自上层建筑的控制，它是自上而下的；经济控制是一种来自经济基础的控制，它是自下而上的；受众控制是一种来自传播对象的控制，它是由内而外的；还有一种更广泛、更深远的控制——文化控制，应该说，所有的控制形态都包容在文化控制中，一切控制现象说到底都无不处在特定文化的大背景下。这些关系可以用图4-2中这一简单的模式来显示：

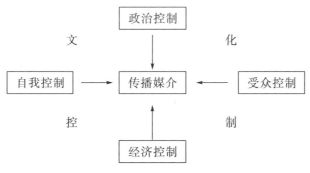

图4-2 控制形态的关系模式

小　结

在传统的"5W"传播模式中，"传播者"是第一个"W"。他不仅是大众传播实践流程中的第一要素，一贯以"把关人"的身份对信息流的流向、流量以及是否截流做出决定；还如杰纳斯神一样，同时行使着对上（更大的所属系统）的"受控"和对下（可包容的系统整体）的"施控"两种传播功能。因此，无论是美国的经验学派还是欧洲的批判学派，都毋庸置疑地将"传者"研究置于一个控制研究的维度。

把关人概念是针对"施控"而言的。因此，传媒的社会功能研究，传播制度研究，职业道德及从业者的行为规范研究等，都是围绕作为本体论的传者研究而开展的相关研究。这些研究的积极意义在于，我们被告知大众传媒是一把双刃剑，在大量提供能保障社会稳定发展的健康信息的同时，也可能因传播者的把关缺位——没有对输出信息进行必要的净化和优化——而导致不良信息对受众和社会的伤害。从这个角度看，把关人理论和施控问题的研究可以被视为"制于人"的行为范畴探讨，强调社会责任、文化传承和媒介素养的提升。

施拉姆的四种控制形态理论和本章比较集中的"受控"问题讨论，是从哲学、政治学和社会学范畴对大众传媒"受制于人"的思想讨论。它们或从全球视角对不同政体的国家或地区进行传播制度的分类研究，或从政治、经济、文化、受众等角度对大众传播的生态环境进行结构与功能主义的分析。总之，把大众传播媒介及其职业行为纳入社会总系统中去观察，传媒的"自动""他动"以及与社会的"互动"就能够在一个客观而理性的关照中被认知。

思考题

1. 传播的控制研究包括哪些核心内容？

2. 谁提出了"把关人"概念，谁将这一概念发展为大众传播的把关理论？

3. 认识"受控"与"施控"的所指，以及两者之间的辩证关系。

4. 理解布里德的"潜网"学说。

5. 深入阅读阿特休尔与《权力的媒介》，并写出读书报告。

6. 施拉姆的四种控制形态理论的积极意义与局限。

第五章　信息的交流与符号理论

第一节　信息交流与符号理论的关系

一、传播模式：经验的引入

在施拉姆总结的经典传播模式之后，人们对他的模式进行了一些修缮，比如图5-1中这个传播模式与施拉姆的经典模式相比，在两个方面有了大的修补：

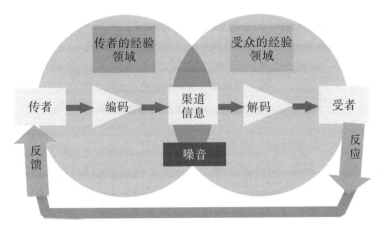

图5-1　众多传播模式中的一种

第一，将整个传播过程放置在传者和受众的经验领域中，把传播过程视为发生在参与者经验语境中的过程，因此传播过程将会受到参与者具体经验的影响。强调参与者的经验背景，使得人类学、社会学、心理学等传统学科跟传播学的交叉领域越来越多，此外，诸如文化研究、现象学等新的学科领域也越来越多地为传播学输送"养分"。

第二，在传者－渠道，以及渠道－受者之间加入了"编码"（encoding）和"解码"（decoding）。编码和解码引入传播模式与斯图亚特·霍尔（Stuart Hall）有关，霍尔在20世纪70年代发表的论文《电视话语中的编码与解码》中探讨了电视话语"意义"的生产与传播，提出"传者－信息－受者"这一传统传播研究的线性模式是有问题的，进而提出电视话语"意义"的生产和传播存在"主导的复杂结构"。在他看来，电视话语的生产和传播过程，如图5－2所示：

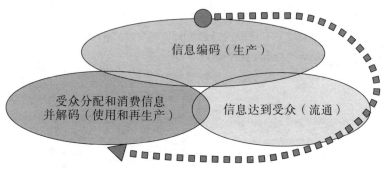

图5－2　霍尔电视话语的生产和传播过程图示

受众在解码时有三种方式：主导－霸权（偏好）读解，协商读解，对抗性读解。后两种读解方式不再认为文本结构将主导受众信息接收的结果，而是，意识形态与被统治者的社会经验之间存在持续不断的矛盾，其交汇处就是一个意识形态进行斗争的场所，受众成为不断抗争的积极主体。这就是电视传播中风行不衰的"霍尔模式"，这个模式改变了实证主义研究对信息传递者与受众关系的线性理解，认为意义不是传者"传递"的，而是受众"生产"的。这种视角的转变不仅仅意味着发现了积极"生产"意义的受众，而且把受众纳入了主体间传播关系之中，揭示了阐释过程中所隐含的社会经济关系。意识形态被传送不等于被接受。电视观众远不是呆头呆脑的"沙发上的土豆"。这样来看，主导－霸权意识形态要想把它自己一路推销下去，并不像它一厢情愿期望的那么简单，因为观众并不是在被动接受。霍尔模式强调了受众，把受众放到了传播过程的本原地位，使传媒的信息内容视为新的文化和社会研究资源，由此，打开了受众研究之门。

这两个变化实际上彰显

【扩展阅读】斯图亚特·霍尔

斯图亚特·霍尔（Stuart Hall，1931—2014），英国文化研究的杰出代表人之一。曾任英国伯明翰大学的"当代文化研究中心"（Center for Contemporary Cultural Studies，简称 CCCS）主任。终身致力于媒介和大众文化的研究。霍尔最广为人知的贡献是提出了一种有关编码与解码的理论，认为受众对媒介文化产品的解释，与他们在社会结构中的地位和立场相对应。霍尔假设受众在解码过程中有三种地位：以接受占统治地位的意识形态为特征的"主导－霸权的地位"（dominant-hegemonic position）；大体上按照占统治地位的意识形态进行解释，但加以一定修正以使之有利于反映自身立场和利益的"协商的符码"（negotiated code）；以及与占统治地位的意识形态全然相反的"对抗的符码"（oppositional code）。

霍尔的研究成为在特定的社会文化语境中研究受众接受行为的理论背景。此后，文化研究开启了对电视受众主动性的研究，掀起了受众研究的新范式。但霍尔的反对者认为，他仍然没有摆脱文本的权威，没有证明电视话语的主导意识形态是如何和社会结构发生关系，虽然认识到受众重要性，但缺乏对受众的详细分析。

霍尔的主要论著有：《电视话语中的编码和译码》（*Encoding and Decoding in the Television Discourse*，1973），《文化研究：两种范式》（*Cultural Studies: Two Paradigms*，1980），《"意识形态"的再发现：媒介研究中被压抑者的回归》（1982），《意识形态与传播理论》（*Ideology and Communication Theory*，1989），《文化身份与族裔散居》，《文化、传媒与"意识形态"效果》，《结构"大众"笔记》等，1980 年出版专著《文化、传媒、语言》（*Media, Culture and Society*，1980）。其中《电视讨论中的编码和译码》堪称文化与传媒研究中一篇至关重要的文献。1973 年，文章问世时不过是一篇油印文章，修改后收入 1980 年出版的《文化、传媒、语言》，后被人援引转载不计其数。

深入阅读：

斯图亚特·霍尔：《编码，解码》，王广州译，选自《文化研究读本》第 345～358 页，中国社会科学出版社，2000 年版。

了信息交流的过程与符号学的密切关系，为符号学与传播学的交叉提供了最直接的逻辑关系。

二、传播学和符号学的纽带

另外，信息学也从自己的角度为传播学与符号学的交叉提供了缘由。

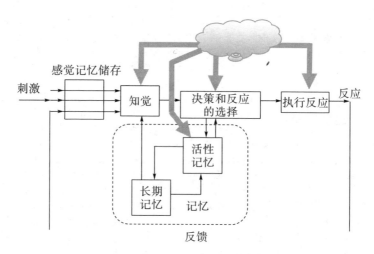

图 5-3　人类处理信息的模式①

信息学提供的这个经典信息处理模式中（见图 5-3），记忆在人类漫长的历史中经历了好几种主要的方式（视觉、口语和文字）的变迁。今天我们的记忆，更多地通过文字来运行，比如看到一张桌子，我们脑子中反应的或者存储的通常就是"桌子"的读音或文字，我们思维的方式也通常语言化了，即"活性记忆"的信息以语义符号化的方式转移到长期记忆，赋予信息意义并使之与早已储存在长期记忆中的信息发生关联。比如"小红帽"，当我们看到这三

①　Wickens，*Engineering Psychology and Human Performance*，Charles E. Merrill Publishing Company，1984.

个字时，与我们长期记忆中的信息（有关小红帽的故事）节点如大灰狼、外婆、森林等联系起来，这些信息节点的关联，为种种意义的产生提供了可能性，小红帽的意义可能就是善良、无邪、天真、诱惑等等。

可见，不论是从传播学的霍尔模式，还是从信息学的信息处理模式来看，信息的交流过程都与符号产生了这样或那样的关系，为此我们不得不进入符号学与传播学交叉的领域。

约翰·菲斯克（John Fiske）认为大众传播的研究有两大方向。他一方面认为传播就是信息的传递，是一种行为，称为过程学派（process school），视传播为影响他人行为或心理状态的过程，关注媒介如何编码，受众如何解码，另一方面认为传播是意义的生产与交换，是一种产品，被称为符号学派（semiotic school），它关注的是信息与文本如何与人们互动并产生意义，即文本的文化功能，主要研究方法是符号学。大众传播的过程不可避免地要涉及符号，印刷媒体中的文字与图画，电子媒体中的人物语言、动作、表情和画面，网络媒体中电子报纸、在线聊天，从根本上说，都是一种符号（sign），即代表某种事物或思想的记号或标志。甚至有学者认为，大众传播就是有关符号的选择、制造和传送的过程，以帮助接受者理解传播者在心中相似的意义。大众传播过程中充满了符号和由符号构成的文本（text），符号对于理解和研究大众传播，开辟了一条柳暗花明之路。[①]

第二节　传播过程中的符号学

符号学于20世纪60年代以法国和意大利为中心复兴，并通过欧洲各国遍及全球学术界。关于符号学的定义，众说纷纭，1976

---

① 陈阳：《符号学方法在大众传播中的应用》，http：//academic. mediachina. net/article. php？id＝2185，2005－11－28.

年著名的符号学家乌蒙勃托·艾柯（Umberto Eco）给出一个简易的定义：符号学观照所有可以被用作符号的事物（concerned with everything that can be taken as a sign），符号可以是词、影像、声音、姿势和事物，符号学要研究人类制造（make）、传播（disseminate）和理解（understand）各种符号的能力，覆盖了所有"代表"（stands for）某物的任何事物。

一、符号学的研究方法

符号学的研究方法旨在揭示符号的各种意义，阐释符号意义生成的机制及其发挥影响的方法。符号学的分析通常从这几个问题开始：

What：特定的符号意味着什么？

How：它如何表现其意义？

Why：为什么它意味着那种意义？

图 5-4　比较通行的男女洗手间标识符号

（图片来源：http：//www.nipic.com/show/3/81/4c869720869225d9.html)

比如图 5-4 中这一对标识符号，如果要对它们进行符号学的分析，首先就要问：这两种符号意味着什么？在都市生活的人很容易看出来这是男女洗手间的标识。接着我们要问：它们如何表达了男女洗手间？我们得考虑它们放置的环境，一定是在洗手间的门上或门边上，按照西方通行的性别服饰传统和惯例，男士着裤装，女士着裙装，男女洗手间及其符号总是并置在一起，针对对方而获得各自的意义，它们便是这样来代表了男女洗手间的意义。关键的问题也许在最后一个：为什么它们意味着这样的意义？于是可能要追述这种符号的创造、使用、流行的历程，解读作为西方现代化文明标准的洗手间之诞生和传播，解读西方的性别标识、隐私观念等。

　　事实上，我们现在有很多种符号来表达男女洗手间（见图5-5），表明符号和意义之间的关系是具有多样性的，而不是只能有唯一"正解"。这虽然充满偶然和武断，却也正是人类文化表达多样性的魅力所在，也是符号学为人们提供了强大阐释空间和能力的原因所在。

图5-5　各种洗手间标志图片

（图片来源：http://www.nipic.com/show/3/81/4c869720869225d9.html）

二、符号学的简史

"符号学"（Semiotics）的词源可以追溯到被西方尊为"医学之父"的古希腊著名医生，欧洲医学奠基人，古希腊医师——希波克拉底（Hippcrates，约前460—前377），当时作为符号的"象征"（symbol）与"征兆"（symptom）尚未被明确严格地区分。历史上第一部关于符号论的著作是希波克拉底所写的《论预后诊断》，内容是有关如何从病人的症候（symptom）来判断病情。

其后，柏拉图与亚里士多德都曾谈论到符号问题。例如，亚里士多德曾有过"口语是心灵经验的符号，而文字是口语的符号"的说法。柏拉图关注"一些事物如何代表另一些事物"，认为符号是欺骗性的事物，因为它们不直接"代表"真实，而只是真实的观念或精神的相似物。最为著名的即"洞穴的比喻"，后来的学者认为，实际上

> **【扩展阅读】柏拉图的洞穴比喻**
>
> 有一群囚犯在一个洞穴中，他们手脚都被捆绑，身体也无法转身，只能背对着洞口。他们面前有一堵白墙，他们身后燃烧着一堆火。在那面白墙上他们看到了自己以及身后到火堆之间事物的影子，由于他们看不到任何其他东西，这群囚犯会以为影子就是真实的东西。最后，一个人挣脱了枷锁，并且摸索出了洞口。他第一次看到了真实的事物。他返回洞穴并试图向其他人解释，那些影子其实只是虚幻的事物，并向他们指明光明的道路。但是对于那些囚犯来说，那个人似乎比他逃出去之前更加愚蠢，并向他宣称，除了墙上的影子之外，世界上没有其他东西了。

在传媒时代，我们所谓的真实在很大程度上是大多数囚徒看到的影子而已。亚里士多德更为关注"代表"（stand for），并涉及了符号的三个维度：符号本身的物质部分（能指），指示物（所指），唤起的意义（意义）。随后，古罗马医师与哲学家盖伦（A. D. Calen，129-199）写了《症状学》一书，书名为 Semiotics，此即今日我们所称"符号学"。

17世纪英国哲学家洛克（John Locke，1632—1704）在其理

论中，将科学分成三大类："哲学""伦理学"与"符号学"，后者又被称为"逻辑学"，符号研究首次被引入哲学，借此理解"陈述－知识"的关系。另外，康德在《实用人类学》一书中也表述了人的"标记能力"，这是一种以当前的事物为媒介，把预见未来事情的观念与对过去事情的观念联结起来的认识能力，由此联结所引起的心灵动作就是标记。

20世纪以后，西方符号学研究有了飞跃性的进步，其中，瑞士语言学与符号学家索绪尔（Ferdiand de Sausure，1857—1913）功不可没。在索绪尔看来，符号学是研究处于社会生活核心中的符号之生命的（a science which studies the life of signs at the heart of social life），这是一个相当诗意的解释，社会生活的核心是什么？人们对这个问题的回答一定是不同的，甚至同样的人在不同的时势下也会有不同的认知，但正因为如此，我们明白符号的意义是因人、境而异的。而符号的生命表明，对符号的研究一定是历时性和共时性结合的，正如我们研究一个人的生命一样，除了从生到死，我们还得了解这个人在不同的地理空间内的经历。因此，在索绪尔的符号学中就有了这样一个结构，如图5-6所示：

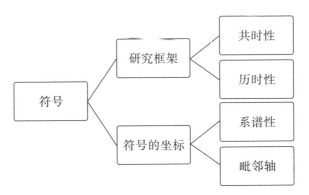

图5-6　索绪尔：符号及符号研究的结构

索绪尔认为符号学要研究符号的"一生"（the life of signs），

因此要从共时性和历时性两个方面来研究，简单地说，共时性是指同一个时间内对不同空间中符号的研究，比如都是 2008 年的"囧"字，在不同的语境中分别是怎样的意思。而历时性的研究则是指，研究在同一个空间，不同时间内的符号，比如，"囧"从产生至今曾有过的意义、用法的变化等。

在索绪尔看来，任何一个符号的确定（或者叫制造）和意义产生之地均在其坐标中，这个坐标的结构如图 5-7 所示：

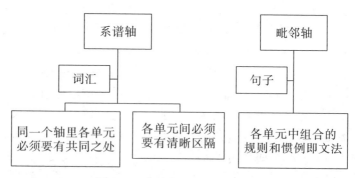

图 5-7　索绪尔：符号的坐标

符号的坐标就是符号意义的源头，所有的信息都涉及选择和组合。索绪尔坚持，符号的意义主要来自该符号与其他符号之间。最简单的案例莫过于："生"必须跟"死"联系起来才能被理解；"他""走""来"三个单字在单独出现时也能表达确定的意思，但是人们通常要在一定的语境和句法中才能进一步组成意义。我们也可以看到在语言学中分别有语义学、语法学和语用学来分别研究这些问题。

三、符号学的基本理念

鉴于符号学是关于意义生产、传播和阐释的理论。而"意义"是具有符号功能的行为和物体在与其他符号的关系中制造出来的。因此，我们可以借用符号学来了解一种文化、一个社区如何在具有文化意义的活动中制造出各种各样文本和意义来。

（一）符号

美国著名哲学家查尔斯·桑德斯·皮尔士（Charles Sanders Peirce，1839—1914），创建了作为符号学分支的逻辑学，他提出，任何人都是意义的制造者，因为人们总是无意识地把事物与自己熟悉的传统联系起来进行阐释，于是便把它们都视为了符号。比如，当人们第一次看到汽车时，称呼其为"铁马"，这便是一次完整的符号制造和阐释过程。

符号通常被人们看作是一个死的、确定的对象，但是，在符号学中我们倾向于把符号理解成一个动态的模式、一个动态过程的结果。

（二）符号：一个动态的模式

通常我们会把符号解释为一个等式：X＝Y，而 X 为"能指"（signifier），即代表他物的东西（doing the representing），而 Y 就是"所指"（signified），即被代表的东西或思想（being represented）。符号便是"能指"和"所指"关系的整个结果（见图 5-8）。

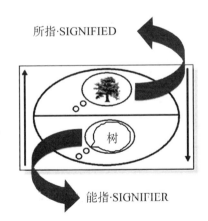

所指·SIGNIFIED

能指·SIGNIFIER

图 5-8　符号是能指和所指关系的整个结果，比如"树"这个符号的能指和所指关系

事实上，还有符号学家把符号理解为一个三角形的动态模式（见图5—9）。

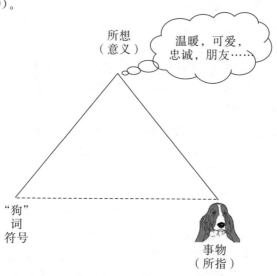

图5-9　符号的三角动态模式

因此，倾向于不把符号死死地看作一个手势或者一个词本身，它还包括与它结构性联动的所指，甚至所唤起的个体情感体验和经历，以及这三者之间的动态关系。

三角形虽然稳定，但因为符号的制造者、传播者和理解者的参与使得意义的产生处于动态的过程中，符号的能指本身是不确定的。《说文解字》试图要告诉大家某个字的来源，为什么它代表了这个或那个，但并不是都能说清楚，或者取得共识。所指，可能也不同，比如龙在中国的样子和英语世界里"dragon"的样子就不同。所想就更不同了，比如"狗"这个符号，在大多数美国人的心中，其唤起的所想可能是温暖的、忠诚的朋友，但很多韩国人想到的可能是热腾腾的美味；在中国，很多人想到的是"狐朋狗友""狗仗人势""狗腿子"。可见这个三角形是不确定的。因此，符号有了隐喻和转喻的基础，意义的结构可以在符号的隐喻和转喻过程中得到顺利的关联、转向和拓展。

（三）符号：武断性

但是为什么"狗"这个字就指那种动物呢？事实上，人们发现 X＝Y 这个等式中 X 代表 Y 的原因不无武断，很多时候是约定俗成的，当然也有人试图找到能指和所指之间的逻辑关系，比如很多文化中妈妈的称呼中都有 M 的音。是否在符号的能指和所指之间存有如文化基因那样决定性的基础呢？这个问题仍有待人们的研究。

总之，符号就是一套套有组织的符号系统。它的规则建立在社会成员的共识之上，因此，研究符号时，会强调它在传播上的社会意义。日常生活中，凡是惯例或约定俗成的东西，总是"符号化"的结果。

（四）符号：内涵和神话

符号还有三个层次：

指意的语言（denotative language）：与自然语言及其文化的符号系统（如空间或流行的涵义系统）有关。

涵义系统（system of signification）：包含纯粹主观的论述式到客观的、形式的或科学的语言等指意性符号。

延意性符号（connotative code of culture）：社会附着的价值，类似意识形态、神话的东西。

仍然以小红帽为例。"小红帽"这个符号在指意的语言层面上，可以指一种红色的小型帽子，也可以指一个欧洲西方流行了几百年的童话故事中的主角，人们用她的装束命名她为"小红帽"。在涵义系统层面，"小红帽"可以指涉善良、美丽、无邪等主观的内涵。而在延意层面，它涉及正/邪，男/女，动物/人类，自然/文化之间的二元结构性分类、意识形态和神话叙事。而所有小红帽的这些层面都离不开那个有密切关联的符号"大灰狼"，虽然当我们说出"小红帽"这三个字时，"大灰狼"这三个字并未说出口，但两者之间的结构性关系已经将它们捆绑在一起，它们中任何一方的意义均要在与另外一方的关系中才能出现。

（五）符号：类型

符号的分类有很多种方式，比如在符号学内，一个惯常的符号类型（typology）是：像（icon）、索引类符号（index）、象征符号（symbols）。我们通过下面的案例来了解这三种符号类型的区别（见图5-10）：

图5-10　三种符号类型的案例演示

像是最具体、细节最丰富的符号，如照片、录像等。而索引类符号则是以所指最具代表性的部分来指代整体，比如圣诞老人的帽子指代圣诞老人，皇冠指代皇帝、皇位或皇权。而象征符号则是最为抽象的，最常见的是文字，实际上还有标识、商标等，比如家族的徽章、国徽、红十字等。

在传播学领域内对符号的惯常分类如图5-11所示。

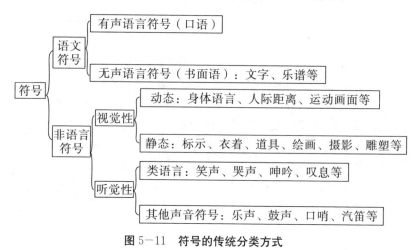

图5-11　符号的传统分类方式

美国学者还提出在人际交流中存在这样的等式：沟通双方相互理解＝语调（38％）＋表情（55％）＋语言（7％）（爱伯特·梅热比）。虽然这一等式不免机械，不过可以看作是对传播过程中符号多元化的一个说明。

（六）符号：互文性

符号的意义是在符号间的关系中诞生的，这一理念在关于符号的互文性（intertextuality）中得到了进一步的深化和强调。互文性由当代法国著名哲学家、文论家、女权主义批评家、精神分析家、后现代主义代表人物克里斯蒂娃（Julia Kristeva，1941—）于20世纪60年代在巴赫金（M. M. Bakhtin，1895—1975）"对话主义"（Dialogism）的基础上提出，意指任何文本皆非孤立存在，文本与文本相互关联，织就文本的"互联网"。她提出，任何文本都是对先文本的吸收与转化。她将互文性描述为一个或多个符号系统在另一符号系统的易位（transposition）。于是文本便成为多声部叙述和解读过程的结果，互文性的提出质疑了文本的同一性、自足性和原创性。法国另一位著名符号学家巴尔特（Roland Barthes，1915—1980）提出，互文性就是后人对前人的解读反过来构成并不断地构成前人文本的一部分，消解"渊源－影响"。里法泰尔（Michel Riffaterre，1924—2006）提出，互文性是读者对一部作品与其他先前的或后来的作品之间关系的感知（构成一部作品文学性的基本因素）。法国结构主义文论家热奈特（Gérard Genette，1930—2018）发展了互文性，提出了"跨文性"（transtextualité）理论，并从修辞批评的角度，将互文性概念限定在精密的语言形式批评范围内，他划分了五种类型的跨文本关系，分析文本派生方式，思考读者与互文本关系，辨析文本之间的关系图示，对互文性理论做出了很大贡献，被视为是互义性理论的集大成者。

互文性再一次强调了符号学对编码和解码过程的深度拓展，让人们更好地认识到在信息传播过程中可能对传播过程造成影响的复杂因素以及各种因素之间的关系。

大家很熟悉的中国古典文学中，用典是最常用的，也是最能体现作家和读者写作和解读能力的手法。再比如，小红帽的故事在西方文化中和森林的形象，和狩猎的生活，和不同时代的语境都有密切的关系，故而，中国人在解读小红帽时的"丰厚繁茂程度"多少受限。数百年前，小红帽是成人间流传的色情故事，之后故事不断被改变、伪装，最后终于成为童话故事。不同时代讲述不同的小红帽故事，选择的标准也总与当时整个时代背景发生生动而丰富的关联，比如法国凡尔赛宫的小红帽故事中说不贞的女人不如死了算了；英国维多利亚女王时代的小红帽则说，母亲禁止小红帽进入森林的小岔道，后来小红帽痛哭后悔，表示不再违背母亲的教诲；而在美国，人们说小红帽故事将狼妖魔化，以至于美国野狼被大家赶尽杀绝，于是网络版的小红帽出现这样的情节：樵夫向小红帽大吼——住手，不要伤害这个已经濒临灭绝的动物！①

第三节　案例：符号学的运用

符号学在传播学中的应用非常广泛，这里列举几个符号学在大众传播中的案例。

一、"钻石＝永恒爱情"的建构过程

在 1938 年之前，钻石只是一种稀有的石头。虽然西方早在古希腊时期就有了佩戴结婚戒指的传统，但戒指并不镶嵌钻石，后来才有了用贵重金属或者宝石作为戒指材质的传统，但钻石并非西方传统中必备的爱情信物。

直到 1938 年，美国最早的广告公司之一艾耶父子广告公司（N. W. Ayer & Son）决定要改变公众对钻石的概念，1947 年，该公司在推广戴比尔斯钻石戒指

---

① 凯瑟琳·奥兰丝汀（Catherine Orenstein）：《百变小红帽：一则童话三百年的演变》，杨淑智译，生活·读书·新知三联书店，2006 年版，第 5～6 页。

产品时打出了这句有名的广告词"钻石恒久远，一颗永流传"（A Diamond is Forever）。这句广告词在当时异常有效，它一语双关，不仅说明钻石是地球上最坚硬的物质，可以保存很久，更将钻石比作爱的信物，契合人们希望爱会天长地久的理想。在中国，我们说"情比金坚"，这句广告词也采用了类似的关联，把贵重的稀有自然物质与非物质的爱情联系在一起，有效地将自然和文化、存在和精神联系在一起，创造了有意义的特定话语。以坚硬和永存作为实践钻石和永恒爱情之间隐喻的基点，赋予钻石以恒久爱情的象征意义，赋予恒久爱情以钻石的物化形象。

深入阅读

李幼蒸：《理论符号学导论》（第 3 版），中国人民大学出版社，2007 年版。

李思屈：《东方智慧与符号消费：DIMT 模式中的日本茶饮》，浙江大学出版社，2003 年版。

叶舒宪：《熊图腾：中国祖先神话探源》，上海画报出版社，2007 年版。

到了 1959 年，20 世纪 30 年代诞生的新一代，也就是受到艾耶父子广告公司这一广告影响的一代长到了适婚年龄时，钻石戒指已成为当时美国主流社会订婚的必备之物。而"钻戒＝永恒爱情＝婚姻象征"这一等式也随之远播海外。

可以说，广告是在目标受众已有的东西上建构起价值和态度的。它像是大众梦想的镜子，它裹走你的感情再把它们卖给你。这其中广告对符号的操控和运用可见一斑。广告从纷繁的文化中提取种种符号和话语，将其吸收、熔化，与商品混在一起，从而将商品编织入社会生活和文化意义的肌理之中，故而广告是种"参与"，携带受众参与到他们操控的生活和文化当中去。

二、日本麒麟生茶广告与民族心理读本

李思屈教授的著作《东方智慧与符号消费：DIMT 模式中的日本茶饮》（浙江大学出版社，2003 年版）便是对广告符号学的一次

全新阐释，其中对日本麒麟生茶饮料的广告进行的符号学系统分析，可视为符号学在广告中运用的经典案例。

20 世纪 90 年代，日本麒麟牌生茶饮料推出，在营销定位上试图把追求新鲜感的年轻人和追求安定感的老年人都纳入目标消费群，并在这两者之间找到一个结合点。最后公司邀请著名演员松岛菜菜子拍摄了一系列广告，广告的情感诉求定位在"癒"（Iyashi）。"癒"在日本文化中是一种令人感到慰疗的情感体验，松岛菜菜子虽然没有性感惊艳的外表，但在日本正好是能给人以慰疗感觉的明星，用中国话来说就是让人觉得舒服。广告播出后一举成功，奠定了麒麟生茶在日本茶饮料界的龙头地位。

在《东方智慧与符号消费：DIMT 模式中的日本茶饮》一书中，李思屈教授运用符号学的方法来系统分析了这个广告，认为它的成功来自它成功地表达了当时日本民族的心理状态。广告的表层意义是松岛菜菜子与麒麟生茶之间令人舒适的故事。广告的涵义层则与当时日本的时代背景有关，当时日本人正处在金融危机的阴霾下，就业压力空前大，这种慰疗性的广告恰逢其时地抚慰了人们重压下的心。加之，茶在日本传统文化中有特殊意义，是日常生活里人与自然联系，与自然合为一体并从中缓解内心压力的传统途径，茶和清新亲切的松岛菜菜子的故事成功地唤起这一传统关系。而这个广告的符号学意义并没有止步于此，它还有神话层面的意义，这一系列广告也迎合了日本文化最基本、最深层的读本——日本神话。日本神话是一种以崇拜月神为主线的"中空"结构神话，在日本神系中，月神是最重要的。但令人惊讶的是，这个最重要的神，却是各种神话故事中被言说最少的。同样，在日本的神庙里，最重要的神龛中要么空无一物，要么只有朴素（木雕、泥塑）的小小神像。同样的情况还表现在日本人的传统审美中，日本人对月亮、对阴柔美、对细节的执着，对"空寂""净""清新"感受的特殊偏爱，都是中空结构的表现。

在日本逐渐要走出金融危机时，麒麟生茶换了滨崎步作为新的广告代言人，滨崎步虽然瘦小却充满了激情和活力的形象在公众心目中引发了同感，于是麒麟生茶再次蝉联广告人气王。可见，当广告能深入这个民族文化心理结构最深的地方时，广告就可以成功，它不仅仅是商家推销的工具，更是给受众提供精神消费的物品，它的意义是超越推销工具的，这也许就是消费社会研究者十分注意广告影响力的原因之一。

三、新闻报道中的转喻：游行与冲突①

1968 年 10 月 27 日，伦敦发生了约 5 个小时的反越战和平示威游行，整个游行平静地结束，只是在美国使馆附近发生了冲突，极少数人受伤。然而，英国媒体的报道与实际情况大相径庭，媒体无一例外地将报道焦点放在美国使馆附近发生的极个别冲突上，将一次和平示威游行描绘成一次暴力事件。莱斯特大学大众传播研究中心三位学者抓住这次机会进行调查，写成《示威游行与传播：一个个案研究》（1970）一书，书中认为记者选择了游行事件中的冲突为报道重点，而舍弃了大部分游行过程，造成了不公正的报道；这并非记者有意掩盖和歪曲事实真相，而是追求冲突性和变动性的新闻价值取向决定了他们从事新闻报道时的定式。

符号学中的"转喻"就是部分代替整体，就上例而言，媒体以极个别的冲突代替整个游行事件，是一种"转喻"，把"游行"这个符号的意义转到"冲突"这个符号上，"冲突"所体现出的意义就成了"游行"的意义。很明显，这是一种新闻选择。媒体进行新闻选择，可能出于新闻价值，也可能出于媒体自身的价值立场和社会文化环境，但是无论出于何种原因，经过事实取舍后所表现出来的"媒介真实"，跟社会真实是有差别的，只是一种李普曼所说的"拟态环境"，并深深影响受众头脑中的看法。

符号学用"转喻"这一概念说明一种符号的意义如何代替另一种符号的意义，所有新闻报道都经过选择、都是转喻，转喻使得受

---

① 该案例摘自陈阳《符号学方法在大众传播中的应用》一文，http：//academic. mediachina. net/article. php？id＝2185，2005－11－28.

141

众接受了媒介所要传播的观点和意见，想当然地以为媒介真实就是社会真实，虽然"冲突"不是"游行"，但是受众被符号选择时的意义转换迷惑住了，想当然地认为"冲突"就是"游行"。媒介在运用转喻手法时要进行选择，选择的结果正是媒介意图的体现，所以，对媒介转喻手法的分析能使我们清楚地看到新闻事实背后的事实。"喻"字说明两个符号间要有相关性，选择虽是人为却不是任意的，一种符号只能在另一种符号范围之内进行选择，"冲突"没有超出"游行"符号的范围，"时尚"就不能转喻"游行"符号。

与"转喻"相联系的另一重要概念是"隐喻"，即利用两个符号之间的相似性，以一个类比另一个，常见的比如以空间上下隐喻个人社会地位的高低。媒介中最常见隐喻运用的领域就是广告，如健康卫生是舒肤佳香皂的隐喻；某手机是"新生代，真本色"，另一种手机则是"科技以人为本"。隐喻是在两种符号间任意选择，两种符号之间本来没有什么关系，而隐喻的运用又能使它们之间建立某种关系。这有点像文学中的比喻手法，但是又不完全像。女人跟孩子有什么联系？一些关于广告性别角色的研究发现，广告中的女人之于男人，像需要照顾、呵护的孩子一样，她的身体弱不禁风（需要营养品），她的外表禁不住风吹日晒（需要精心打扮），她的能力很差，许多方面要依靠男人。这样，女人就被隐喻为不成熟的"孩子"，广告又体现了两性间的不平等。

以"中国"和"妖魔"这两个符号为例，西方反华媒体正是通过转喻（选择新闻事实，报道中国不给"台独"分子活动空间、不让妇女自由生育等的事实）来隐喻"中国"就是"妖魔"（详见李希光、刘康等著：《妖魔化中国的背后》，中国社会科学出版社，1996年版）。隐喻和转喻常结合起来使用，它们都是传播者人为地联结符号意义，形成了不被质疑、想当然的"媒介真实"，这样，媒介的立场和观点就容易在受众头脑中成为他们的立场和观点。也许在西方受众那里，一碰到"中国"就习惯性地与"妖魔"联系进来，媒介正是用这些方法，不仅影响受众，也影响现实生活。

隐喻和转喻所蕴含的，正是符号的隐含义，或者说，符号的隐含义通过隐喻和转喻手法表现为符号的深层意义和潜在意义；揭示隐喻和转喻，正是为了揭示言外之意。这种隐含义来自社会的文化观念、心理结构、意识形态，这正是符号产生所依托的环境。

符号学方法从自己的角度出发研究传播的内容，为理解传播文本的意义提供了新的理论，所以，批判学派多使用它，以此研究传播表面现象背后更深层的权力结构和社会背景。

四、符号学在艺术与人文课程运用之研究：以意大利小学艺术教育为例①

意大利政府在 1985 年颁布"新纲领"（*Nuovi Programmi*），其以"符号学"为论点，将影像、音乐、肢体动作当作是一种"语言"，强调艺术教育是要建立儿童的"文化初步认识"，而这种能力的建立需要涵盖语文、视觉、听觉和肢体动作等多种语言之学习；其教学活动注重"艺术"的感知与"人文"内涵之养成，科际的协同和课程之统整，以及生活环境、社会文化的互动关系

意大利"新纲领"中的艺术课程纲要，将学前教育、小学教育和初中教育的艺术教育课程做了相当完善的规划，由表 5-1 可清楚了解意大利学前教育、小学、初中的艺术课程架构之连续性和一贯性：

表 5-1　意大利艺术教育课程内容一览表

学前教育	小学教育（五年）	初中教育（三年）
讯息、形式和媒介	影像教育 声音和音乐教育	艺术教育 音乐教育
身体和动作	动作教育	体育

该纲领强调，声音、影像、肢体动作就如同语文、艺术，它属

于象征化、表现、传达的自然流露，是人类共通"语言"的一种；人类是透过多种语言、各种感觉管道，以不同的符码整合后才来进行讯息的传达。其教育目标如下：

（一）影像教育

• 启发基本影像语言的能力：促进儿童图像语言基本批评能力的建立，对影像的译码和意义的了解，以及系统地强化其传达和表现能力。

• 培养和启发儿童对视觉语言的创造和表现能力：针对儿童个别差异特质的启发和培养创造能力。

• 培养儿童对文化、美感鉴赏之能力：鼓励儿童多接触各种文化资产，特别是生活环境面貌，艺术作品，装饰艺术，戏剧、电影等，能对艺术作品所传达的讯息有更丰富的理解力并培养美感鉴赏能力。

（二）声音和音乐教育

引导儿童透过对音乐和环境声音讯息的感知，培养传达、创造和表现的能力。

• 培养儿童对环境声音的知觉和了解能力。

• 培养儿童利用声音语言来传达、表现的能力。

• 培养儿童对声音语言的聆听、制造、传达和表现的能力。

• 培养儿童通过人声、图像、乐器的运用提升音乐的即兴创作能力。

（三）动作教育

强调肢体动作是一种语言，是个人成熟的完整过程，它不但是个人的认知、感情和智性之表现，更包含了环境和社会文化之层面。

• 培养儿童肢体动作语言感知功用的能力。

• 培养儿童对姿态和模仿的语言传达，了解戏剧和音乐的韵律关系，增进肢体表现的能力。

• 培养儿童对身体和动作协调控制，建立解决问题的能力。

从上述教育目标所使用的术语和阐释方式里，可以发现其论述方式以及运用的专门术语，例如：声音、影像、姿态、动作、传达、讯息、译码、鉴赏等，和"符号学"（semiotica）及传达（comunicació）理论非常吻合，本研究即借此来分析其艺术教育课程之理论基础。

要研究是什么使得文字、影像、姿态或声音可以变成一种语言，就必须研究"符号学"，它是解释文化现象的一门学说。在艺术的领域里，符号的使用是多元化的，它可以只使用一种或同时使用多种语言，例如计算机多媒体，包含了单纯的文字、图像、声音以及动画的加入，而在视觉艺术领域的偶发艺术、装置艺术、身体艺术等，可以发现音乐、表演、文字的介入，其目的就是为了传达而适当地使用各种不同的"语言"。

在不同的时代里，断定什么才是艺术是相当困难的。因为我们所谓历史上的"艺术"，对当时的人而言，事实上存在不同的解释和内涵。20世纪五六十年代，艺术被分为两个层面：视觉艺术和文化资产；前者强调视觉感官的重要和直接的享用，后者则是人类文化的所有记号。文化资产引证了世界上的特殊记录和历史价值，并指出三个方向：（1）研究人类的材料文化现象；（2）去除人类产品的各种形式中的价值范围；（3）认识非美学的以及和人类学相关的制品、材料等（F. Vaccaroni, A. Giacometti, 1988）。艺术作品是一种特别的技术和有组织的真实整体，它在社会脉络中产生，是文化讯息的携带者，不但具有解决特定问题的功能，并且是语言系统的一部分；最重要的是，在当时有其工具性、功能性和象征性，可见艺术不应局限于"美学"的范畴。

以传达的观点而言，不论是传统或现代的，艺术教育都是语言能力的学习和培养：音乐是声音有组织、有秩序的联结，造型是影像艺术，戏剧化是肢体、人声和空间、舞台时间元素的组合，这些都是以不同的语言来学习、思考、想象和表现。正如上文所述，意大利的"新纲领"强调"声音、影像、肢体动作，是人类共通语言的一种；人类是透过多种语言，各种感觉管道，以不同的符码，整合后才来进行讯息的传达"，已明确说明了传达在艺术教育课程中的应用。而一个完整的传达过程，是由几个术语所组成，它不限定是图像、语文或声音，只要适用于人类所使用的各种语言，并可以同时使用一种以上的语言，都可以构成讯息的传达，因此，对于艺术领域而言，传达的观念具有对不同语言的开放性和统合性之特色。

意大利的艺术课程组成特色，主要在于将"影像""声音"和"动作"当作一个讯息、符号，这些符号可以借着一种或多种符码来产生讯息，例如电影或电视影像里，包含有语文、影像、声音、动作等多种符码同时并存。而这些符号讯息涵盖两个范围：（1）美学的传统艺术，例如视觉艺术、音乐和表演艺术等。（2）非美学的，包括现实环境和大众传播媒体所带来的各种讯息。

意大利小学艺术教育将"影像""声音"和"动作"三个艺术领域糅合成一种艺术教育，其整合的理论基础就是建立在可以包含各种语言的"传达"观念上。强调文化中"讯息"的重要性，也就是透过艺术教育来认识文化的内容。其课程范围包括"文化资产"（patrimonio culturale），显然比过去只偏重于"音乐""美术"的传统艺术教育内容更广泛；以往所谓的艺术教育通常以美术馆的艺术品、音乐厅里演奏的古典音乐、剧院里的表演艺术为主流，也就是以少数精英为主的精致（élite）艺术，然而精致艺术往往与现实社会脱节，无法落实于生活当中。而广义的艺术教育是艺术人类化、社会化的发展，能使个人的思考、享受、表现和周遭建立起和谐的关系，并从外界的自然环境或艺术文化中接收讯息。

在"符号学"符码的结构下，将声音、影像、动作视为一种语言，不但视觉艺术、音乐和表演艺术是互通的，艺术语言更是可学习和教育的。当艺术教育成为"后设语言"的学习时，就是以符码的学习作为主轴；并且可以利用系统化和科学化的教学，依照儿童的成长阶段做有系统的课程架构，注重探讨声音、影像、动作在环境文化中的角色和价值以及环境和儿童的关系；并从表现、传达到艺术的创作中，建立起儿童使用语言的能力。

语言的符码是可教育和学习的，对动物而言，语言是天生的，而人类所使用的语言绝大部分是需要学习的，只有人类才会使用"后设语言"（Metalinguistica，作者注：中国大陆学者多译为"元语言"）。"后设语言"是符码本身的分析或解释，例如被丢弃的香烟盒可能会被视为垃圾，但如果把它粘在报纸上并镶上画框，悬挂在艺廊的墙上，它就成为艺术品，这个画框就具有后设语言的功能。因为它显示了"应依据艺术的意涵来解码这幅图画"，引导我们去寻找美学上的关系和比例。诚如符号学家雅克布森（R. Jakobson，1992）所言："现代逻辑对语言区别为两个层面：对象语言，说一个对象；后设语言，说的是语言本身。""后设语言"凸显和指认所使用的符码，其出现是为了证明其所用的符码，是符码本身的分析或解释。因此，后设语言的功能运用在语文里，指的是艺评，在视觉语言里则是色彩、构图等的分析；在音乐里它的功能不是作为音乐的欣赏，也不是情感的表现，而是对音乐符码的解释和熟悉。对于儿童的学习而言，"后设语言"就是符码的练习，儿童在学校的活动有大部分的时间就是"后设语言"的学习。当艺术教育成为"后设语言"的学习时，就是以符码的学习作为主轴；而在符码的结构下，视觉艺术、音乐和表演将是开放和互通的，并且可以利用系统化和科学化的教学，建立起儿童使用语言之能力。

21世纪的今天，人类在经济、科技、社会各方面都有革命性的进展；而影响文化及人类成长最大的则是大众传播和多媒体的逢勃发展。在艺术教育的课程中，当声音、影像、动作成为一种教学活动时，它不但可以被感知、制造和诠释表现；更可以透过人声、工具、姿态、图像、大众传播等媒介和其他语言互相链接运用，发展艺术即兴的制造表现能力，以达到科际整合的多元化教学目的。

小　结

符号学是一门复杂的学科，这里只是简单介绍，让同学们了解大众传播学与符号学的关系，为大众传播学研究和实践开拓一种可能性的方向。在海量信息时代，信息的编码和解码从根本上决定了传播的效果。作为未来的传播者，同学们需要更为深入和细致地了解编码和解码的过程及其机制，才能有意识地根据传播目的进行编码，通过多种渠道把控解码过程。在跨文化传播过程中，符号学的方法能帮助传播者从文化结构的深度来把握符号的意义，从而更好地进行编码和解码。

符号学在广告学、传播学内容分析法甚至教育学等研究中的运用非常广泛，符号的三角、转喻和隐喻功能的分析虽然看似机械，却能弥补问卷调查法的种种缺陷，诸如受访者的口是心非，或受访者对自己行为深层驱动的不自知等，让研究者获得一套可操作的、可重复的群体心理"阅读器"。

思考题

1. 信息交流与符号学是如何发生关系的？为什么要学习符号学？
2. 符号为什么是一个动态的关系模式？
3. 符号学为什么可以被视为民族心理的"阅读器"？
4. "互文性"对信息的传播效果有何意义？
5. 是否能用符号学的策略去改变大众传播中形成的"刻板印象"？

第六章　传播媒介及其媒介理论

传播要实现其社会功能，传播符号要有效传递信息，作为传播载体的媒介是重要传播渠道。本章阐述传播媒介的科学内涵和发展路径，梳理相关的媒介理论，并探讨传播媒介和受众的关联。

第一节　传播媒介的科学内涵

媒介作为传播人类文化和文明的载体，在人类传播史上发挥了巨大的功能。"媒介"的科学内涵是随着时代的发展而不断深化发展的，表现出了不同的媒介类型以及特征。

一、媒介的概念厘定

把握"媒介"的概念，可以从人们对媒介的认知发展以及本质特征上来理解。

媒介一词的起源，在我国古代文献中可以找到依据，如《诗·卫风·氓》："匪我愆期，子无良媒。"《文中子·魏相》："见誉而喜者，佞之媒也。"还有《旧唐书·张行成传》中阐述了"观古今用人，必因媒介"。这些文献中提到的"媒"或"媒介"，包含了"人"或者"工具"的含义，也就是说使事物双方发生关系的手段或原因，表明了媒介作为渠道的原始意义和作用。

在国外，认识"媒介"也有一个不断变化的过程。在拉丁语中，"medius"媒介的含义包括"处于中间的""一般的""不偏不倚的"等。在18至19世纪的招魂术中，媒介作为中间人，具有同鬼魂打交道的特殊才能。这"招魂术"中的通灵过程，充分体现了"血"作为通灵媒介的关键作用。19世纪中期，伦敦街头佩戴标志或散发传单的儿童，被人们称为"广告媒介"。1909年版的《韦伯斯特辞典》解释"媒介"一词是"工具，例如广告媒介"。在20世纪60年代末，媒介发展为一种被普遍接受的学科语言，比如电视已经成为一种占主导地位的媒介。到21世纪，随着互联网技术的迅猛发展，网络媒介等新媒介形态已经逐步成为信息传播的大众媒介。

关于媒介的说法，有"传媒""媒体"或"媒介"等不同的表述。对于传播媒介，也有"新闻媒介""大众媒介""传播媒介""信息媒介"等提法。作为传播学的一个基本的概念，传播媒介的概念显得很含混，因此，有必要梳理并科学界定"传播媒介"。

在英语中，媒介"media"系"medium"的复数形式，大约出现于19世纪末20世纪初，意指使事物之间发生关系的介质或工具。这种广义的"媒介"，不仅在人类的日常生活中时有所闻（如"蚊虫是传播疾病的媒介""绣球是传递爱情的媒介"等），即使在一些传播学著作中也屡见不鲜。综合起来有多种观点，这里列举几种：

一是万物论。这主要是麦克卢汉（Marshall Mcluhan，1964）的观点。他认为，媒介即万物，万物皆媒介。[1] 所以，后来麦克卢汉提出了"媒介是人体感官的延伸"的观点。他认为所有媒介都可以与人体发生某种联系，并使其感官功能延伸。如语言媒介延伸了人的听觉功能，纸质媒介延伸了人的视觉功能，电子媒介则同时延伸了人的听觉和视觉的功能。所以说，"在机械化时代，我们实现了自身在空间中的延伸"[2]。他的这种理论反映了媒介无处不在的观点。

---

① 邵培仁：《传播学》，高等教育出版社，2000年版，第146页。

② Marshall McLuhan, *Understanding Media* (second edition), New York：Mcgraw-Hill Book Company, p. 19.

二是术语论。这主要是巴勒特的观点，他认为，媒介是一个简单方便的术语，通常用来指所有面向广大传播对象的信息传播形式，包括电影、电视、广播、报刊、通俗文学和音乐。"它一方面遮蔽和省略掉某些东西，另一方面又突出和放大某些东西……传播媒介通过文字或形象表达统治思想意识是掌权者维护其地位的主要手段。它们提供了自由的假象，像一条拴在长皮带上的狗，掩盖了约束的现实。"[①] 这种术语论观点实际上肯定了媒介的选择性和社会控制功能。

三是渠道论。"5W"模式的创始者拉斯韦尔把传播学研究划分为五大范畴：传播者、传播内容、传播渠道、受众、效果，"传播渠道"的媒介就成为传播学研究的基本对象。当然，拉斯韦尔的观点也受到质疑并被多次修正，人们认为这种模式的线性结构没有反映出传播的反馈和信息的循环，没有反映出媒介的变化。真正明确提出媒介渠道论的主要是戴维·桑德曼等学者。他们认为，媒介就是渠道（包括口语单词、印刷单词等）。但是，这一术语常常用来指渠道和信源，有时甚至包括讯息。当人们提到"大众媒介"时，往往不仅指大众传播的渠道，而且指这些渠道的内容，甚至还指那些为之工作的人们的行为。从这一观点可以看出，渠道包含的范围比较广泛，也比较符合大众传播的特征和规律。

结合媒介发展历程以及媒介的传播功能，媒介的含义应该从两个层面来阐释和理解：第一，媒介是指信息传播过程中的载体或工具，如电话、计算机以及网络、报纸、广播、电视等与传播技术有关的媒体；第二，在社会性的信息传播过程中，媒介表现为信息的传播渠道和那些从事信息的采集、加工、处理和传播的社会组织或机构，如报社、广播电台和电视台等。所以说，媒介是指信息传播过程中从传播者到接受者之间传递、采集和加工信息的一切形式的物质工具或组织机构。

[①] 戴维·巴勒特：《媒介社会学》，赵伯英、孟春译，中国社会科学文献出版社，1989 年版，第 34 页。

从上面的论述可以看出，媒介本质上是信息传播的工具和手段，主要由四个基本要素构成：物质、技术、符号和人。传播作为人类的一种基本行为，可以说是与人类社会同时存在的，它"是个人或团体通过符号向其他个人或团体传递信息、观念、态度或情感"[①] 的一种行为。如果说信息是物质过程的思想内容，符号是表达信息的外显形式，那么媒介就是负载符号的物质实体。施拉姆认为："媒介就是插入传播过程之中，用以扩大并延伸信息传送的工具，传播媒介是介于传播者与受传者之间，用以负载、扩大、延伸、传递特定符号的物质实体。"[②]

作为不同的媒介，它们都有自身的质地、形状、重量，让人能够看见、接触和感知，是具体、真实、有形的物质存在，所以跟一般物质一样有磨损、消耗和锈蚀。在面对面的传播中，空气、光线是传播的实体，人体及人体的口、眼、耳也都是传播的实体，口是发送信息的媒介，耳是接收信息的媒介，眼既可发送信息（所谓"眉目传情"），也可接收信息。人体和人体器官的媒介功能既存在于人际传播中，也存在于组织传播和大众传播之中。在大众传播中，书刊、报纸、唱片、电影、广播、电视、计算机通信等都是用于传播的实体。无论是信息的发出者还是接收者，都必须借助传播设施。早在 20 世纪 60 年代，加拿大著名的传播学家麦克卢汉就做出了"地球村"的预言。[③] 不管是早期的电影、广播还是如今的网络媒介，都是建立在一定的技术基础上的传播载体。

各种媒体发展至今，它们越来越呈现出一种相互叠加而非相互取代的发展趋势。尽管它们有着不同的个体特征和传播特质，但彼此也具有很强的依赖性，甚至在革新中彼此融合，取长补短。印刷媒介越来越注重形象的传播，电视也不能摆脱文字的规则，网络仍

---

① 麦奎尔 、温德尔：《大众传播模式论》，祝建华、武伟译，上海译文出版社，1987 年版，第 95 页。

② 威尔伯·施拉姆：《传播学概论》，新华出版社，1984 年版，第 144 页。

③ 埃里克·麦克卢汉，弗兰克·秦格龙编：《麦克卢汉精粹》，何道宽译，南京大学出版社，2000 年版，第 4 页。

未超越语言文字和画面等传媒所运用的传统符号形式。可见，每一种新媒介的出现都是对已有媒介的整合和延伸。一种媒介要完全取代另一种媒介是相当困难的。

二、媒介的区隔性阐释

媒介的区隔性是由传播渠道或介质的差异性所决定的。根据人类借以传递和交流信息的渠道的不同，可以分为人际传播媒介与大众传播媒介；根据媒介传播信息的介质的不同，可以分为传统媒介和新媒介。它们在传播活动中存在明显的差异。

（一）人际传播媒介与大众传播媒介

人际传播媒介是以人体自身为媒，用人的眼、耳、嘴、皮肤等感觉器官以及人体组织来传播和接收信息；大众传播媒介则必须凭借职业化的传播机构，通过现代化机械及电子传播工具向不特定的多数人连续进行信息传送，以扩增传播功能，实现社会化的传播效果。两者传播渠道的特点有很大差异。

1. 人际传播与大众传播的差异

众所周知，人际传播与大众传播是人类两种基本的传播方式。人际传播伴随着人类社会的产生与发展，是最古老、最基本的传播形式。而大众传播却是人类发展到高级阶段后的产物，因为其由一些机构和技术所构成，通过技术手段向广泛的受众传播信息，所以它与科技、经济水平相关联，是传播活动的高级形式。借鉴特伦霍姆等人对人际传播的定义："人际传播是发生在两个个体之间的传播活动，他们彼此分享着（信息）接受者和发送者的角色，通过创造意义的相互活动而达成联结。"[①] 传统的人际传播的方式有谈话、书信、打电话等，以计算机为媒介的人际传播方式有 E-mail 交流、网上聊天等方式，而大众传播是随着传播技术的发展而出现的。第一张廉价报纸纽约《太阳报》的问世，标志着真正的大众传播时代

---

① Sarah Trenholm, Arthur Jensen：《人际沟通》，李燕、李蒲群译，扬智文化事业股份有限公司，1995 年版，第 33~39 页。

的到来。随着报纸、广播、电视等大众传媒的产生与发展，一对多的传播发展到了极致，大众传播逐渐发展成为一种主要的传播方式。大众传播是指职业传播者使用机械媒介，如印刷报刊的印刷机等，播送广播、电视的电讯，机械、广泛、迅速和连续地传播信息，以期在大量的、各种各样的传播对象中唤起传播者的预期，试图在各方面影响传播对象的一个过程。在社会传播领域中，大众传播与人际传播无疑是最为研究者关注的两类传播现象。这两类传播现象无论从其表现形式、传播特点还是概念内涵都存在巨大的差别。

一是传播者和受传者不同。人际传播的传者和受传者一般都是确定的单一个人，而大众传播的传播者是由个人组成的机构，表达的是新闻机构所代表的阶级、党派、集团的意见，体现的是新闻机构的形象。大众传播的受者是处于传播范围内的所有人，具有不确定性。在传播过程中，我们不能确定某一个人是否在接收信息。对传者而言，受众是根据职业、年龄、爱好等单一标准划分的平面人，而非立体人。

二是传播渠道不同。大众传播与人际传播最明显的区别在于传播渠道。大众传播的传播渠道是大众传播媒介，通常指的是以重复和传布信息符号的技术机器和有编辑人员的诸如报纸或电台之类的媒介组织的传播渠道。而人际传播的传播渠道，指的是一个人同另一个人之间的没有专业机构介入的传播渠道。人际传播传递和接收信息的渠道多，而且方法灵活。传播者不仅可以使用语言，而且能够运用表情、眼神、动作等多种渠道或手段来传达信息；同样，受传者也可以通过多种渠道来接收信息。

三是传播形态不同。与大众传播相比，人际传播基本上是双向交流。在双向交流的过程中，传播者与受传者不断地进行角色互换。传播主体的任何一方，时而充当传播者，时而充当受传者，因此都是身份明确的个体，并建立起"点对点"的传播关系。人际传播双向性强、反馈及时、互动频率高，是一种高质量的传播活动，尤其在说服和沟通情感方面，其效果好于其他形式的传播。而大众传播从形态上来说基本上是一种由媒体指向大众的"单向传播"，是一种"点对众"的传播。在点对众的传播模式下，大众传播基本上是一种"自上而下"的传播，记者、编辑等把关人决定着报道的内容，符合要求的新闻信息才能传播出去。报纸、广播、电视这些传统的大众传播媒介，它们在今天通过各种各样的方式去贴近受众，跟受众进行更多的互动。不可否认，这种互动依然是有限的、滞后的，并且受到体制、技术等方面的现实条件的限制而体现传播的单向性特点。所以，传统的大众传播模式是直线的、近乎单向的。总的来说，相比较人际传播，大众传播这种现代化传播手段更明显、更广泛、更深刻地影响人际关系，它面对不特定的大多数人，极大地拓展了人际交往的空间和人际交往的范围。

2. 新媒体环境下人际传播与大众传播的融合

信息技术飞速发展的今天，越来越多的人被"卷入"对新媒体的"参与"中。在新一轮信息化的浪潮中，尤其是随着手机、电脑和互联网的发展，人际传播有了更大的发展。新媒体中的人际传播，需要通过借助互联网、手机、数字广播、交互电视等新的媒介形式来进行多渠道信息交流，所以就呈现出多样化的传播形式。新媒介的出现和完善为人际传播活动开拓了越来越广阔的空间，产生了一些人际传播的新方式。

（1）网上聊天：微软、腾讯等商家开发的 MSN、QQ、微信等在线即时聊天工具和各种聊天室使人们在网上聊天中尽情地领略了人际传播的魅力。根据传播双方的关系特质，网上聊天可分两种情况：一是传播双方在现实生活中已经相识，以网络为媒介沟通信息。二是传播双方互不相识，通过网上聊天传递信息，成为网络好友。前者是传统人际关系与网络传播方式的结合，后者是在网络特有的环境下出现的新的人际传播方式，匿名性是其突出的特点。

（2）电子邮件（E-mail）。E-mail 主要用于电子信函的发送、传递和接收。它以网络技术为平台，较之传统的信件邮递方式有了新的理念，也是目前 Internet 上用户最广泛、使用频率最高的一种应用形式。与网上聊天相比，它是一种非同步的交往方式，且较多地用于已有一定了解的人际传播。因此，信函的字里行间容许人们有思考的余地，保留了传统信件的书面色彩，又大大提高了传播效率。以这种方式为主形成的网友，稳定性要强一些，而且因为E-mail是上网者的邮箱，所以只要在任何一台上网电脑上打开就能看到双方或多方的通信记录。

（3）社交媒体：微博、微信是社交媒体的典型代表，微博用户以转帖和跟帖为主要沟通方式，微信用户通过聊天和公开发表内容来建立社交关系。社交媒体人际关系呈现出强弱连带关系交融，构建共享信息生态的特征。弱连带优势理论提出者马克·格拉诺维特认为，"在扩散网络中，弱势链在传播信息方面具有优势，而强势链在传播人际影响方面具有优势"[①]。微博用户多是陌生人，彼此间的弱连带关系依靠转帖和跟帖来维系，因而有助于信息传播和舆论聚合。微信用户多是熟人，彼此间的强连带关系通过聊天和个人生活分享得以加强，人际传播影响力相应加强。

我们可以看到，人际传播因为有网络而具有更加活泼、多样的形式和丰富的内涵。作为社会信息系统的子系统，网络人际传播发挥着其独有的优势，为促进社会信息系统乃至社会大系统的发展完善都发挥着重要的作用。在电子媒介空前发达的今天，随着计算机互联网的广泛应用，原属于不同类型的媒介正走向融合，新媒体环境下的人际传播呈现泛化趋势，并在大众传播格局当中渐渐占领了重要的一席之地。随着传媒技术的发展，大众传播与人际传播呈现出融合互动的趋势，人际传播大众化，大众传播人际化。与大众传播相比，人际传播具有直接性、互动性、亲和力强等优势，人际传播可以弥补大众传播的劣势。大众传媒对人际传播的运用，不仅表现在制作手段和节目样式上，更为重要的是要树立一种新的传播理念，真正体现以人为本，将人际传播的相关原则贯穿于大众传媒活动的始终，更好地发挥大众传媒的社会功能。

---

① 马克·格拉诺维特：《镶嵌：社会网与经济行动》，罗家德译，社会科学文献出版社，2007年版，第26页。

（二）传统媒介传播和新媒介传播的区别

综观媒介发展的历史轨迹，媒介之间是不断融合与超越的。更新换代并不意味着旧媒介属性的消亡，恰恰相反，新媒介融合继承了旧媒介的优势属性，才让新生媒介形态获得了无限生机与活力。所谓新媒体，是一个相对于传统媒体而言的概念。传统媒体一般是指传统媒体形态，主要包括报纸、杂志、广播、电视等；新媒体则是继报刊、广播、电视等传统媒体以后发展起来的媒体形态，主要包括互联网、多媒体终端等。新媒体的核心载体形式是数字媒体，并且能通过数字化交互性的固定或移动的多媒体终端向用户提供信息和服务，是基于数字技术和网络技术的多媒体融合的创新形态的媒介。新媒体除了具有报纸、电视、电台等传统媒体的强大功能外，还凭借自身终端特色和技术平台而具有传统媒体从未拥有的传播特点。这些特点也决定了它在支持技术、内容结构、传播方式、经营运作等多个方面都与传统媒体有很大不同。简单地说，传统媒体以外的传播方式，都可以统称为"新媒体传播"。传统媒体传播与新媒体传播的相同之处在于它们都是信息传播的一种渠道或方式。传统媒体传播已为人们所惯常使用，而新媒体传播则是一种打破常规、采用新媒体渠道进行信息传播的传播概念。因而，传统媒体传播和新媒体传播也存在明显差异。我们不妨从以下几个方面做出分析。

1. 从传播技术和手段来看，两种传播方式存在区别

人类传播史上的每一次革命都是以传播技术的发现和创新为前提和基础的。传统媒介传播的出现和发展，依靠的是印刷技术、通信技术、电子传播技术的进步。而数字化多媒体技术和互联网的发展则进一步扩大和提高了大众传播的规模、速度和效率，并催生了多种形式的新媒体传播方式，使它成为现代信息产业的重要组成部分。从目前看，新媒体传播与传统媒体传播的技术手段在某些方面有相互融合的趋势。相对于传统媒体传播的技术平台，新媒体传播借鉴传统媒体的优势，实现了传播渠道的数字化。新媒体传播的渠道采用的是计算机网、移动网，在数字化虚拟的土地上"耕作"。

另外，传统媒体传播也积极创办电子版、网络版，使传统的报刊、电视、广播在网络传播方面也有了一席之地。

2. 两种传播方式在传播思维上存在明显差异

传统媒体传播以信息的整理、过滤以及经济利益为核心，而新媒体传播则更注重于服务大众，提高用户体验。传统媒体传播依靠专业的编辑进行内容制作和筛选，由他们确定大众应该知道什么，而新媒体传播则将话语权和选择权交还给大众，由大众进行信息的整理，并由大众决定他们接收什么样的信息。传统媒体要求大众按照他们的时间表来获取信息，一切都在一个固定的发行时间表中进行，而新媒体传播则允许用户随时随地地获取感兴趣的内容，主动权在用户手里。与传统媒体传播不同，新媒体传播的内容更加个性化，可以做到更充分的分众传播。在考虑大众需求的基础上，新媒体可以针对用户群的特定需求而专门定制个性化的信息。由此可见，与传统媒体传播相比，新媒体传播是以用户的需求为中心的更为人性化的传播方式，这与传统媒体传播所一贯坚持与强调的舆论引导一切的特性有很大的区别。

3. 两种传播方式的传播互动性差异较大

传统媒体掌握着核心的信息传播资源，记者和编辑位于传播金字塔的塔尖，是一对多的"广播式传播"，报纸、广播、电视等传统媒体中传者是信息传播的"把关人"，传统媒体的传播因其信息垄断地位而拥有的主导信息传播的特权，使其传播的互动性相对较弱。而新媒体采用的是多对多的"窄播式传播"信息发布方式，不同的传播个体间可以有相同或不同的信息互通，构成了传播者间"多对多"的网络状传播结构。新媒体传播消解了传者与受者之间原来的信息不对称，而使个人拥有了平等的信息获取、处理与发布的权利，受者从简单的内容消费者演变成了一个内容的消费者兼内容的生产者。而新媒体传播链条的传者端和受者端始终处于交互之中，新媒体传播的主体既是信息的消费者，同时也可以是信息的提供者和生成者。

第二节 媒介发展与传播变革

人类社会的发展，伴随着媒介的发展。从古代到现代，媒介经历了漫长的历史过程，并在变革中不断发展。

一、媒介发展历史阶段

媒介发展的历史阶段通常可以分为以下几个时期：口语和实物媒介传播、文字媒介传播、印刷媒介传播、电子媒介传播、数字媒介传播等。

（一）口语和实物媒介传播

大约是在4万到9万年前，人类由于逐步具备说话的能力，使口语成为人际沟通的有效渠道，人们或结成群体，或有组织地利用口语进行信息编码，从而更有效地收集、处理和传递有用的信息。原始的音乐、歌唱等形式成为传递信息的独特表达方式。后来，人们用实物或者图式来进行信息传递，如古代人类日常生活中的结绳记事，军事战争中的点燃烽火、挥动旗帜、吹奏号角等，就是利用实物来进行警报预告，通知军人和百姓做好准备。口语以及实物，让人们直接实现了信息传播，但是，这些媒介在信息传播时，缺乏稳定性和可靠性，而且传播速度慢，且受时间、空间的限制。

（二）文字媒介传播

这一时期，由口语过渡到书面语，文献记录技术也逐步得以运用，在这一历史阶段的早期，象形文字和壁画成为传播的常态。比如公元前2300年左右，苏美尔人使用陶器符号即楔形文字。后来中国汉代蔡伦造纸，欧洲生产牛羊皮纸，使得轻便可携带的文献获得了发展。到了唐代发明刻版印刷术，公元11世纪的宋代，毕昇发明泥活字印刷，推动了文字的普及。欧洲人直到15世纪才掌握印刷术的运用，欧洲各大城市印刷业得到了发展。1439到1440年，采用铅为材料，铸造字模，利用金属字模进行印刷，是最早的凸版印刷试验。在以后的试验中，古登堡改变了印刷的材料，采用亚麻仁油，混合灯烟的黑灰，制成黑色油墨，用皮革球沾涂油墨到金属印刷平面上，取得均匀印刷的效果，他还发明了印刷机。由于印刷技术的发展，文字传播成为信息传播的主要媒介，书面语也逐步标准化。1665年，著名报人麦迪曼创办《牛津公报》，作为当时迁都于此的英国政府机关报，"newspaper"一词首次出现于该报，是英国第一家真正的报纸，在英国新闻史上具有里程碑式的意义。这是英国第一种单页纸式的、刊载新闻的、定期出版的印刷品。该报当时对开单张，两面印刷，每逢周一和周四出版，有较多的官方新闻以及一些社会新闻，但没有言论。从第24期起，该报迁回伦敦出版，改名《伦敦公报》，是世界上最古老的报纸之一。1833年，由本杰明·戴创办纽约《太阳报》，发行至1950年停刊。该报被认为是美国第一份成功的便士报，成为美国商业刊物的发轫。由于其发行的成功和开创性作用，和后来由贝内特创办的《纽约先驱报》和《纽约论坛报》一起并称为美国新闻史上的三大便士报。这是便士报与大众传播并行的时代。1890至1920年，整行铸造排字机的出现，标志着印刷媒介黄金时代的到来，后来随着广播电视的发展，印刷作为垄断行业的历史结束，尤其是20世纪60年代末期，计算机排版和新的印刷技术的兴起，更使印刷媒介增加了竞争对手。在印刷术发明前，石头、龟甲、竹简、玉帛是主要的媒介形式；在印刷术发明后，报章、杂志连同里面的文字、图片以及漫画等，成为主要媒介形态。

（三）电子媒介传播

这一时期，主要是以电波的形式传播声音、文字、图像，运用专门的电器设备来发送和接收信息。1837年莫尔斯发明电报机，1844年发出第一份电报。1858年横跨大西洋的海底电缆竣工，1876年贝尔发明电话。从此，电报和电话成为人们传递信息的电子媒介。到了1895年，法国的卢米埃兄弟发明了电影摄影机，20世纪初电影完成了从无声到有声的过渡；1929年，彩色电影实验成功。这一阶段，电影既给人们传递了信息，更带来视觉享受。

1920 年，美国西屋电器公司在匹兹堡创办了第一家电台，第二次世界大战以后，电视的发明和普及开辟了大众传播的新时代，1926年全国广播网（NBC）出现。后来，从 1929 年生产机械－电子电视开始，到 1939 年出现黑白电视，1940 年出现彩色电视并在 1965年后开始普及，广播电视成了人类社会传播信息的主要的媒介形态。20 世纪后期至 21 世纪，广播电视获得了更大的发展，从广播电视技术、节目表现形态、受众接受心理、广播电视产业运营以及广播电视与其他媒介的融合，广播电视在信息传播、视觉娱乐、文化教育等方面发挥了越来越大的功效。

（四）数字媒介传播

未来学家曾经断言："19 世纪是铁路时代，20 世纪是高速公路时代，21 世纪将是宽带网络时代。"1946 年，第一台模拟计算机出现。由于调制解调器的出现，计算机与电话的兼容问题逐步得到解决。1971 年第一台芯片电脑出现。20 世纪 80 年代初，互联网逐步实现民间化，个人计算机和在线网络日益流行。后来，数字技术不断更新，数字光纤网络解决了宽带和压缩技术，新的媒介环境使内部计算机性能迅速发展到外部——连接网络计算机技术的国际标准化互动，在"虚拟现实"和"电脑空间"中，人机之间的仿生互动。这样，在传统的"沙漏式"传播模式下，传方站在"把关人"的位置上，控制着信息的生产与传播。在网络时代，受众获得了前所未有的权利：不仅可以自由选取自己感兴趣的信息，而且可以在网上相对自由地发布信息；信息的重要与否，不再完全由传方决定，而是可以由受众自己决定。以数字化的计算机运行方式通过国际互联网连接在一起，形成了一个超越现实世界的数字虚拟世界。伴随着卫星通信、数字化、多媒体和计算机技术的发展，不断出现的新型的传播媒介，以互联网、手机等为代表的新媒介形态将不断涌现和发展。

（五）智能媒介传播

智能媒介传播时期是我们当下所处的阶段。这一时期的特征是智能媒体逐渐成为主流，以互联网为基础，结合大数据（Big

Data）分析，依托不同智能终端，分析用户内容偏好来进行媒介内容生产、重构传播渠道。1997 年，"大数据"概念首次提出并界定内涵。计算机技术日新月异促使人们革新解决问题的观念与思路。20 世纪末到 21 世纪初期，大数据在不同学科领域的实际应用研究广泛展开，并受到各国发展的共同关注。大数据的应用帮助传受双方更加便捷、迅速地判断用户喜好。传者根据大数据分析结果提供能够满足信息消费者需求的内容产品，受者通过大数据分析更加准确地选择自己感兴趣的信息。数据驱动新闻的生产思路将 AI（Artificial Intelligence）引入新闻写作领域，AI 写稿的核心仍然是云计算和大数据分析。2007 年美国科技公司 Automated Insights 开发出 WordSmith 软件可以简单编写新闻，2015 年腾讯财经开发出写稿机器人 Dreamwriter。除此以外，移动终端比如手机、平板电脑等智能产品的兴起迫使传统媒体与新兴媒体融合为一个 App 端口便于用户的即时使用，媒体的智能形态得以确立，传播渠道借助软件和算法得以拓宽。

二、媒介系统与媒介生态

媒介作为社会系统的一个部分，本身构成了一个具有自身特征和规律的系统，并且在一个生态体系中运行和发展。

（一）媒介系统结构的多元格局

在经历了漫长的发展历史之后，现代媒介已经形成了自己独特的系统结构。目前，主要的媒介系统有三大类：平面媒介、广播电视媒介和网络媒介。这些媒介都有自己的独立体系，相互间也有很多联系。这三大类一起构成了大众传播媒介系统的多元格局。

1. 平面媒介系统

平面媒介系统主要有报纸和期刊等。在国外也有人将平面媒介系统称为"文献领域"或者"纸质媒介"，并认为其主要包括易于携带的纸质媒介如报纸、期刊和书籍。

报纸是一种"以刊登新闻和时事评论为主的、向公众发行的散页连续出版物，通常有固定的名称和刊期"①，也是世界上最早出现的大众媒介。比较公认的最早的报纸是 1609 年在德国诞生的周报《报道与新闻》。按影响范围可以把报纸分为国际性报纸、全国性报纸和地方性报纸。国际性报纸如《纽约时报》《华尔街日报》《泰晤士报》和《镜报》，都是相对来说在国际上比较负责任的大报，有自己的国际地位，能够施加国际影响力；全国性报纸则是指那些在全国范围内发行，具有全国性影响的报纸，如《人民日报》《光明日报》等；地方性报纸主要在当地采编发行，其影响力也主要局限于当地，如《华西都市报》《云南日报》等。当然也有些地方性报纸，因为能够在全国发行，所以具有全国性的影响力，如《南方周末》等。报纸的传播主要要素是它的版面和文体，其中版面是报纸最基本的信息载体和传播手段，也是形成报纸风格和特色的重要因素。报纸版面的基本要素包括报头、报眼、头版头条、电头、中缝、天地线、字号、字体、栏、专栏、专页、副刊、号外、标题和新闻照片、漫画等。与其他媒介相比，"作为视觉媒体的报纸长于传达深度信息、便于保存，但是时效性相对较弱，读者局限性较强"②。

期刊又称杂志，萌生于 17 世纪，长足发展于 19 世纪，20 世纪走向繁荣。同报纸一样，世界上最早的期刊也诞生在德国。"在 1588—1598 年，德国法兰克福印刷商米夏埃尔·冯·艾青格尔每年两次印刷出版一份名叫《书市大事记》的文集，使得这份半年出版一次的刊物成为世界上第一份有固定刊名的期刊。"③ 也有学者认为期刊形形色色，包括"所有不是日报的报纸"④。在期刊业最发达的美国，最繁荣的时候有 18000 种杂志。在 20 世纪 50 年代国际期刊界开始细分，法国 1978 年期刊的发行量首次超过日报。在

① 王宇：《大众媒介导论》，中国国际广播出版社，2003 年版，第 34 页。
② 王宇：《大众媒介导论》，中国国际广播出版社，2003 年版，第 34 页。
③ 王宇：《大众媒介导论》，中国国际广播出版社，2003 年版，第 202 页。
④ 弗朗西斯·巴勒：《传媒》，张迎旋译，中国传媒大学出版社，2007 年版，第 10 页。

社会影响方面，在广播媒介出现以前，报纸对推动社会发展的影响非常巨大。弗朗西斯·巴勒认为"日报推动了记者行业和现代信息业的兴起……争取到了优越的社会地位：它和议会平起平坐，共同昭示民主精神和其自由权利"[①]。虽然杂志这种媒介相对于报纸具有内容含量大，定期出刊和更注重内容的知识性、长久性的特点，但是杂志也有其劣势：相对于报纸，其内容时效不够强；而相对于书籍，其内容的系统性、知识性和长久性又稍显不足。另外，这类媒介是定期出版，有时候也会跟不上潮流。20世纪70年代后国际期刊业普遍开始式微，2000年创刊的《生活》杂志被迫停刊，被认为是期刊衰落的一个标志。

报纸和期刊的关系是一种相互补充的关系，相对于报纸，期刊时效性较差，读者局限性也大了一些，但是期刊能够发挥自己页数多、内容含量大的优势，做一些有深度的选题，挖掘事件背后的深刻意义和文化内涵。同时期刊还可以针对不同受众进行市场细分，为不同受众提供匹配的内容。

2. 广播电视媒介系统

广播（Broadcasting）泛指通过无线电波或导线向广大地区或特定范围传送声音、图像的大众传播媒介。广义上的广播包括声音广播和电视，狭义上的广播专指声音广播。与其他媒介相比，广播具有传播信息迅速、信息量大、受众多覆盖面广、伴随接收移动收听、声情并茂参与性强、技术简便价格低廉等优势，但也存在转瞬即逝、不易保存、理解容易产生歧义和线性传播的可逆性差等缺陷。世界广播经历了由广播向窄播，再向适位（niche）广播[②]发展的过程。今天，"频率专业化已经成为中国广播发展的主要发展方向"[③]。广播分为国内广播和国际广播。世界上第一座广播电台是

---

① 弗朗西斯·巴勒：《传媒》，张迎旋译，中国传媒大学出版社，2007年版，第9页。

② 适位广播，即广播业细分市场，寻找准确受众定位的做法。

③ 王宇：《大众媒介导论》，中国国际广播出版社，2003年版，第84页。

1920 年 11 月 2 日在美国匹兹堡开播的 KDKA，该台一直播音至今。国际广播始于 20 世纪 30 年代，1927 年荷兰率先采用本国语言对海外殖民地进行广播。第二次世界大战期间开办国际广播的国家从战前的 27 国增加到 55 国，如今世界上大部分国家都有自己的国际广播媒体。世界上最著名的国际广播电台包括英国广播公司（BBC）、美国之音（VOA）、日本放送协会（NHK）和法国国际广播电台（RFI）、德国之声等。

广播媒体是一种新型媒体，据说也是第一个能达到分散而众多的受众的"漫射传媒"。这一媒体的优势是在文字和图像之外新开辟了一种信息传播渠道，由于这种渠道是真人发音，所以在"劝服"式传播上获得了空前的成功。同时这种传播作为一种新的大众传播方式，其成本低廉而传播渠道又能直接传达到每个人。著名传媒研究学者弗朗西斯·巴勒还提道：广播在 1918—1925 年间独领风骚。引用国家广播公司（National Broadcasting Corporation，简称 NBC）的创建者大卫·萨尔诺夫（David Sarnoff）给广播的封号"声讯大道"，我们可以想见，广播在当时是划时代的新兴媒介。广播借鉴了电话的分身术：新闻在播放的同时就能被对方所接收到，没有时间的滞后。而且播出的消息可以同时到达分散的人群，无论在家中还是在别处，无论是独处还是集会。然而在当时，这也带来了负面效应，让人们以为大众媒介具有巨大的"魔弹"般的力量，于是很多专制力量的宣传机构大肆使用这一工具，使人对其诟病颇多。

电视指的是使用电子技术传播图像和声音的现代化传播媒介。它通过光电变换系统把图像、声音和色彩转换为信号，用电缆和天线发射出去，由接收端将电信号还原为图像、色彩和声音重现在荧屏上。1925 年，电视之父英国人约翰·洛杰·贝尔德成功制造出了第一台电视机的雏形，随后他成立了"贝尔德电视发展公司"，大大推动了电视业的发展。1929 年，英国广播公司开始播放实验电视节目。电视业在经历了无线电视、有线多频道电视、数字电视等阶段之后，正在向移动数字电视方向发展。

电视的传播符号包括图像、声音和文字三大类。其中图像、文字与视觉有关，是"眼睛的延伸"；声音与听觉有关，是"耳朵的延伸"。这些符号构成了一个完整的电视符号系统，并通过电视终端传播让受众接收到了信息。电视的传播优势有很多，首先其传播的信息符号是视听兼备的；其次这种媒介长于再现且时效性强，而且可以一次到达很多接收端口。虽然也有单向传播、制式传播不利保存等缺憾，但是相对于以前的媒介的确是给人以"耳目一新"的感受。电视大约在1950年前后成为一种大众媒体，而后便飞速发展并逐渐代替了广播，成为世界上的主流媒体。在20世纪60年代，电视在总统选举中发挥了无可替代的作用，肯尼迪当选美国总统被认为是因为他很好地利用了电视这种媒介。但是电视也招致很多非议，比如造就了大量"沙发土豆"（couch potato），并造成了商业广告文化的泛滥等。

电视媒介相对于广播媒介来说是一种进化，电视媒介的传播内容不仅有声音，也有画面，这就使得受众相对来说更愿意使用可以同时带来视听感受的电视媒介。但是电视媒介由于同时在传播声音和画面，所以传播成本较高，要求的技术条件也较苛刻，在基础设施和技术条件较差的地区如偏远山区，其传播范围远不如广播媒介。即使在大城市，很多人由于工作原因也没法看电视，只好以听收音机为娱乐，出租车司机就是这样的人群。所以在条件受限制的地方，广播媒介能够填补电视媒介的空白。

3. 网络媒介系统

广义的网络媒介系统是基于因特网而形成的一个集文字、视频、音频等媒体于一身的传播平台。因特网起源于美国国防部高级研究计划局组建的计算机网——阿帕网，1969年阿帕网UCLA第一节点与斯坦福研究院（SRI）第二节点的连通，实现了分组交换技术（又称包切换）的远程通讯，标志着互联网络正式诞生。在因特网上人们可以浏览网站、收发邮件、自己开办网站或者博客（blog）以及上传或者下载各种文字、视频和音频文件，这就形成一个新型的大众传播媒介。然而也有传播学者认为网络媒介是指"由报刊社、电台、电视台、通讯社等传统新闻机构创办的媒体网站和从事新闻传播的商业网站，以及其他发布新闻信息的各种网站"①。也就是说要狭义地看网络媒介，真正的网络媒介应该具有公信力，并且能够产生巨大的社会影响力，能够迅速形成社会舆论。

互联网是一种在进行点对点传播的同时也在进行点对面传播的媒介。它在现阶段主要利用页面传播，而传播的信息在不断变化。网络媒介也被称为"第四媒体"，它能够获得大步的发展，主要因其具有如下优势：首先，表现网络媒介具有实时性和交互性，能够在第一时间内以图文、声像的任何方式对外发布新闻，同时也允许受众在第一时间内反馈信息——电子信箱，广泛参与的电子论坛（BBS）和在线即时聊天工具都是即时反馈信息的好方式。其次，它集平面媒体、广播电视的功能于一身，受众上网时能够同时阅读文字、收听和收看节目。再次，互联网媒介成本低、传播速度快、信息量大。最后，这种媒介产生了一种虚拟现实，而且还出现了新的互联网经济。

2000年摩托罗拉生产出首款智能手机，具有接入互联网的能力，自此手机端移动互联网成为网络媒体的重要组成部分，电脑不再是互联网的唯一终端。与互联网的电脑端使用相比，移动性和私人性是手机端移动互联网的优势所在，既便携又相对私密的使用体验迅速受到用户青睐。移动互联网是智能媒体发展的重要依托，尤其是手机软件的嵌入成为媒体拓展新的信息渠道，人手一部智能机的使用现状也极大方便了对用户信息偏好的数据收集和分析，大数据、云计算和云存储等分析技术应用因此更加广泛。除此以外，基于手机终端的移动互联网能够满足用户即时信息沟通的需求，催生了社交媒体的产生发展，与网上聊天室不同，手机终端的社交媒体软件能够时时在线，提高信息交流频次，改变了人们的交流和生活习惯。随着电子技术的不断发展，除了手机以外，平板电脑、手提电脑等移动通信终端也能够实现相似功能，移动互联网时代已经到来。

---

① 董天策主编：《网络新闻传播学》，福建人民出版社，2003年版，第2页。

（二）媒介系统关系

媒介系统有一个传承的关系，还有一个进化的关系。这种传承和进化具体表现为多元化、交互化和拟态化。随着电气时代的开始，媒介系统从平面媒介走向广电媒介；随着计算机技术的进步，平面媒介和广电媒介发生变化的同时也促成了网络媒介（见图6-1）。

媒介系统发展的一个明显趋势是多元化，最早的媒介仅仅是平面媒介，平面媒介上仅仅会有文字和一些静态图像出现，后来出现了以声音和动态图像为介质的广播电视媒介，再后来又出现了可以同时显示声音、图像和文字的网络媒介。这种多元化是一种感官的多元化。这些多元化的媒体充分地调动了我们的感官和想象力，也使得我们能够更充分地了解世界。

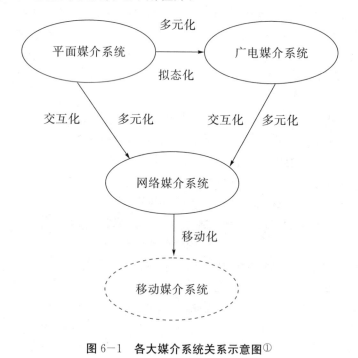

图6-1　各大媒介系统关系示意图①

① 本示意图中，虚线框表示可能出现的新媒介系统。

媒介系统发展的另外一个趋势是交互化，这种交互有两个意义层面：第一种是传者和受众的交互，第二种是受众之间的交互。最早的平面媒介中，传者和受众的交互是单向的，受众只有通过编辑部来信进行反馈，只能通过内容以及自己的经验来体会作者的本意。这种传播的特点是，受众会就自己的生活体验进行不同的"解码"。于是就出现了"一千个读者就有一千个哈姆雷特"的说法。而广电媒介也基本上是传者对受众进行传播，在传播的同时受众是无法在同一信道进行反馈的，只能通过其他方式如受众来信或来电反馈信息。而网络时代，传者和受众之间是可以在同一个信道进行交流的，因而人人可以成为传播者，人人都可以成为受众。

媒介系统发展的第三个趋势是拟态化。所谓拟态就是对真实世界的复制和再现，而这种再现很可能经过了艺术加工，但是我们却感受不到。在平面媒介系统时代，拟态就是通过文字的描述和一些静态图像的显示来完成的。文字显然不能让人"更真实"地感受到某时某地发生的事件的具体情形，而图像，在古代的照相技术还没有出现的情况下，对真实情况的再现也会有很多不足。然而广电媒介系统的出现改变了这一切，广电媒介借用现代声讯和图像技术使得场景片段能够被真实地录制和再现，再加上这两种技术的同步运用，给了受众极大的真实感。

毫无疑问，网络媒体是集多元化、交互化和拟态化于一体的媒体，也是媒介系统发展到如今的最高阶段。报纸的深度报道、广播的及时播报、电视的声情并茂，都曾使得这三大传统媒体一度分别垄断传媒业，至今谁也不能取代谁。但是，在21世纪的传媒竞争中，网络媒介能博采三大传统媒体之所长，充分展示其集图片、文字、声音、视频的多媒体特性。这种媒介还可以提供基于超链接技术的检索。超链接技术是基于HTML语言建立的网络与网络、文本与文本之间的连接，它将不同的信息源连接到了一起。广播、电视历来是稍纵即逝，想重听、重看难度很大，除非重播。而网络媒介上任何网站都具有查询、检索功能，网站可以将所有播发的新闻、信息全部列入信息资料库，上面的音频和视频可以随时检索和重放，并且放到哪一段也完全由受众决定。强大的搜索引擎为我们搜集信息提供了巨大的便利。而且它可以让人们在这个平台上交流信息，比如人们可以去社交网站（SNS）或 BBS 上交流，并且就共同爱好和各种公共事务进行讨论。这种媒体的发展前途是长远的。

三、媒介变革和媒介融合

媒介的变革主要体现在平面媒介系统、广播电视系统和网络媒介系统的融合上，由于数字技术的出现，在网络平台上各种媒介系统得到了整合，随着技术的进步媒介系统还进一步产生了一定的裂变。这样的融合使得媒介组织发生了巨大变化，媒介产业形态也随之产生了巨变。

（一）媒介的融合和整合

"媒介融合"（Media Convergence）这一概念最早由麻省理工学院的 I. 浦尔（I. Pool）教授提出，其本意是指各种媒介呈现出多功能一体化的趋势。而实际上的理论框架是在 1978 年由著名学者、麻省理工学院的媒体实验室创始人尼古拉斯·尼葛洛庞帝（Nicolas Negroponte）提出的。他用一个图例演示了三个相互交叉的圆环趋于重叠的聚合过程，这三个圆环分别代表计算机工业、出版印刷工业和广播电影工业。不同工业即将和

> **【课堂教学活动】**
> 演示新媒体传播样式和视频，让学生感知媒介融合。

正在趋于融合，这一远见卓识第一次通过这个著名图例演示出来。最初人们关于媒介融合的想象更多地集中于将电视、报刊等传统媒介融合在一起，但此后，先是数字技术的发展使得媒介形式开始向数字媒介转变，所有的传播技术都快速地融合成了数字形式。而在数字化的平台上，各种媒介的内容、渠道和终端都在不断融合。

托马斯·鲍德温、史蒂文森·麦克沃依和查尔斯·斯坦菲尔德等三位学者在《大汇流——整合媒介信息与传播》中指出，在美国，自媒体出现数字化趋势以后，电信网、广播电视网和因特网开

始了新的汇流。技术提供商如计算机硬件制造商、软件公司、电话和电视公司以及相关设备制造商为社会提供了一个被称为"全方位服务网络"的技术平台。在这个平台上，"电影、电视和音乐制作者；杂志、报纸以及其经销商、广播公司（包括广播网和无线电视网）、私营有线电视系统、游戏制造商和在线服务公司（online companies）"① 这些信息源组织汇流到了一起。美国联邦政府的通信政策，比如1996年的电信法，又为电信、广播电视和因特网的融合提供了法律保证。在国内，也有学者将其称为整合。他们认为，如今的媒体生态是"并存、互补、融合、创新"。"在这里'并存'指新旧并存，'互补'指功能互补，'融合'指边缘融合，'创新'指形态创新。"②

（二）媒介组织和媒介产业

专门研究媒介融合的学者王菲认为媒介融合从产业链角度可以分为横向融合、纵向融合。横向融合是指不同种类、不同形态、不同形式的内容元素之间的融合。纵向融合是指"一条产业链上原来不具有直接联系的内容生产、网络传输和终端应用环节现在发生了融合"③。这里我们借用这一理论，也将媒介系统的融合分为横向融合和纵向融合。纵向融合是指媒介系统内部诸要素对新技术和新型传媒方式的融合，横向融合则是指媒介系统之间的相互融合。

早期的媒介组织是各自为战的，报纸和电视都互相分开，各自有各自的产业圈。到后来，这些媒介都引进了新技术和新的传播方式，从而促成了媒介内部的纵向融合。比如报纸和期刊就是由报业集团控制的。美国报业的垄断程度很高。有名的报业集团有甘尼特报业集团和纽约时报报业集团等。甘尼特报业集团在美国43个州拥有99份日报和300多份周报或半周报，其中包括全国发行量最

① 托马斯·鲍德温等：《大汇流——整合媒介信息与传播》，华夏出版社，2002年版，第1～3页。

② 熊澄宇：《整合传媒——新媒体进行时》，《国际新闻界》，2006年第7期。

③ 王菲：《媒介大融合：数字时代下的媒介融合论》，南方日报出版社，2007年版，第31页。

大的《今日美国》(USA Today)。进入 21 世纪后，报业和期刊业更多地在考虑与网络数字平台结合，利用网络重构读者的杂志阅读体验。广播电视也形成了自己的媒介系统——电视网。世界上著名的无线电视网有美国的三大无线电视网：美国广播公司（ABC）、全国广播公司（NBC）和哥伦比亚广播公司（CBS），以及英国的英国广播公司（BBC）和半岛电视台等。而著名的有线电视网有时代华纳公司的有线电视新闻网（Cable News Network，简称 CNN）。这些电视网同时也经营着广播业务，广播、电视都叫作"broadcasting"。在融合了新的数字技术之后，发达国家的广播已经基本从模拟的调频、调幅广播过渡到了数字化音频广播和移动数字广播。

同时，横向融合也在发生。随着时代的进步，媒介组织正在发生变革，印刷媒介、广电媒介开始相互兼并和相互渗透，并形成新的媒介组织，而媒介产业的横向联合趋势越来越明显。新的数字平台产生后，在这个平台上，平面媒介的数字出版系统、广电媒介的数字电视和数字广播系统以及网络媒介本身的系统相互并购，于是一个个横跨各个网络的传媒巨头产生了，媒介产业也因为技术进步而出现转型。典型的例子有纽约时报集团的历次并购。纽约时报集团早年只有《纽约时报》及其附属的一些地方报纸。后来又并购了一家电视网和两家广播电台。再后来纽约时报集团以一亿美元购得探索频道 50% 的股份并开办了探索时报频道。网络兴起后，纽约时报集团开始涉足网络，并拥有了全球最出色的报纸网络系统"数字纽约时报"。纽约时报网站已经成为网上最大的报纸品牌。而且"数字纽约时报"还在开发更多个性化产品，比如开办网上书店，开设影评网站等。这使得纽约时报集团曾连续 4 年被《财富》杂志评为全球最成功的企业。如今我们不但可以看到纽约时报集团的纸质报纸，也可点击进入纽约时报网站，在上面浏览新闻，观看视频并在感兴趣的新闻下留言或进入专门的论坛和别人进行交流。而纽约时报集团也成了一个兼有报纸、电视台和网站的媒介辛迪加组织。同样的例子还有时代华纳和美国在线的合并等。

媒介横向融合的直接表现是媒介组织的融合，纵向融合则主要表现为媒介技术的融合。媒介融合对中国传媒领域而言既熟悉又陌生，既不断尝试又瓶颈不断。从传统媒体与新媒体的力量博弈到二者的渗透交融，从技术融合的效仿到管理体制的深层变革，曾培伦认为，"媒介融合"框架的实践主体是传统媒体，其目标为重夺市场领导权；主导和推动者为行政力量，其目标是巩固和扩展意识形态舆论阵地。① 因而，立足中国国情，媒介融合除技术困境以外，管理体制的革新任重道远，但也不乏成功案例。浙江报业集团树立"传媒控制资本，资本壮大传媒"的发展理念，通过跨界收购的企业化思维来实现融合，用"新组合"的方式激发管理创新活力、抛开行政思路，打好了媒介组合拳。媒介融合的本质不应与"全媒体""数字报业"简单趋同，除了技术变革以外，对我国市场经济的把握和管理思路的革新也至关重要。

（三）媒介的裂变与未来

随着技术进步，媒介在发生融合以后，又会发生新的裂变，这样既会产生新的媒介，又会带来新的媒介组织的形成，媒介的产业形态也会进一步多样化。

新的媒介系统的融合以及技术的进步促进了新媒介的产生。比如平面媒介系统出现的网络出版、电子书籍，广电媒介系统出现的数字电视、全息电视和移动数字电视，以及网络媒介系统出现的个人移动掌上电脑。这样又造成了媒介系统产生裂变，有的是在原来的系统内部裂变出新形态，有的是裂变出和以前不一样的新的媒介系统。

近几年来出现的新的媒介系统，比如在线视频社区和移动媒介——就能证明这个观点。在线视频社区是网络与视频的结合物。最著名的视频社区有国外的 YouTube，国内的优酷等。YouTube 网站创建于 2005 年，是典型的视频分享网站。这类网站发展的理

---

① 曾培伦：《熊彼特创新理论视阈下的中国媒介融合路径危机》，《新闻大学》，2017 年第 1 期。

念是以"分享"视频的概念取代"发布"视频的传统概念，迎合了Web2.0时代多对多的交流模式，为网民进一步参与提供了广阔的发展空间。而2006年10月搜索引擎巨头谷歌公司（Google Inc.）以16.5亿美金收购了YouTube，这标志着新的媒介组织的形成。

而移动新媒体的出现则标志着媒介体系的形成出现可能。数字移动传媒如iPhone这样的手机终端极有可能成为新的媒介。iPhone如同一个信息整合的平台，它将股票信息的获取，地图功能的查找，视频的拍摄、传输和播放融合在了一起。这些功能把我们通常说的通信、计算机网络和视频终端合而为一。不管是以个人为中心的生活方式，以办公室为中心的生活方式，还是以家庭为中心的生活方式都是一样的。这样的新媒介还有车载移动电视、街头小型数字终端等。这使得电信巨头也开始涉足媒介系统，比如日本第一大移动通信运营商NTT DoCoMo在推出3G业务时为了吸引客户，就联合内容提供商建立了很多网站并推出了手机报和手机邮件等业务。在可以预见的未来，电信和网络营运商将会联手开发更多的新媒介形式，并形成新的媒介组织，给媒介产业带来新的巨变。

第三节　媒介理论

媒介技术发展和媒介实践催生了各种相关的媒介理论，反过来，媒介理论也推动了媒介研究和媒介实践。

一、麦克卢汉媒介理论

加拿大著名传播学者马歇尔·麦克卢汉在1964年出版的《理解媒介：论人的延伸》一书引起了广泛重视。在这一著作中，麦克卢汉阐述了自己的观点，他指出，在我们这样的文化中，长期以来已经习惯于把所有的事物都分裂和切割，以此作为控制事物的手段，如果有人提醒我们说，在事物运转的实际过程中，媒介就是讯息，我们难免会感到吃惊。麦克卢汉的"媒介就是讯息"的理论之所以令世人震惊，是因为社会学家们长期以来忽略了对媒介本身的观察和研究。这只是其理论体系中的一部分。综观考究麦克卢汉的理论体系，他主要提出了以下几项著名的理论观点：（1）媒介就是讯息；（2）媒介是人体的延伸；（3）热媒介与冷媒介；（4）"地球村"理论。本节就对这些理论做系统阐述。

（一）媒介就是讯息

"媒介就是讯息"是麦克卢汉媒介观的核心观点，也是其中最新奇独特、引人争议的观点。麦克卢汉认为：传播媒介真正传播的是媒介本身的特性，而与其传播的具体内容无关；传播媒介自身的特性决定了/限制了人类联系和活动的规模和形式，新媒介出现的本身就会给人类社会带来某种讯息，引起社会变革。这一观点虽然在一定程度上忽视了媒介具体内容的作用，有"技术决定论"的倾向，但在信息技术和新兴媒体不断发展的今天，似乎在某些方面得到了印证。传播媒介影响了我们理解与思考的习惯。以印刷媒介为例，该媒介强调的是视觉，因此，它影响了我们的思考，使思想变成线性的、连续的、规则的、重复的和逻辑的。它使人类的思考可以与感情分开。印刷媒介带来专业和技术的分化，同时也造成了疏离感与个人主义。就社会层面看，印刷媒介使国家可能产生并导致民族主义的高涨。电视可能恢复印刷媒介所毁坏的感官比例的半衡。对于这些，麦克卢汉做了如此解释：媒介的内容（content）就像破门而入的盗贼携带的一块多汁的肉，它的目的是分散看门狗（watchdog）的注意力。与此同时，他也强调了"注意力"，所以后来一些研究者认为媒介经济就是"注意力经济"。

按照麦克卢汉的观点，从"部落化"的口头传播模式，到"脱离部落化"的印刷媒介时代，再到"重新部落化"的电子媒介时代，这些时代的进化，体现了人类社会的不断变化，但这些变化的原因都是媒介本身，而非媒介的内部结构带来的。在麦克卢汉看来，电灯也是一种媒介，电灯本身就意味着讯息，当人们开启电灯时它已经重塑了人类的社会关系。在没有电灯之前，人们过着日出而作、日落而息的生活，但是电灯的出现使得自然的时间法则不存在，黑夜可以是白天。电灯的出现则重塑了人们公共生活和私人生活之间的结构，在没有电灯之前，公共的夜间生活是不可想象的，而电灯出现之后，人们经常在夜晚聚集，彻夜狂欢。通过这样的例证，不难理解"媒介即讯息"的观点。他认为，任何媒介（即人体的任何延伸）对个人和社会的任何影响，都是由于新的尺度产生的；我们的任何一种延伸（或者说任何一种新的技术），都要在我们的事物中引起一种新的尺度。作为信息和知识的载体，媒介绝对不是消极、静态、被动的躯壳，它对所承载的内容具有强烈的反向作用，它是积极的、能动的，它决定着信息内容的清晰度、结构方式以及媒介内容的效果。

（二）媒介是人体的延伸

麦克卢汉认为：一切传播媒介都是人类感官的延伸，或者说都是人的某种功能的延伸。如书本是人的视觉的延伸，广播是人的听觉的延伸，电子媒介是人类中枢神经系统的延伸；而人类自身的每一次延伸必将在人类的事务中引入一种新的尺度。在网上，人们下载一个聊天软件，人们可以通过它与不同的人进行文字聊天，如果有麦克风的话还可以语音聊天，更进一步，有摄像头的话也可以视频聊天。当人的思想、言语、外貌全部可以通过网络来传递的时候，网络延伸的不仅仅是人类的某一种功能或者中枢神经，网络延伸的是人类自己；网络将人们虚幻的自己延伸到社会的各个层面。作为媒介的"一切技术都是肉体和神经系统增加力量和速度的延伸"，从而不断地改变我们使用媒介的比率。"媒介作为我们感知的延伸"，必然要改变我们各种感知的比率，影响各种感觉的整体场，进而改变着人际依存模式，改变思维模式和评价模式，最后对整个人类历史的塑造产生重要影响。

（三）热媒介与冷媒介

麦克卢汉依据媒介提供信息的清晰度或明确度、信息接收者想象力的发挥程度及信息接收活动中的参与程度，将媒介划分为热媒介与冷媒介。麦克卢汉认为，热媒介排斥，冷媒介包容。热媒介就是具有高清晰度的媒介。所谓高清晰度就是说媒介提供的数据资料完全，不需要受众的深度参与，受众的参与度低，要求观众补充的东西不多。如广播是热媒介，因为它清晰而深刻地提供了大量高清晰度的听觉信息，它留给听众去填充的信息很少或者就是零。热媒介使一种感觉延伸，它具有"高清晰度"。高清晰度是资料完备的状态。从视觉上说，照片具有"高清晰度"。卡通画却只有"低清晰度"，因为它提供的信息非常之少。电视是一种冷媒介，或者说低清晰度的媒介，因为它给耳朵提供的信息量少得可怜，大量的信息还得靠听话人自己去填补。相反，热媒介并未留下这么多空白让接受者去填补或完成。因此，热媒介要求的参与程度低；冷媒介要求的参与程度高，要求接收者完成的信息多。

（四）"地球村"理论

麦克卢汉最早提出"地球村"的概念是在1980年出版的《地球村》一书中。电子媒介出现后，电视、卫星等技术的应用使信息可以突破时间、空间的限制传遍全球各地，世界就变成一个村庄。麦克卢汉把人类社会分为三个主要时期：口头传播时期、文字（印刷）传播时期和电子传播时期。我们的中枢神经系统得以延伸，以至于能拥抱全球，抹去了我们星球上的时间差异和空间差异。

从总体来审视，麦克卢汉的理论观点有其积极的意义，也有一定的片面性。从积极意义来看，他的理论开拓了从媒介技术出发观察人类社会发展的视角，强调了媒介技术的社会历史作用；"媒介是人体的延伸"的观点对理解不同媒介的作用机制富有启迪意义。关于"地球村"的预言，也符合当代世界的发展。启示我们将媒介置于人类文明发展史的大背景中去考察，探索媒介带给人类文化和文明的影响；提供了内容分析以外的另一种研究媒介的重要方法；催人思考，唤起人们的想象力。

但是，其理论也存在一定的片面性，他把媒介技术视为社会发展和变革的唯一决定因素，忽略了生产关系和社会关系等各种复杂的社会因素的作用；看不到人的主体性和能动性，人似乎成了工具或技术的主宰对象；聚焦于媒介工具对中枢感觉系统的影响，但人不完全受感觉支配；过分强调媒介的作用，走向技术决定论的极端，也忽视了内容的重要意义，一些基本概念未做严格的科学界限划分。

二、英尼斯的媒介观

哈罗德·亚当斯·英尼斯（Harold Adams Innis，1894－1952）是一位经济历史学家，加拿大多伦多学派的鼻祖，也是麦克卢汉的老师。他一生的事业可以以 1940 年为界分为前后两个截然不同的时期。早期的英尼斯是位声名卓著的经济史学家和经济理论家；后期的英尼斯则沉浸在从古到今的经济与传播关系的研究之中。《报纸在经济发展中的作用》（1940）是英尼斯的第一篇传播研究论文，此文认为报纸是推动市场的动力。此后，他着重将传播作为一切历史运转的轴心来探讨。这方面的著述有：《帝国与传播》（1950）、《传播的偏倚》（1951）、《变化中的时间概念》（1952），还有一部上千页的未完成的手稿——《传播的历史》，一直未能出版。

英尼斯认为，任何传播媒介都具有时间或空间上的倾向性，即传播媒介或具有易于长期保存但却难以运输的倾向性，或具有易于远距离运送但长久保存性差的倾向性。前者便于对时间跨度的控制，称为"偏向时间的媒介"；后者便于对空间跨度的控制，称为"偏向空间的媒介"。所谓媒介的时空偏向性的取向实际主要依靠媒介技术的物理特性。重型的不适宜运输的材料，如石刻、建筑都属于偏向时间的媒介；而轻便的易于远距离运输的材料，如纸张、电磁信号属于偏向空间的媒介。

在英尼斯看来，在印刷时代到来之前，诸如羊皮纸、陶土和石块等重型的材料是偏向于时间的主导性媒介，它们很难借助空间来传递，是一种能经得住时间销蚀的媒介。由于这类媒介能与具体地方的物质在场非常紧密地联系在一起，它们相对来说是稳定的社会现象，能将过去、现在和将来联结在一起；相反，那些轻便的纸莎草和纸张则属于"偏向空间的媒介"，它们更容易被重新置放在其他地方，更喜欢通过跨越空间的各种行政关系的发展来促进世俗制度和政治权威朝着非集权化的方向发展。"偏向时间的媒介"是某种意义上的个人的、宗教的、商业的特权媒介，强调传播者对媒介的垄断和在传播上的权威性、等级性和神圣性。"偏向时间的媒介"有助于树立权威，便于形成等级森严的社会体制，有利于维系传统的集权化宗教形式。但是，它不利于权力中心对边陲的控制。而"偏向空间的媒介"是一种大众的、政治的、文化的普通媒介，强调传播的世俗化、现代化和公平化。因此，它有利于帝国扩张、强化政治统治，增强权力中心对边陲的控制力，也有利于传播科学文化知识。因而英尼斯认为，人类传播媒介演进史，是由质地较重向质地较轻、由偏倚时间向偏倚空间发展的历史，这与人类文明进步阶梯相协调。

英尼斯还认为，传统传播是以口语来进行的，而现代传播则是以书面语言来进行的。在社交特征上，前者与人际交往相联系，关注对方情感，后者与人际交往不相联系，不关注对方情感；在思想特征上，传统传播是辩论式的，以非标准化为特征，较易发现真理，现代传播则是僵化的，以标准化为特征，较易传播真理；在数量特征上，前者以"万事不可过量"为特征，后者则以"万事无不可过量"为特征。

英尼斯还探讨了媒介的时间偏向和空间偏向两者之间的平衡对社会稳定的影响。他认为，一味地向时间倾斜或向空间倾斜会造成社会的不稳定，一个稳定的社会离不开维护时间倾向和空间倾斜间平衡的机制。

英尼斯的"媒介偏向论"有着深厚的经济史学和政治经济学的跨学科背景，他所采用的历史"宏大叙事"和整体考察的文献研究方法明显不同于他同年代的学者所做的那种分析性的和非整体性的媒介研究方式。以人类文明史和加拿大本土经济史为研究视角，英尼斯关注的焦点是文明发展进程中媒介技术的作用，他的媒介研究具有强烈的现实关怀和人文关怀。虽然有人对其"媒介偏向"理论提出过质疑，虽然也有人认为他的理论存在某种"技术决定论"的局限。但是，英尼斯关于传播的主导性媒介必然会影响历史性社会的发展的观点，特别是他对现代西方文明过于强调物质科技的力量而忽视道德力量的批判性思考仍然给后人以极大的启迪。

三、布热津斯基的媒介失控论

1928年布热津斯基（Zbigniew. Brzezinski）出生于波兰华沙，1958年加入美国国籍，是著名的政治家、战略家，曾任美国前总统卡特的国家安全顾问、哥伦比亚大学战略学教授并兼任该校共产主义事务研究所所长，长期担任乔治敦大学战略和国际问题研究中心的高级顾问。

布热津斯基并不是真正意义上的传播学者，但是他的一系列观点反映和代表了当今美国政治界和传播界许多人的态度和见解，受到了美国和西方政界的重视，成为美国政府指定外交和传播政策的参考，进而影响到包括我国在内的世界各国的大众传播活动以及传播政策的制定与实施。布热津斯基关于大众传播媒介问题的观点，大多集中在他1993年出版的《失去控制：21世纪前夕的全球混乱》这一著作之中。

布热津斯基认为：在现代经济和跨国大众传媒的影响下，民族国家的重要性正在减弱，"主权"论的传统观念正变得无足轻重，"一个全球的政治进程正在出现，它正改变着又取代着传统的国际政治。在这一进程中，美国不仅是主要角色，而且是一个其内部结构和动态使之有机地与这一正在出现的进程协调一致的角色"。这种角色使得美国可以在全球起一种"催化作用"，即"凭借它所提出思想观念的力量来改变别的国家"。

如今美国是"在全球真正起催化作用的国家——人们赞扬、愤恨、模仿的目标，同时它——甚至更戏剧性地——对其他国家的社会道德观念产生直接和深刻的影响。美国左右着全球的认识和全球的教育相互影响"。

布氏举例说明道："在任何时候总有50多万名外国学生（其中近20万人来自亚洲）在美国学习。据估计，全球传输和数据处理量的80%以上均起源于美国，全世界电影收看率的50%以上都是美国生产的影片（播放电视情景喜剧的数量甚至还要多），美国在国外播放电视节目之多，任何其他国家都是望尘莫及的。从而每一个洲都受到美国电视所播放的形象和价值观念的影响（有人说是传染）。"

布氏认为："美国本身实际上是全球社会的缩影。"美国的城市种族骚乱活生生地"反映了全世界总的更为动荡不安的社会和心理状态。美国国内趋向不仅是外国向往着迷的目标，而且还被认为是预示着——不论是好的还是坏的——它们自己的未来。"

"目前，外国模仿美国已经成为全世界的现象。"这也是美国大众传播的战果之一。从文化时尚、社会风气到消费方式、政治话题，全世界都跟在美国的屁股后面。

布氏认为，当美国人大谈人权问题时，全世界就都认为这是个日益敏感而严重的问题。"美国大众媒体与政府对立的关系，特别是专门从事调查的政治性新闻业使外国纷纷地认真仿效。个人竞选最高行政职位的做法也越来越多地以美国总统选举为榜样。""同样，越来越多的国家模仿美国的军队制服，以为从这种制服中可以看到（像早些时候模仿法英军服那样）它们自己军队未来的模型。连保护美国总统的特工仪态和外表都在国外被刻意地照搬照抄了！"模仿者是可怜而又可悲的，因为连美国制度和美国文化的鼓吹者都从骨子里瞧不起他们。

在大众传播媒介中，电视被看成是"第二位上帝"。布氏认为："对于世界的大多数人——特别是年轻人——来说，电视是接触社会和接受教育的最重要的工具。在这方面，它正迅速地替代历来由家庭、教会和学校所起的作用。"

布热津斯基清醒地看到，美国和西欧电视虽不是所有的内容都令人生厌，但其内容"逐步地越来越成为感官的、性的和轰动性的以及日益失去控制的"却是不争之事实。在布氏的笔下，电视是万恶之源、罪魁祸首。

首先，电视"刺激了全球群众在物质上的攀比欲望"。所有的人"都着力追求处于道德混乱中的物质享受"和"西方国家阔绰富裕的生活方式","在那些为数越来越多的（通过电视或由于距离接近）得知世上有丰富的物质而个人深感无权享有的人们看来，腐败还可能是缺少或得不到丰富物质的结果"。

其次，电视引发了"全球范围内的精神危机"。显然，电视颂扬自我满足、贪婪，告诉人们如何迅速致富，于是，"持久的信仰原则被时髦的口号所取代，而无所不包的信条则让位给空洞的渴求"。

最后，"大众媒介所传播的价值观念一再表明，它完全有理由可被称之为道德败坏和文化堕落。在这方面，电视尤其是罪魁祸首"。随便查看一下西方电视，它们都以咄咄逼人之势日夜不停地传播着声色之娱，性和暴力在整个传播内容中占有很大比重。

在布氏眼里，美国利益不仅高于他国利益，甚至高于人类利益，而他分析问题也总是以是否符合美国利益为基本出发点。他最关心的是在 21 世纪美国能不能继续"位居第一"，能不能仍然在全球发挥"催化作用"。至于美国大众传媒尤其是视觉传媒对全球产生的消极影响，以及世界许多国家对于大众传播中的"信息不平衡""文化帝国主义"对本国文化多样性的威胁等现象的批评与指控，布氏非但没有反省和认真加以检讨、评析，相反，他倒打一耙，认为这是由于其他国家着意要模仿美国，以美国为榜样，并亦步亦趋。

布氏还认为，全球性识字的普及造就了无数政治觉醒的群众，这些人"渴望着对他们的处境找出政治解释和做出政治矫正，从而引发出信仰上的激情和对现世乌托邦的寻觅求"，"加速了以欧洲为中心的世界范围内帝国的分崩离析"。这无疑也对"位居第一"的美国的超级大国地位构成了某种威胁。但是，布氏认为这还不是最可怕的，最可怕的是电视煽动起来的"目前着力追求处于道德混乱中的物质享受的目标会带来风险"。这些风险表现为"容易导致无理性和逃避现实思想的新浪潮"；让穷人看到了"先进国家的阔绰富裕的生活方式"，激发了"一无所有的贫困之感"；这"就会无意地点燃沮丧的但不是有组织的妒忌之火，而这种妒忌反过来很容易被蛊惑人心的极端分子所利用"。所以，如果世界上再次发生大规模的穷人针对富人的无产阶级革命，那么，布氏的潜台词——电视是最坏的"颠覆者"和"教唆者"。可见，布氏最担心的是美国在21世纪的全球大失控、大混乱中失去作为超级大国的"催化作用"。

四、梅罗维茨媒介理论

乔舒亚·梅罗维茨（Joshua Meyrowitz），美国传播学家，师从波兹曼，媒介分析领域的代表人物。他在综合了麦克卢汉的媒介技术决定论和美国著名社会学家戈夫曼的社会互动理论之后开辟全新视角，创建了以媒介情景论为主要观点的理论体系，其媒介理论集中反映在著作《空间感的失落：电子传播媒介对社会行为的影响》（*No Sense of Place: The Impact of Electronic Media on Social Behavior*，1985）之中，该书由牛津大学出版社出版，1986年获美国广播者协会和广播教育协会的最佳电子媒介图书奖，以及语言传播协会的年度图书金奖，被译成日、法等多种文字出版。梅罗维茨的媒介理论主要包括以下三个主要观点：

（一）应把情境视为信息系统

不同于戈夫曼和其他情景决定行为论者对行为环境的讨论，梅氏认为"不是物质环境而是信息流动的类型决定了信息互动的性质"，而我们对于情境界定的讨论，可以"集中于获取信息的过程而非物质场所"[①]。梅罗维茨指出，戈夫曼只是分析了人际交流中地点及其产生的感觉不同，却没有揭示产生此种差异的真正原因。餐厅侍者们在"前台"（如用餐大厅）和"幕后"（如厨房）的讲话固然不同，但即便是侍者准备工作、联系和放松的"后台"，一旦有顾客走进厨房，这里便临时成为"前台"。

由媒介造成的信息环境同人们表现自己行为时所处的自然（物质）环境（具体的地点如卧室、大礼堂、公园等）同样重要；在确

---

① 张国良：《20世纪传播学经典文本》，复旦大学出版社，2003年版，第516页。

定情境界限中，应把接触信息的机会考虑进去并当作关键因素。

（二）每种独特的行为需要一种独特的情境

梅罗维茨认为，对于每一种社会情境来说，人们都需要一种明确的界限，因为人们需要始终如一地扮演自己的角色；不同情境的分离使不同行为的分离成为可能。当两种或两种以上的情境重叠时，会混淆不同的社会角色，令人们感到困惑、不知所措。

梅罗维茨不同意"拟剧论"者的情境静态观，认为，"情境的分离和结合形式是一个可变因素，而不是个人或社会存在的一个静态的方面。制约此情境的分离和结合形式的因素包括个人的生活决定和社会对媒介的运用情况"①。这就是通过人们在传播活动中努力使特定的行为与特定的动态的情境保持一致，从而前后一贯地演好某个规定的角色。但是，梅罗维茨指出，相安无事的人际交流情境，一旦遭到大众传播媒介的入侵，原先的和谐与平静往往会受到破坏，引起麻烦。因为，大众传播媒介的运用混淆了区分不同情境的界线，将那些只适合某些人观看的演出原封不动地搬给整个社会来观看了。

（三）电子传播媒介促成许多旧情境的合并

梅氏认为，在现代社会，媒介的变化必然导致社会环境的变化，而后者又必然导致人类行为的变化，其中以电子传播媒介对社会变化所产生的巨大影响最为令人瞩目，因为它能更有效地重新组织社会环境和削弱自然环境及物质"场所"间一贯密切的联系。

首先，它促成了不同类型的受众群的并合。梅氏认为，电子媒介不仅使在自然、物理环境中的团体传播的不同受众群趋向合并，也使许多个世纪以来印刷媒介占统治地位下造成的不同受众群趋向合并。印刷媒介要求传播过程的参与者有阅读能力、理解写作技巧、接受过一定的教育，这又会反过来影响和制约人们对印刷媒介的接触，从而形成适合不同文化层次和类型的受众群；但是，电视所展示的日常生活的视听形象，几乎"完全不是一种代码"，是一

---

① 张国良：《20世纪传播学经典文本》，复旦大学出版社，2003年版，第522页。

种一看就懂的画面，观看电视的技巧极易掌握，无须接受特殊的训练和教育。

其次，电子媒介还促成了原来接受情境、顺序和群体的改变。原来读者阅读印刷媒介总是随着年龄和文化程度的增长，先读浅显、简单的，逐步再看深奥、复杂的；看电视则不需经过固定的阶段和顺序——人们不必先看简单的电视节目，然后才能看复杂的电视节目。原来印刷媒介的受众较为单纯和易于把握，现今电子媒介的受众是混杂的，不易把握。

最后，电子媒介使原来的私人情境并入公共情境。梅罗维茨论述道：由于电子媒介代码的简单性，它们能将来自不同经验世界的视听形象显示给许多不同的受众群，造成不同阶层的受众群对信息的更大程度的分享，从而促成许多公众领域的合并。他还认为，由于电子媒介的传播具有具体、生动和体现事件进展这一性质，公共经历和私人经历的界线有时变得比以往难以确定，甚至不可能确定。通过电视，人们可以观察到别人的私人行为，原来的私人情境成了公共情境。情形若任其发展，那么人将会成为日本传播学者所形容的"透明人"，因为每个人都没有隐私，都在被公众观察。

梅氏的理论把传播媒介作为社会环境的一部分，并且较好地处理了媒介与受众的关系；但又夸大了媒介对社会环境和人们社会行为的影响，几乎将媒介描绘成引起社会变化的唯一原因；只字不提社会制度同媒介制度的联系，无视社会意图对媒介管理、媒介使用情况的影响。梅罗维茨理论往往把媒介本身的特点和媒介传递的内容混淆在一起，缺乏连贯性。

小　结

作为信息传播渠道，媒介既是传播物质，又包含着技术的运用和符号的编码解码。在此过程中，人是媒介的主观能动者，信息符号的编码解码都需要人来完成，媒介符号的意义生成在于人。技术决定传播内容的效果，而不能超越传播内容而独立。同时，由于传播渠道或介质的差异性决定了媒介的区隔性，人际传播媒介与大众传播媒介、传统媒介和新媒介这两组不同媒介，在传播活动中存在明显的差异。

从古代到现代，媒介经历了口语和实物媒介传播、文字媒介传播、电子媒介传播、数字媒介传播等漫长的历史演变过程。在媒介独特的发展路径中，形成了三大类主要的媒介系统：平面媒介、广播电视媒介和网络媒介。这些媒介都有自己的独立体系，同时相互间也有很多联系。这三大类一起构成了大众传播媒介系统的多元格局，整个媒介系统关系呈现出多元化、交互化和拟态化。

媒介漫长的发展过程也经历着变革。在当下，媒介融合已经成为势不可挡的变革发展趋势，4G业务的推出、iPhone智能手机的流通无不昭示着媒介未来的发展方向。传统媒体掌握着传播资源，新媒体掌握着传播技术，面对日益复杂的传播生态环境，它们不得不相互寻求新的出路——与对方进行融合、整合。经过整合的平台，将会带来传播主体的互利共赢，扩大传播效果，增强传播效率和效果，促进人类传播史向前迈一步。

媒介理论作为媒介实践的阐释者和推动者，在大众传播学中占有重要地位。麦克卢汉的媒介理论、英尼斯的媒介观、布热津斯基的媒介失控论和梅罗维茨媒介理论，有其积极方面，也有片面之处，读者在了解媒介发展路径后，对媒介理论应有较全面的认识。麦克卢汉和英尼斯的技术决定论决定了他们对"人"这个传播的主体的忽视。技术作为传播的条件，必定不能代替传播主体人的作用，媒介依然是以"内容为王"。布热津斯基将媒介与社会、政治联系在一起，对当代人起到了示警作用：媒介有其有利的一面，也有其不利的一面，利用媒介需谨慎。以社会学为背景知识的梅罗维茨的媒介理论将情景视为信息系统，展示了媒介信息的社会学一面。

当然，媒介要受众接受并认同，需要实现其传播效果，在后面的相关章节中，受众以及媒介传播效果将做深入阐述。

思考题

1. 媒介是什么？
2. 思考媒介发展的历史阶段及其主要表现。
3. 思考媒介系统的主要表征。
4. 媒介融合对媒介产业发展产生了什么影响？
5. 思考麦克卢汉媒介理论的主要内容及意义。

第七章　受众研究

受众研究是大众传播学研究的一个重要领域，美国政治学家拉斯韦尔曾将受众研究列为传播学的五大基础领域之一，介于社会学、心理学、政治学、经济学、意识形态批判学等学科的交叉地带。从媒介效果到媒介产品，无不以受众的细分为起点。

作为一个专门的研究方向，受众研究始于第一次世界大战中对战争宣传的研究和20世纪初对广播听众的调查，可以说是传播效果研究的副产品；作为一项专门的理论领域，受众研究始于美国政治学家拉斯韦尔在"5W"传播模式中提到的受众要素，拉斯韦尔也由此成为受众分析领域的开拓者。总体来说，受众研究是伴随着大众传播研究的深入，尤其是对受众传播效果认识的深入而确立的，正如有学者指出的那样：受众不仅是大众传播效果的核心概念和考察效果的基点与立足点，而且，在由媒介、社会与人的复杂关系建构起来的大众传播理论中，受众也是一切问题的交叉点。因此，理解受众就是理解大众传播学的核心问题，就是理解在媒介化社会中被受众化的我们。[①]

本章除了交代受众研究的基本概况，如受众的概念、特征、权利、分类和受众调查研究的情况等外，重点在于呈现近一个世纪以来，中外受众研究学者对于受众研究在理论和实践方面的进展。

---

① 罗杰·迪金森、拉马斯瓦米·哈里德拉纳斯、奥尔加·林耐编：《受众研究读本》，单波译，华夏出版社，2006年版，译者序第1页。

第一节 受众的概念解析

受众是大众传播学领域的一个专门术语，简言之，就是接收信息的人，具体而言分为两个层次，即广义的受众和狭义的受众。广义的受众指社会信息传播的接收者，包括小范围信息交流中的个体，如人际传播中的对话者；狭义的受众则专指大规模信息传播中不确定的、大规模的群体性对象，如报纸、杂志、书籍的读者，广播的听众，电视、电影的观众等。

在大众传播学中，受众专指大众传播的对象，是传播最终取得成效的重要元素和考量指标。在信息传播过程中，受众同时兼任着信息产品的消费者、传播符号的译码者、传播活动的参与者、传播效果的反馈者等复杂的角色，没有受众，就谈不上传播效果，更谈不上传播主体传播内容地实现了。

一、受众的概念溯源

受众一词来自英语中的"audience"，本义是倾听，特指听的状态，后来演变成读者、听众、观众等接收信息的人数众多且不确定的对象。按照麦奎尔的说法，受众是社会环境与特定媒介供应方式的产物。[①] 传播学大师施拉姆用"接收人"（receiver）来指代受众，我国台湾地区将其译为"阅听人"。

从词源学角度看，"受众"概念最早出现于 14 世纪，原指布道集会时接受牧师对教义宣讲的信徒等听众。

从受众行为的角度看，丹尼斯·麦奎尔将受众出现的时间前推得更早，他认为受众的接收行为其实在古希腊罗马时期就已经出现了——当时的市民在戏剧、角斗等大型观摩活动中逐渐形成了"观看者"参与"观看"活动的习惯、规则及相应的艺术，与现在受众

---

①   Denis McQuail, *Audience Analysis*, Sage Publications, Inc., 1997, p. 2.

的接收行为本质相同。他还总结了古今受众的四个主要区别点：与现代社会受众借助各种媒体异时空传播与接收不同的是，古代受众占据着固定的受众席，是现场看、听正在进行的表演，并可以通过反应评价来构筑与表演者的互动关系；与现代社会中受众的庞大规模相比，最初的受众规模较小；与现代社会中受众相对封闭、分散，受众行为个人化和私人化相比，古代受众之间是互相沟通的，表现出公共活动性质；古代受众团体是当时人们社会生活的一种重要形式，是以集体的方式展示的。①

从现代受众产生的条件看，商业社会、工业革命、城市化、大众化生产、大众化教育、中产阶级出现等社会历史背景直接导致现代意义上受众概念的形成，其中，由广告商支撑的媒介的出现、受众测量方法论上的统计学方法的兴起和应用、社会学理论尤其是"大众社会"理论的盛行，均直接催生了现代意义上的受众研究。

在早期效果理论魔弹论看来，大众传播的受众，人数众多、分布广泛、层次多样、互不知晓、无组织性、缺乏认同意识，是一群孤立无助、被动消极的个体，处于单向的、非人格传播的接收端，是任人操纵的。在批判学派看来，受众的贬义色彩更浓厚，是个性丧失、非理性和缺乏自我意识的群体，正如马尔库塞所说，大众受众的形成是控制与同质化过程的一个组成部分，而控制与同质化导致出现了单向度的社会和单向度的人。然而，随着大众传媒向产业经营方向发展，市场的强势地位使受众成为消费者，传播者与受众之间的关系成为一种买卖关系，受众的主体地位也得到了空前提升。

二、受众的分类

由于受众的集群性、匿名性和不确定性，在进行受众分类研究时，不同学者的分类结论各异，很难统一。如果从研究出发点来界定，可将主流的受众分类研究分为两大类。

---

① Denis McQuail, *Audience Analysis*, Sage Publications, Inc., 1997, pp. 2—3.

（一）实际操作性分类方法

顾名思义，实际操作分类方法的目的是实际应用，采用此种分类方法的主要是传播实务界的从业人员。

1. 一般性受众和特殊性受众

一般性受众又被称为广受众、随意旁观性受众，指的是偶然接触到媒介内容，对所有信息未预先形成某种接收期待、接收定向和接收需要，因而也就没有明确的接收方向或固定的接收重点的受众。

特殊性受众又被称为窄受众或积极选择性受众，指的是在信息接收时，期望会达到一个或多个目标的媒介内容的那部分受众，他们在关注和选择信息的行为上表现出某些共同的兴趣和类似的接收倾向。

2. 基本受众、参照受众、特约受众和潜在受众

基本受众指的是经常接收大众媒体信息的受众，面广、量大，是受众中的主体部分，与传媒的关系最密切。

参照受众指的是受固定群体环境因素影响，进而接触和使用信息的受众。

特约受众指的是受媒介的委托或聘请，专门对某些指定信息进行评议、研究的个人或集体。

潜在受众指的是因各种原因未能接收的民众。

3. 纯粹受众与介质受众

纯粹受众也叫终极受众，是指直接接收信息而不做"二传手"的人。

介质受众又叫兼职受众或中介者，是指介于传播者与纯粹受众之间的受众。

4. 预期受众、现实受众与潜在受众

预期受众是传播者想象中或者在编码过程中预先假想的接受者。

现实受众指在现时状态下可以正在接收信息成品的人。

潜在受众又叫隐性受众，是指潜藏、内含在信息作品之中和传

播过程之中，未能充分体现出来的，或者在适当时候有可能要出现接收该作品的个人或群体。

5. 俯视型受众、仰视型受众与平视型受众

俯视型受众在接收信息和对待职业传播者时，常以居高临下、高人一等的心理和面貌出现。

仰视型受众是指以尊敬、仰慕、遵从的心态对待传播者及其所传信息的个人或人群。

平视型受众是日常生活中最常见、人数最多的受众，这部分人既不把职业传播者看"低"，也不把他们看"高"，而是将他们看作与自己平等身份的人。

（二）理论研究性分类方法

理论研究分类法适用于理论学术界，其出发点在于通过对受众进行分类，更好地进行理论分析。借用德国古典哲学巨匠黑格尔的正、反、合理论，我们可将受众分为主体性受众、被动性受众和双重性受众三种类型，其中，主体性受众是正题，被动性受众是反题，双重性受众是合题。这种分类方法契合了理论界惯用的"运动、发展和变化"的研究视野。

1. 正题——主体性受众

从表面上看，受众是由各种媒体或一切有指向性的传播活动所建构的，具有天生的被动性，但从本质上说，"受众"这一概念的确立，却必须基于人的主体意识的形成。

"主体"一词是西方近代思想的产物，这种对受众主体性的肯定支配着整个"准受众研究时代"——拉斯韦尔前的受众研究时期——并与西方近代思想对人的理性认同的轨迹几乎重合。印刷时代的西方思想家正是以主体性哲学作为启蒙读者心智的钥匙，赋予读者以自主意识，如约翰·弥尔顿所著的《论出版自由》就是建立在对受众理性主体地位的高度肯定基础上的，并成为后期主体性受众研究的起点和理论基石。

丹尼斯·麦奎尔也充分肯定了受众的主体性，他认为受众就是这样一种大众的集合，即通过个人对愉悦、崇拜、学习、消遣、恐

惧、怜悯或信仰的某种获益性期待而自愿做出选择性行为，在一定的时间范围内形成。其核心就是受众具有主体意味的获益性期待和选择性行为。[①]

20世纪后半叶出现的各种受众理论，如涵化理论、议程设置理论、框架理论、知沟理论等，虽然着眼点和分析重点各不相同，但大都认同"公民的认知是其社会行动的基础"这一观点，实质上是对受众主体性地位肯定。

当然，随着时代的发展，研究者们对受众主体性的肯定受到了现实的严峻挑战，使这一"正题"出现瓦解的迹象。尤其是第二次世界大战后，由于高度互动的传播系统使信息来源与受众之间的界限变得模糊不清，每一个人都既是信息来源又是信息接收者，甚至是事件的直接参与者，导致互动与分享而非主体性成为受众研究的着眼点，从而使主体性受众研究受到了极大的理论挑战。

2. 反题——被动性受众

现代意义上的受众研究，或者说受众的被动性彰显，可以追溯到20世纪初大众社会形成时期。所谓大众或公众，是由工业化、都市化、现代化创造出来的，是与传统的信息接收者完全不同的全新集群。由于当时的传播媒介被视为建构共同体或公民社区的工具，因此从本质上说，受众与大众几乎是同义词。最早用大众概念框架分析受众的是美国社会学家、芝加哥学派的代表人物之一布卢默，他将受众这一新型集合体的形成视为现代社会各种因素相互作用的结果。1947年，布卢默对大众的描述是：分布广泛、差别很多；不知名的群体；互不往来，很少沟通，彼此不知道别人的存在；独断专行，很难采取一致的行动。[②] 这里所说的大众（popular）并不是普通民众（people in general），而是指相对于贵族阶级而言的多数民众（the mass of the people），其所指多为贬

---

① 参见 Denis McQuail, *Mass Communication Theory*（Third edition, London: SAGE, 1996）第六章。

② 转引自李彬：《传播学引论》，新华出版社，2003年版，第245页。

义，即粗俗、低劣、卑微、平庸、低下、粗野、普通、廉价等。[①]在这种语境和思维指导下，受众的主体性被大大消解。比如，在杜威看来，公众就是"个人间通过对公共问题和解决方法的共识而形成的作为社会单位的政治集合"[②]。李普曼则认为公众（即受众）只是一个幻影，没有知识和理性判断能力，"每个人的行为依据都不是直接而确凿的知识，而是他自己制作的或者别人给他的图像"，他们能够影响政策制定的唯一方式就是支持或反对那些有权力和知识去采取行动的人，这些观点亦成为议程设置理论、涵化理论、沉默的螺旋、知沟理论等共同分享的理论基础。

其实，对于被动性受众的研究，成果最突出的还是在欧洲，尤其是法兰克福学派的研究成果。从源头上看，受众研究最初具有明显的政治意图。第二次世界大战前后，由于法西斯统治而流亡世界各地的欧洲知识分子切身反思，使受众成为被贬抑的对象，他们认为，分离、顺从、飘零、无根的原子化社会结构是极权主义的温床，比如霍克海默和阿多诺在《启蒙辩证法》中表明：以强凌弱之所以存在，就是源于由上而下的压制，而压制之所以成功就是因为工人阶级的捉摸不定、被动无常、毫无理性。战后，虽然纳粹集权统治终结，但越来越商业化的社会却依然使法兰克福学派的思想家相信，以商业目的和经济逻辑为意识形态的大众媒体是决定受众意识形态的重要力量，文化工业进而成为受众研究的切入点，其任务就是批判和揭露大众文化的商品化、标准化、单面性、操纵性、控制性，从而使受众脱离消费思维，重新回归到主体性中。

与法兰克福学派的批判思路不同，大众传播研究最为繁荣的美国却在受众研究中认同受众研究的被动性。在研究方法上，他们采用实用主义的思路，延续拉斯韦尔开创的传受二元对立、线性传播

---

① 约翰·费斯克等编撰：《关键概念：传播与文化研究辞典》（第2版），李彬译注，新华出版社，2004年版，第212页。

② 杜威：《新旧个人主义——杜威文选》，孙有中等译，上海社会科学院出版社，1997年版，第245~252页。

逻辑等，并将统计学等新兴成果运用到战争、竞选或商业性目的受众研究中，使受众成为劝服的对象。

3. 合题——信息接收客体与意义生产主体双重性受众

受众的被动性研究成果认为，各种传播主体的控制在隐蔽地加强，繁多的大众文化产品消解了信息接收者的想象和解释的空间与自主性，受众必然沦为传播主体的控制对象。但在传播实际工作中，并非全部的受众都如此。法国思想家米歇尔·福柯的"知识—权力"学说就启迪并助长了诠释学及接受美学等受众理论的兴盛，理解被看成是人的存在方式，任何理解活动都是受众过去视域与现在视域的融合，其意义生产的主体性地位得到了提升，原先对立的受众主体性和被动性有了融合的可能。

英国著名学者斯图亚特·霍尔在《电视话语的编码/解码》中，提出的三种受众解码研究假说，改变了原来实证主义研究对传受关系的线性理解，提出一个理论假设，即意义不是传者传递的，而是接收者生产的，进而把受众纳入主体间的传播关系中，揭示了阐释过程中所隐含的社会经济关系。之后，大卫·莫利的《全国新闻的观众》以民族志的方法考察了符号和传统的社会学因素对意义生产的决定性作用，验证了霍尔的话语编码/解码假说。接收信息与意义生产的双重身份，更契合了当前受众的特点。

三、受众的特征

现代社会中的受众规模巨大、匿名、异质，是大众传播所面对的无名个体与群体。正因如此，梳理受众的特点非常困难，甚至有人认为受众是不可研究、不可捉摸、口是心非的。但是受众的特征是进行受众研究的必要条件，不能回避，此处我们尝试采用主体性受众、被动性受众和双重性受众来探讨。

（一）作为一个信息接收主体，受众具备自在性、自主性、自述性等特征

从启蒙运动开始到约翰·弥尔顿明确提出"观点的自由市场"理论，从达尔文单纯的生物进化论发展到社会达尔文主义，再到马

克思辩证唯物主义，思想家们秉承的都是对人类个体理性的肯定态度，即认为个体通过学习和思考，可以最大限度地发挥自己的主体性，明确了解什么是正确、什么是谬误，具有理性的选择和表述能力。这是处于理性上升时期的主流思想观念对受众特点的解读，即认为受众是拥有自在性的主体，可以表述自己的观点，一言以蔽之，就是受众是一个具有理性分析能力的接收主体。

即使是批判学派占受众学说主导的时期，仍有学者认同接收主体的自主性特点，比如德国著名哲学家哈贝马斯代表性的观点"公共领域"理论认为，公共领域指的是国家和社会之间的一个公共空间，市民们假定可以在其中自由言论，不受国家的干涉。他曾明确指出："大众文化显然绝不仅仅是背景，绝不是主流文化的消极框架，而是定期出现、反抗等级世界的颠覆力量，具有自身的正式庆典和日常规范。"[①] 可见这一学说从新时期的背景出发，延续了受众的主体性特征。

（二）作为一个信息传播对象，受众具备混杂性、分散性、隐匿性、被动性等特征

19世纪末20世纪初，由于尼采等人对非理性的研究、弗洛伊德精神分析学对人类潜意识的研究等的影响，受众研究主要关注被动性方面。

美籍奥地利裔精神分析学家和社会学家赖希（Wilhelm Reich，1897－1957）于1931年发表了运用弗洛伊德分析方法对群众心理进行分析的《法西斯主义群众心理学》，其基本结论是："从人的性格角度看，法西斯主义是具有我们权威主义机器文明及其机械主义神秘生活观的被压抑的人的基本情感态度。正是现代人的机械主义的神秘性格产生了法西斯主义党，而不是相反。"[②] 与之相类，美

---

① 哈贝马斯：《公共领域的结构转型》，曹卫东等译，学林出版社，1999年版，第7页。

② 威尔海姆·赖希：《法西斯主义群众心理学》，张峰译，重庆出版社，1997年版，第3页。

国学者弗洛姆（1900—1980）在《逃避自由》中也认为，只有人与自然分离才是个体化的开始，但脱离原始关联会产生孤独、紧张和不安，人在获得自由的同时也获得了这种无助感。为克服这种孤独与无力感，人们只能逃避自由，放弃理性和独立。在这些思想被传播和信服的过程中，被动性成为学术研究中受众的主要特征。

在对发达工业社会和晚期资本主义进行研究的过程中，法兰克福学派认为文化工业已经与整个社会的政治、经济连成一体，"只承认效益，它破坏文艺作品的反叛性，而从属于代替作品的格式"①。它维护当权者，充当了资本家对消费者进行欺骗的工具。马尔库塞在其著作《单向度的人——发达工业社会的意识形态研究》中，进一步认为西方发达国家是一个无对立面的社会，在绝对优势的效率和不断增长的生活标准上，依靠技术进步扩展到整个统治和协作体系，创造了一些生活方式或权力，来调和社会对抗和矛盾，达到对立面的一体化。② 在此背景下，受众的批判意识或主体性消失，统治成为无所不在的力量，个人丧失了合理批判社会现实的能力，成为畸形的单向度的人。

（三）作为信息接收者和意义生产者，受众具有市场性和文化性等特征

正如丹尼斯·麦奎尔认为的那样，传媒的社会理论不一定服从商业法则，但它必须考虑经济现实。③随着传媒经济属性逐渐被揭示，传媒的经济学话语表明，受众首先是一个大众媒介的市场，是信息产品的消费者，这里面隐含着受众既是被动的信息接收者，同时又是主动的意义生产者双重特征，具体表现为受众的市场性和文化性。

1. 受众的市场性

受众市场性是一个泛指，既包括市场性，也包括市场最终的目

---

① 霍克海默、阿多诺：《启蒙辩证法》，洪佩郁等译，重庆出版社，1993年版，第115页。

② 马尔库塞：《单向度的人》，张峰等译，重庆出版社，1993年版，第2页。

③ 麦奎尔：《大众传播理论》，潘邦顺译，台北风云论坛出版社，1996年版，第227页。

的商品性、消费性等。对受众市场性研究的出发点在于媒体的经营性驱动力，即通过对受众市场性的研究，更好把握广告商的经济投放，实用性较强。

受众市场性，指的是商业化媒介必须遵循的受众观，受众不是被看成有理性的接受主体，而是消费者——需要指明的是，20世纪80年代以前，受众市场通常是一个大众市场，而今天则是一个受众小众化、分众化趋向明显的时代。消费市场是一个超越阶级、民族、性别、年龄、种族和国家的概念，是特定的媒体或讯息所指向的，具有明显的社会经济轮廓的、潜在的、消费者的集合体。[1]因此，学者公认的是：商业利益不等于公众利益，市场主宰下的内容多样化不等于思想文化上的多元化。[2]

所谓受众的消费性特征，指的是个人、集团和组织在传播媒介的选择、购买、使用上如何处置自己的商品、服务、创意或经验，以满足目标受众的需要和愿望。[3]它揭示了受众对媒介的消费习惯行为，所有的市场主体必须对市场进行细分，了解其市场定位，才能确定其目标受众，并通过媒介进行有策略的市场推广。因此，对受众/消费者文化背景的了解、地域特征的分析成为当前受众研究的主要研究方向。

所谓受众的商品性特征，指的是作为一种制造和出售受众的产业，调查公司采用一系列调查手段和相关技术，精确估计收视受众，媒介主体据此向广告公司出售这一部分受众的注意力，换取广告商的经济收益。其研究的源头是政治经济学派代表人物达拉斯·斯密塞，他指出，在后工业条件下，受众实际上已经是一种商品，大众媒介就是这种商品的生产厂商/卖方，而广告商是买主，受众的真实身份是一种特殊商品的直接生产者，广告商购买的实际

① Denis McQuail，*Audience Analysis*，Sage Publications，Inc.，1997，p. 8.

② 赵月枝：《公共利益、民主与欧美广播电视的市场化》，载《新闻与传播研究》，1998年第2期。

③ 参考菲利普·科特勒：《营销管理》，梅汝和等译，上海人民出版社，2000年版，第158页。

上不是媒介而是受众本身。经济学家欧文也认为："一个最初和最严重的错误就是认为电视是制造节目的产业，实质上，电视机构是制造受众的产业。换言之，就是试图制造受众，然后将他们出售给广告商。电视的产品在形态上以人和时间计量，产品的价格是以千人受众为单位的每分钟价值的美元。"①

所谓受众的营利性特征，指的是广告商在细分市场的过程中，需要了解受众越来越窄的爱好和兴趣，而非受众的一切，这正是媒介获利和进行媒介产品改革的主要方式与主要动力。在研究中，有学者发现诸多因素决定了广告的价位，如受众的市场规模、人口构成、地域性、分散的确定性、市场经济的强势、媒体在市场中的数量、报纸的发行量、市场的力量或集中化、国家新闻频道对地方的交易、有线的并行、时间段、四季的差异等。因此，"（媒介与广告商）交换的不是信息，也不是受众，而是收视率"。关于受众的数量、组成及媒介使用模型等资料的报告才是媒介系统的主要商品。②

2. 受众的文化性

从接受主体的角度看，受众是意义的生产者。即受众首先是信息的消费者，在消费信息的过程中派生出意义生产的接受主体性。

所谓受众的意义生产性特征，阐释得最全面的应该是文化研究学派的代表人物约翰·菲斯克，他根据马克思政治经济学中关于商品二重性的理论，提出了著名的"两种经济理论"，即电视节目作为媒介产品，流通于两种平行且共时态的经济系统之中，在金融经济领域中交换的是电视的交换价值，流通的资本是金钱；在文化经济领域，交换的是电视的使用价值，流通的是意义、愉悦和社会认同。③ 因此，电视工业的主要任务是生产商品化的观众，通过提高

① J. G. Webster, P. F. Phalen, *The Mass Audience Rediscover the Dominant Model*, Mahwah, New Jersey, 1997, p. 50.

② J. G. Webster, P. F. Phalen, *The Mass Audience Rediscover the Dominant Model*, Mahwah, New Jersey, 1997, pp. 53—65.

③ 陆扬、王毅：《大众文化与传媒》，上海三联书店，2000年版，第112页。

节目对观众的吸引力，进而向广告商推销观众注意力，赢得相应的经济回报。要完成这一流通过程，文化经济系统中流通的形象、思想和符号必须同时完成流通，即通过观众创造性的解读实现其电视商品的使用价值。自此，受众对媒介信息的消费使观众从被动的出卖品成为意义的积极生产者，受众从被动方变成了能生产意义、快感和娱乐的主体（见表7—1）。

表7—1　约翰·菲斯克的两种经济理论

	金融经济 注重交换价值，流通的是金钱		文化经济 注重使用价值，流通的是意义
	生产消费环节 1	生产消费环节 2	生产消费环节 3
生产者	制片商/制片厂	节目/广告	观众
商品	节目	观众	意义/快感
消费者	发行者	广告商	观众自身

受众的审美性与文化性研究，应归功于或得益于接受美学与读者反应批评等学派。接受美学在 20 世纪 60 年代由联邦德国康斯坦茨学派汉斯·罗伯特·姚斯创立，后来逐步发展为一个具有世界性影响的文学理论流派。姚斯重视研究读者的审美经验，认为一部作品的意义潜能只有在不断延伸的接受链条中才能逐渐由读者展开，随着历史的推移，读者、批评家、观察者的多维看法逐渐积累，进入受众的视野；沃尔夫冈·伊瑟尔则突出文本分析方法，关注文本的空白和召唤结构，认为"文本—读者"是一个整体；美国读者反应批评的代表人物斯坦利·费什提出了"诠释共同体"的概念，即写作文本、文本特性、文本意图都先于阅读行为存在，并决定了所读之物的意义和形态，"意义不是被提取而是被创造的，意义不是被编码的形式本身，而是由产生形式的诠释策略所创造的"[1]。读者创造性参与解读研究的主要成果是英国文化研究学派代表人物斯图亚特·霍尔于 1973 年写成的，被称为"从利维斯左派、悲观的马

---

① 　金元浦：《接受反应文论》，山东教育出版社，1998 年版，第 293 页。

克思主义、美国传媒模式及文化主义与结构主义脱颖而出的奠基时刻"① 的《电视话语的编码/解码》。

霍尔从马克思主义政治经济学原理出发，将电视传播过程分为制作、发行、传播/消费、再生产四个阶段，每一个阶段都有自己特定的程序、形态以及存在条件，相互联系并受制度权力关系的制约，受众既是接受者也是讯息源。他将电视话语与意义的流通过程分为编码、成品、解码三个阶段，在这三个阶段分别占主导地位的是原料加工制作者、电视文本的语言规则、观众的世界观。对于观众解码的方式，霍尔也提出了三种假设：支配的（符合霸权观点，即从社会秩序和行业角度被认为是正常的、合法的、不可避免的）、对抗的（以对立的、激进的观点解释讯息）、协商的（既反对又调适，坚持部分的支配性意义和价值，同时也批判被广泛认同的观念，支持来自现实生活中的某些逻辑）。这一假说进一步深化了对受众主动性的研究，开辟了从文本分析转向民族志的观众研究的新方向，同时，也开创了亚文化群体、少数民族、女性和日常生活等研究领域的蓬勃发展。

四、受众的权利

1947年，美国新闻自由委员会发表了著名的"哈钦斯报告"，重申了自由的报业必须承担社会责任，也从公众角度提出了对媒体的几点要求：一种就当日事件在赋予其意义的情境中真实、全面和智慧的报道；一个交流和批评的论坛；对社会组成群体的典型画面的投射；对社会目标与价值观的呈现与阐明；充分接触当日消息。综观传播研究的发展史，我们可以看出受众权利得到了逐渐拓展和不断完善，这是受众在传播中的地位不断提升的直接呈现，其权利主要体现在两个层面，即作为传播客体的被保障的权利与作为接受

---

① 转引自陆扬、王毅：《大众文化与传媒》，上海三联书店，2000年版，第68页。

主体主动表现的权利。[①]这一报告的问世，标志着受众权利意识的理论的成熟。

（一）作为传播客体的受众权利

作为传播信息的对象，受众权利主要包括三点：知情权、选择权和隐私权，传播主体应主动保护受众对信息的知情权、选择信息渠道和内容的权利，在报道信息时应主动地保护受众的隐私，受众享受的是作为传播客体的权利。

1. 知情权

知情权是公民民主权的基础，也是现代媒介的核心问题，严格说来是与西方权利意识的勃兴、市民社会的出现联系在一起的。

1945 年，美国记者肯特·库柏首次提出知情权（the right of know）的概念，即公民有获取社会公共领域信息及与本人相关信息的权利，包括政治、司法、社会和个人信息等。具体到新闻传播领域，特指受众有通过媒介获取上述信息尤其是公共生活信息的权利。

其实，早在 1776 年，瑞典就确定了政府文件应向人民公开的原则，并于 1812 年将其列入宪法。这是政府这一传播主体对民众知晓权的尊重。

1966 年、1976 年和 1996 年，美国国会先后通过了《信息自由法》《阳光照耀下的政府法》《电子信息自由法案》等，从信息传播的主要源头，即政府方面，自觉主动地不断完善及扩大公民知情权范围。核心的内容是，政府的信息通过媒体向受众公开，是公民知情权的基本内容和重要体现，也是政府的一项基本义务。

与知情权相对应的一个概念是保密权，即国家或政府、相关机构对于有关涉及国家安全、国家机密、公民隐私等方面的内容，各国均有法律限定不属于知情权范围内。

---

① 新闻自由委员会：《一个自由而负责的新闻界》，展江、王征、王涛译，中国人民大学出版社，2004 年版，第 13～16 页。

2. 选择权

所谓选择权，指的是面对众多的媒介和信息，受众有权不受传播主体或他人的约束和影响，根据自己的需要、兴趣或其他标准对媒体或媒体产品做出自由选择。

从本质上说，媒体产品是一种特殊的消费产品，因此，受众有权享有国际消费者联盟宣布的"消费者享有自主选择商品或服务的权利"。正如法国新闻学者贝尔纳·瓦耶纳所说的那样："报刊是为公众而制作，报刊必须面向公众，而不是强迫公众向报刊靠拢。"[①]

3. 隐私权

所谓隐私权，指的是新闻传播媒体的从业人员在报道相关事件时，不得以营利等非公共性的目的为由侵犯公民的隐私，以免在接收方引起权利受损后的伤害。作为接收终端的受众，拥有以隐私权为由不接受媒体采访的权利。具体而言，就是指受众享有个人独处，对个人与公众利益、公众事务无关的私生活进行保密，不受新闻媒介的打扰和干涉，以及个人的名誉和利益不受伤害的权利。[②]

新闻传媒的从业人员必须尊重受众的这一基本权利，将其作为新闻传播的工作守则和职业道德严格遵守，注意划清公共性与私人性之间的界限。

（二）作为接受主体的受众权利

如果说作为信息传播的客体，受众有权得到信息传播主体主动提出的权利保障，那么，作为信息接收和意义阐释主体，受众也有保障自己权利的要求，有向传播主体提出权利的要求，这是受众主体性地位的重要表现。

1. 接近权

接近权又称为传媒接近权，指的是一般社会成员有权利用传播媒介阐述自己的主张、发表相关的言论、开展各项社会和文化活

---

① 贝尔纳·瓦耶纳：《当代新闻学》，丁雪英等译，新华出版社，1986年版，第269页。

② 邵培仁：《传播学》，高等教育出版社，2003年版，第203页。

动。从某种程度上说，接近权反映了公民的言论自由与媒介私人占有之间的矛盾，是受众对传媒提出的要求，传媒有义务和责任向受众开放传播渠道。

1967年，美国学者 J．A．巴隆在《哈佛大学法学评论》上发表了《接近媒介——一项新的第一修正案权利》，首次提出了"媒介接近权"的概念。1973年，巴隆又在《为了谁的出版自由——论媒介接近权》一书中系统论述这一概念，其核心内容是要求传媒必须向受众开放，即社会成员或群体在受到传媒攻击或歪曲性报道之际，有权要求传媒刊登或播出反驳声明；受众有权在各种媒介上以收费形式刊登意见广告；受众有权参与传媒的报道甚至可以左右传媒的观点。

2. 表达权

表达权又称表达自由，指的是公民有权通过口头或书面及特定行为表达自己的意见，包括言论自由、著作自由、出版自由、新闻自由、集会自由、结社自由、游行示威自由。在新闻传播领域，表达权主要指新闻媒介的表达自由和受众通过新闻媒介表达自己意见的自由，具体到受众维度，是指受众有权利用媒体平台，"把他所看到的关于个人生活条件、愿望、需求和痛苦的真实情况告诉别人。凡是用恐吓或惩罚迫使他保持缄默，或剥夺他利用传播渠道的机会，就是侵犯了这项权利"[1]。

表达权体现了受众的主体地位，面对传播主体的强大效果，受众不是被动地、沉默地接受，既可以"反客为主"，报道真实的所见所闻，也可以发表自己的见解，还可以作为批评主体，对大众传播媒介的观点表示自己相同或相异的看法，甚至可以检举、控告媒介对受众心理与精神的伤害和污染，进而对保护受众权利的工作提出批评、建议。由此，受众就从一个纯粹的单向的传播终结，变成了一个复杂双向的反馈开端，其权利意识得到彰显。

---

① 联合国教科文组织：《多种声音，一个世界》，中国对外翻译出版公司第二编译室译，中国对外翻译出版公司，1981年版，第155页。

3. 监督权

广义的监督权指人民为实现对国家机关和国家工作人员的监督而享有的权利，包括法律监督、道德监督、行政监督、审计监督、舆论监督、党内监督等。狭义的监督权指的是通过新闻媒介平台，对政治、经济、文化等各公共领域内的部门和各项活动依法行使批评建议和监督的权利，即借助媒介行使的舆论监督权，或针对新闻媒介的活动所行使的批评建议和监督的权利。

从受众角度而言，监督权主要指受众根据法律条文、道德规范、行为准则等标准，对大众传播媒介的运作、传播者的传播行为有察看并督促的权利，以表达权或选择权的方式向传媒主体反馈意见、向有关行政或司法部门起诉传媒行为、在其他媒体或意见平台上进行舆论声张等，对新闻媒介和新闻传播者进行监督，使其接受受众的意见和建议。

总之，通过以上对受众权利的表述可以看出，以前在新闻传播学中，受众历来被看作是新闻媒介的传播对象，但随着技术的飞速发展和人民权利意识的普及，受众的主体地位不仅体现在信息接收主体上，甚至表现为信息发布主体和新闻传播主体。因此，随着移动互联网络技术的广泛应用，传媒从业人员必须清楚地认识到受众权利的重要性，进行有效的受众资源开发、整合、应用，使之更好地服务于新时期的传媒工作。

第二节　受众研究的理论成果综述

受众研究与大众传播学的研究并行，呈现出从简单到复杂、从片面到客观、从表面到深层的特点，涌现出了一大批具有高超学术水准的研究成果，成为大众传播学理论架构的重要组成部分。

受众研究有两种主要的方法：一种是将其圈于传统的讯息传播线性过程模式，在实验室里研究受众；另一种是将受众的接受行为还原到日常生活之中。传统研究中，受众的媒介接触行为被视为彼此无关的个体选择的总和，传播内容和传播效果是研究的重心，而伴随传播过程的所有社会因素都被隔离或剔除；日常性受众研究则认为，受众的媒介行为是与特定的时空环境、特定的社会和文化习俗相联系，社会因素在受众的媒介选择、媒介使用，受众赋予媒介重要性等方面都有重要甚至决定性的影响。

一、受众研究理论溯源

按照丹尼斯·麦奎尔的理解，西方的受众概念起源于戏剧、竞技和街头杂耍的观众群，表现为不同文明、不同历史阶段所出现的不同形态的演出的成批观众。[①]对这些观众的研究是古希腊哲学家们重要成果的基础，也是现代受众研究的理论源头。

柏拉图的《斐多篇》记录了古希腊哲学大师苏格拉底的一些观点，他认为交流是爱与被爱，是一种双向的互惠，因此，建立在口语传播基础上的人际传播是苏格拉底格外推崇的。他认为文字传播的互动缺欠、任意撒播、脱离传受双方灵魂导致"爱欲倒错"，此观点可作为是现代传媒"对人与人的交流扭曲"理论论据之一；苏格拉底理论中隐含的"传者施爱，受者被爱"的主导与被动、积极与消极的关系也能看出"传者中心论"的一些影子。

柏拉图将人的理性与非理性、积极与消极、主动与被动进行二元分裂，抬高理性压低欲念，认为观众呈现的是智力水平低下、内心充满情感和欲念、易受迷惑和引诱的特性，成为现代媒介强效果理论中被动、乏力受众的理论基石。

现代受众研究中最重要的一个分支——媒介暴力研究的各种理论，如宣泄假说（Catharsis Hypothesis）、攻击行为暗示模式（Aggressive Cue Model）、观察学习理论（Observational Learning Theory）、强化模式（Reinforcement Theory）、涵化模式（Cultivation Model）等都或多或少地继承了柏拉图或亚里士多德

---

① 参见 Denis McQuail, *Mass Communication Theory*（Third edition，London：SAGE，1996）第六章。

的理念。柏拉图在《斐多篇》中将希腊文中用来表现医学意义上的净洗、宗教意义上的净涤"Katharsis"转换到精神治疗层面，指心灵摆脱肉体骚乱的一种途径；亚里士多德在《诗学》中认为情感的积淀应该通过无害的途径将其宣泄出去，比如费什巴赫提出的"人们日常生活中的挫折感经由看电视暴力节目而得到疏解，并降低人们从事暴力的冲动"①，就明显可以看出亚里士多德的影响。

二、西方现代受众研究理论总结

按照公认的受众研究理论，列举如下。

（一）德弗勒的四种受众理论

著名美国传播学者梅尔文·德弗勒在其《大众传播理论》一书中归纳和总结了四种受众研究的理论成果。

1. 个人差异论

个人差异论是针对媒介万能的观点对受众研究提出的第一个重要理论。这种理论以普通心理学，尤其是"刺激－反应"模式为基础阐述信息接收对象，经过大量科学实验和理论探讨发现，人们对信息的不同反应来源于个人性格和态度的差别，强调人们的性格是在后天环境中形成的。其结论是受众对来自信息的刺激会有不同的反应，统一的大众传播对象不存在。

2. 社会分类论

社会分类论也可称为社会类别论或社会范畴论，是个人差异理论的修正与延伸。这种理论以社会学为基础，将人口特征作为解释社会现象的重要维度进行研究，其结论是大众传播的对象因年龄、性别、种族、文化程度、职业、经济收入和居住地区等人口特征，形成了各自不同的社会集合体，其中的个体具有相似的个性，有较一致的社会观念、思想意识，因此在接收媒介传播的信息时会产生

① 奥尔加·林耐、埃伦·瓦泰拉：《媒介暴力研究：不同的研究传统与变化的研究范式》，罗杰·迪金森、拉马斯瓦米·哈里德拉纳斯、奥尔加·林耐编：《受众研究读本》，单波译，华夏出版社，2006年版，第103页。

大致相近的反应。

3. 社会关系论

社会关系论由传播学家保罗·拉扎斯菲尔德、伯纳德·贝雷尔森、伊莱休·卡茨等人共同提出，他们从社会关系交织的社会网络出发进行研究，认为受众处于人际交往和媒介信息交流相互作用的某一特定社会关系中，其结论是由于受众所归属的团体出于自身利益的考虑，可以通过压力或助力抵制或者强化媒介的力量，因此，受众所处的人际网络和团体压力对大众传播的作用和效果干扰强烈，传媒想要改变受众固有的信仰和态度是非常困难的。

4. 文化规范论

文化规范论在社会关系论的基础上进一步研究，认为大众传媒作用于受众的途径是间接的，即通过改变受众所处的社会环境和文化背景，再影响受众观念。这一理论基础是从媒介及其内容角度出发进行研究的，与议程设置传播效果理论高度相关，甚至可以说，议程设置理论就是进行文化规范的具体步骤与方式。

（二）詹森和罗森格瑞的受众研究五传统

此理论由丹麦哥本哈根大学的詹森（Klaus Bruhn Jensen）和瑞典朗德大学的罗森格瑞（Karl Eric Rosengren）在他们合著的《受众调查的五项传统》中提出。在此书中，他们依次梳理了受众研究发展过程中阶段性的主流模式，显示了受众研究的重心从传者本位向受众本位迁移的趋向。

1. 效果研究（effects）

效果研究是受众研究最早出现的形式和最主导的路径，主要呈现三个基本观点：其一，信息内容是可以辨析和测量的符号；其二，受众的社会心理可影响对信息的反应；其三，社会情景也可影响受众对信息的注意与选择。围绕效果的受众研究，经历了魔弹论、有限效果论、适度效果论、强大效果论、谈判效果论这样一个理论演进过程。

2. 使用与满足理论研究（uses and gratifications）

此理论是早期受众研究理论的主流，强调受众在做出选择和媒介使用的行为中扮演的积极作用，媒介的效果部分取决于使用者如何使用它以及从中获得的满足，显示了受众的主体性地位，标志着传播研究从媒介中心论向受众中心论转移。

3. 文学批评研究（literary criticism）

此理论主要从审美经验出发，强调受众如何理解文本而忽视文本结构的影响，其理论源头是德国接受美学的产生和西方批评理论的兴盛，这种源于第二次世界大战后首次以读者为中心的文学运动不仅开辟了文学理论发展的崭新道路，也直接或间接地影响了受众研究。

4. 文化研究（cultural studies）

文化研究是由 1964 年成立的英国伯明翰大学当代文化研究中心提出的，通过对当代资本主义意识形态和日常生活的建构，研究分析 20 世纪资本主义的大众传媒与文化生产，涉及制度、组织和文化、经济生产及阅听人之间的复杂关联等研究成果，开拓了当代文化意识形态和日常生活的批评性研究视野。其研究重点集中于阶级、性别、身份、大众文化等社会性文本及流行音乐、服装、电视等通俗文化样式上，注重分析亚文化和日常生活中对抗统治意识形态的因素和方式，使受众研究成为重点。

5. 接受分析研究（reception analysis）

接受分析研究始于 20 世纪 80 年代中期，是受众研究的最新发展趋势，是试图整合两大传统研究范式的尝试，通过对受众与媒介内容的分析，重点探讨受众的解码过程。此观点认为，未来的受众研究会朝以下三个方向发展：一是深入研究大众传播媒介和受众的社会结构之间的关系；二是发展出足以说明媒介特性的话语理论或传播理论；三是发展出关于个人取向以及媒介与个人活动的社会文化学与社会心理学的全面、综合的理论。

（三）丹尼斯·麦奎尔的三分法

在《受众分析》这一专门研究受众及其理论的著作中，麦奎尔采用更为简约的方式，将受众研究分为三大类（见表 7-2）。

表 7-2　丹尼斯·麦奎尔三种受众研究传统的比较

	结构性受众研究	行为性受众研究	社会文化性受众研究
主要目的	描述受众构成，统计数据，描述社会关系	解释并预测受众的选择、反应和效果	理解所接收内容的意义及其在语境中的应用
主要数据	社会人口统计数据，媒介及时间使用数据	动机、选择行为和反应	理解意义、关于社会和文化语境
主要方法	调查和统计分析	调查、实验、心理测试	民族志、定性方法

1. 结构性（structural）受众研究

此类研究源于媒介工业的需要，是代表传媒组织而进行的研究，其目的是获得有关受众规模、媒介接触、到达率、流动情况等方面的量化信息，通过这些经营性的反馈资料，产生与媒介广告经营、媒介市场研究密切相关的庞大产业；受众的类型学也可以揭示媒介系统与受众媒介使用之间的关系，有助于探讨社会背景、大众传媒系统与个人媒介使用之间的关系。

2. 行为性（behavioral）受众研究

通过考察受众外在的表现，如受众的媒介选择、使用、意见和态度等，采用源于社会心理学的媒介效果与媒介使用途径，证实传媒对个人行为、意见和态度、价值观的影响，预测受众的行为，为传播决策提供参考。其目的在于改进和强化媒介传播效果。

3. 社会文化性（sociocultural）受众研究

这种研究源于文学批评与文化研究的批判传统，关注大众文化。广义上包括批判研究、文学批评、文化研究和接受分析，狭义上则主要指接受分析。在研究中，把传媒视为日常生活的一个重要组成部分，比如，接受研究把阐释的共同体当作一批具有独特经验的人来研究，借用民族志的方法对特殊的受众和内容进行细致的人类学描述。此种观点认为受众具有主动性和选择性，受众的媒介使用是特定社会文化环境的一种反映，也是赋予文化产品和文化经验

大众传播学通论（第二版）

以意义的过程。接受分析特别强调了受众在对媒介文本进行解码中的能动作用，认为受众对于大众媒介所提供的支配性意义具有抵抗和颠覆的力量。

三、受众研究理论成果举要

受众研究与传播效果研究密切相关。从效果角度看，受众研究经历了三个界限分明的时期，即早期魔弹论时期对受众的轻视、有限效果时期对受众的重视、宏观效果时期的多角度研究，分别对应于传者中心论、受者中心论和传受互动论三个主要的理论研究视角。

（一）传者中心论视角：魔弹论时期的主要受众理论成果

传播学的传者中心论指的是在传播过程中，突出传播主体的作用，认为受众对传播内容的抵抗力低下，完全是被动接受方，因此传播效果强大。

1. 刺激与反应理论

刺激与反应理论的理论基石是"刺激－反应"原理，这一原理由行为心理学的创始人约翰·沃森提出，他将人类复杂的传播接受行为分解为可见的两部分，即刺激与反应，其主要的行为模式是"讯息→接受者→效果"。这里所说的"刺激"主要来自两方面，即身体内部的刺激和体外环境的刺激，无论是哪种刺激，接受方的反应都随刺激呈现出来。

具体到受众研究领域，刺激与反应理论就是指传媒通过传播信息，作为体外环境刺激受众，进而产生巨大的反应。20世纪初，尤其是两次世界大战中，这种刺激与反应理论因为契合了当时的传播现象，因而得到了理论界和实务界的高度认同。

2. 社会认知理论

20世纪60年代，刺激与反应理论随着传者中心地位的下降逐渐被边缘化，但社会心理学家班拉杜从"刺激与反应行为主义心理学"出发，提出了社会认知理论，将其推进了一步。社会认知理论又称为社会学习理论、观察学习理论、模仿理论，实质上还是承认传者的主体地位及受众的学习和模仿被动性，因而我们将其归入传者中心论中。

社会认知理论的内涵是受众的行为是通过观察他人的行为，进而模仿他人的行为而获得的，媒介中的角色成为人们观察学习和模仿的榜样。观察学习的四个条件分别是：接触媒介案例并对此关注；人们必须能对看到的东西编码成信息符号，记住它，进而建构呈现，用以再次表现；必须能使这种形式理念转化为合适的行为；通过内部或外部的强化/奖赏形成动机。[①] 与较为简单的刺激与反应理论有别，社会认知论较详细地呈现了刺激与反应之间这一"黑箱"中的操作过程，并强调只有持续的媒介接触才能对受众产生影响，关注导致媒介社会化影响最大化的条件，因而具有较持久的理论生命力。

（二）受者中心论视角：有限效果时期的受众理论成果

受众中心是对传者中心的一次反拨，将研究视角移向受众方，认为在传播过程中，传者是无足轻重的，重要的是受众对信息的选择和理解，因此，受众才是应该着力研究的中心，其突出的受众研究主导理论是使用与满足理论。

使用与满足理论可追溯到 20 世纪 40 年代早期，当时，洛克菲勒基金会曾赞助了美国第一次全面广播研究，通过把听众的选择与其社会层次联系起来，试图发现流行广播节目吸引力的根源、媒介内容吸引力与个人和社会环境特点之间的联系，进而证实受众在信息接受中的重要性。当时主要研究的是各种广播节目具有广泛吸引力的原因，尤其是肥皂剧和知识竞赛节目，也包括阅读日报的情况。1949 年，伯纳德·贝雷尔森在"失去报纸意味着什么"的日报读者调查中发现，交往、声望、信息、解释、工具、休息或日常仪式等用途是受众接触媒体的主要原因，形成了使用与满足理论的雏形，其后，在电视领域的大规模观众调查又使此理论得到更加充分的验证和发展。

---

① 理查德·杰克逊·哈里斯：《媒介心理学》，相德宝译，中国轻工业出版社，2007 年版，第 28 页。

1959 年，传播学者伊莱休·卡茨在回应贝雷尔森《传播研究看来将要死亡》的文章中，首次提出了"使用与满足"的名称和方法，并完成了此理论的宣言及大量重要术语。他认为传播研究的重点已经由媒介中心向受众中心转移，并强调了受众的需求对媒介乃至社会的突出影响，以及社会结构变迁对受众需求的影响，细致分析各种文化背景下的受众的意义。卡茨将受众对媒介的需求进行归类，将其分为五类：认知的需要、情感的需要、个人整合的需要、社会整合的需要、舒解压力的需要。

1974 年，伊莱休·卡茨、杰伊·布卢姆勒、迈克尔·古尔维奇提出了"使用与满足模式"的五要素：受众是积极的，是带着意图使用媒介的；受众选择特定的媒介获取需求的满足，动机和自身有关；媒介与其他资源竞争以满足受众的需要；人们对自己如何使用媒介、兴趣和动机所在都有足够的自知之明，能够向研究者提供如何使用媒介的精确描述；受众将需求和特定的媒介内容联系起来形成的价值判断应该暂时不考虑。① 至此，使用与满足理论成为一个成熟的受众理论，并得到了有效的实际验证。

但随后，被视为使用与满足研究传统的实证主义、科学主义、决定论、价值中立与保守主义等特质受到了来自社会科学领域中反实证主义、功能主义变体、社会批判性诠释、人种志、现象学等方式的批判与挑战，使此理论跌入低谷期。此后，20 世纪 70 年代出现的新的调查研究方法和数据分析技巧、20 世纪 90 年代因特网的发展和扩散，特别是数字媒介带来的交互性使这一理论又出现了两次复兴。正如托马斯·鲁杰罗所说的那样，"在每个新的大众传播媒介的初期，使用与满足总能提供一种最前沿的研究方法"②。

20 世纪 80 年代之后，使用与满足理论的研究更强调需要与动

①　斯坦利·巴兰、丹尼斯·戴维斯：《大众传播理论：基础、争鸣与未来》，曹书乐译，清华大学出版社，2004 年版，第 264 页。

②　斯坦利·巴兰、丹尼斯·戴维斯：《大众传播理论：基础、争鸣与未来》，曹书乐译，清华大学出版社，2004 年版，第 260~261 页。

机之间的区分，强调受众使用动机与媒介使用行为之间的互动关系。

2002年，鲁宾确定了使用和满足理论研究中的五个方向，使此理论仍有可能继续向前发展：致力于研究传播动机的分类；比较不同媒介的使用动机；研究媒介使用时的不同的社会和心理条件；探讨使用媒介的动机是否得到满足；媒介体验、使用动机和媒介接触中个体不同的角色特征。

（三）传受互动论视角：宏观效果时期受众研究成果

随着传播学的深入发展，当传者中心和受众中心视角都无法有效解释复杂的传播现象时，传受视角的融合就成为必要的解决方案，具体而言就是既重视传者的作用，又重视受众的解读特点。在宏观效果时期，多角度、多层次的受众研究成为主流，其成果大量出现，显示出受众研究注重解决现实问题的理论特色。许多学派和学者从不同角度来分析受众问题，涌现出了一大批有价值的研究成果，成为解释传播学诸多问题的理论工具。

1. 涵化理论

涵化理论也称培养理论、教养理论、教化理论，由乔治·格伯纳在1964年发表的《走向文化"指数"：大众传播化的公众信息系统分析》中首次提出，其理论的三个主要研究内容是体制过程分析、信息系统分析、涵化分析——不同类型的受众被媒体教化的程度。该理论认为，人们从对社会现实存有不同的理解到趋向主流思想是一个建构过程，如果我们建构的这种世界观与真实的世界发生某种程度的契合，就会产生共鸣，这种培养的效果就越强烈。[1]

20世纪80年代，涵化理论最新的研究成果表明，传媒只对亚团体的人有强效，同时，在文化制度模式的研究中发现，传媒内容的一致性来自节目制作的集中化和追求大量观众的经济动机。

由此可见，涵化理论在提及传媒对受众的培养和教化作用的同

---

① 理查德·杰克逊·哈里斯：《媒介心理学》，相德宝译，中国轻工业出版社，2007年版，第28页。

时，也充分揭示了受众这一接收终端在信息接收上的配合作用及重要性，正如格伯纳所说，这一研究成果充分表明了传播媒介在受众一方的能动性和积极意义。他认为这一新的范式"既不研究信息，也不直接研究影响，而是研究不同的个体或群体在集体的语境中如何选择和解释信息"①。

2. 知沟理论

与涵化理论反映亚群体的趋同效应相反，知沟理论发现了受众人群在接收信息中产生的差异。

20 世纪 60 年代，美国政府推出补充教育计划中的一个重要项目，制作儿童启蒙教育电视系列片《芝麻街》以普及儿童教育。但与传播初衷相反，最终的调查结果发现，由于家境富裕的儿童接触和利用电视媒介的机会最多，反而扩大了贫富儿童之间的教育差距。因此，蒂奇纳等人于 20 世纪 70 年代提出知沟假说，认为"随着大众传媒的信息进入社会体系的增多，人群中具有较高社会经济地位的那部分人比地位低的人会更快地接收信息，这两部分人的知识差距会增加而非减少"。更具体的预见是，"从长期看，教育程度高的人比低的人更快地获取经常被宣传的信息内容；从时间的某一点看，受教育程度高的人更易获得经常被宣传的信息内容"②。

3. 接受理论

法国哲学家萨特在 1947 年发表的《文学是什么》，强调"通过作者和读者共同努力产生具体而形象的对象，这就是思想的作品"。符号学大师罗兰·巴尔特在 1968 年也讨论过关于"作者之死"的问题，强调任何文化文本的最终意义都产生于读者。20 世纪 60 年代，文学研究领域开始将研究的重心转移到读者与接受方，出现了接受美学和读者反应批评等影响全世界的研究转向，其在传播学中

---

① 常昌富等编选：《大众传播学：影响研究范式》，中国社会科学出版社，2000 年版，第 17~18 页。

② 臧海群、张晨阳：《受众学说：多维学术视野的观照与启迪》，复旦大学出版社，2007 年版，第 95 页。

的应用就是诞生了受众研究中的接受理论，即所有的人类经验都有两面：一面朝向外部生活和社会活动，另一面朝向我们的内在精神生活和认知活动，意义建构即一种社会认知现象就是在这些活动的相互作用中产生的。接受理论通常以焦点小组的文化研究方法，通过社会历史进程、社会文化与世界的互动、内部心理过程三种语境的交叉①的心理或认知结构，关注受众在接受中的中心地位，以及不同类型的受众怎样理解特定形式的内容。表7－3为接受理论的优缺点分析：

表7－3　接受理论的优缺点②

优点	缺点
集中关注大众传播中的个体	通常基于受众报告中的主要观点
尊重媒介消费者的智力和能力	不能解决效果存在与否的问题
承认媒介文本中的意义的范围	定性研究方法排除了对因果的研究
试图深度理解人们如何解读媒介内容	过于侧重微观层面
媒介日常生活语境中使用方法的分析	

4. 框架理论

框架理论是从政治社会化的传播研究发展而来的，是社会学家欧文·戈夫曼研究人们如何使用期望来理解日常生活意义的理论假说，他认为，框架是帮助人们记忆人物和事件的知识结构，是对声音、视频、语言或非语言等各种信息进行整合的一个整体的心理建构。③ 因此，不同的框架就像是音阶上的音符，它们连续分布，有的用来结构我们最严肃最重要的社会行为，有的结构有趣的、琐碎的行为，它们潜在地拥有结构上的连续性。当我们从一套框架转到

---

① 罗杰·迪金森、拉马斯瓦米·哈里德拉纳斯、奥尔加·林耐编：《受众研究读本》，单波译，华夏出版社，2006年版，第181页。

② 转引自斯坦利·巴兰、丹尼斯·戴维斯：《大众传播理论：基础、争鸣与未来》，曹书乐译，清华大学出版社，2004年版，第270页。

③ 理查德·杰克逊·哈里斯：《媒介心理学》，相德宝译，中国轻工业出版社，2007年版，第34页。

另一套框架时，我们可以调低挡或调高档，在重新构造身处的境遇时以便用更严肃或更不严肃的态度来对待和体验。日常生活中包括无数框架的转变，这些转变会依据社会暗示而来，有的暗示常规和普遍，有的则非常微妙，只有一小群人在使用。

框架理论实质上揭示了传播主体在向受众进行传播时，首先遭遇到的是受众事先准备好的"框架"，面对传媒的"凌厉攻势"，受众是自我防范或主动配合的一极，因此，传播的效果要靠传媒与受众的"合谋"才能完成，充分体现了受众的主动性。

5. 受众解码理论

受众解码理论来自斯图亚特·霍尔于1973年发表的《电视话语的编码/解码》，是1964年成立的英国伯明翰大学当代文化研究中心的重要理论成果之一。文化研究又被称为文化意识形态研究，指的是采用文学批评、结构主义、语言学、符号学、社会学及后现代的理论工具，在当代发展中的资本主义历史背景即大众消费社会中，对阶级、性别、身份、大众文化等社会性文本及流行音乐、服装、电视等通俗文化样式进行的研究，注重分析亚文化和日常生活中对抗统治意识形态的因素和方式。受众是其研究的重点领域之一，在受众的接受、表达、诠释结构及与意识形态、社会背景之间的关联、受众在日常生活的审美及抵抗策略等方面都有突出的成果。

《电视话语的编码/解码》不仅揭示了电视生产的三个阶段（见表7-4），对传播主体的研究有突出的成就，更重要的是对受众解读一方进行了开创性的研究，从而将研究的视野从原先的传者转移到了受众。

表7-4　霍尔电视生产的三个阶段

	电视生产阶段	占主导地位的因素
电视生产	编码阶段	电视人对原材料的加工
形成产品	成品阶段	赋予作品意义的语言和话语规则
观众接受	解码阶段	观众对世界的看法和世界观

受众解码理论主要阐释的是受众对传播者无法再控制的传播产品的解读（见表 7−5）。在霍尔看来，传播者在制作传播产品时，就已经将自己试图传播的意义注入作品中，但当作品一旦形成，原先注入其中的意义就被作品的符码隐蔽起来了，从而呈现为一个开放的、多义的话语系统。要将原来的意义进行还原，必须由接收符码的受众方来完成。但实际情况是，观众在自己原有的知识框架影响下，必然会对节目进行或相同、或相似、或相异于原先意义结构的理解，从而产生了新的意义系统。霍尔的受众解码理论就是研究受众如何解读符码，将意义释放、歪曲或新生的理论，揭示了解码过程中占主导地位的是观众这一结论，被注入作品中的传者意图是否会被还原，最根本来自观众与社会结构、知识基础及意识形态的关系。

表 7−5　霍尔的受众解码理论

解读立场	内容
支配−霸权立场	观众与制作者立场一致
协商代码立场	承认意识形态的权威同时关注自身特定情况
对立码	观众看出制码，但选择自己的解码立场

6. 受众的民族志研究

受众的民族志研究借鉴了文化人类学中民族志的田野研究方法，通过进入一个特定群体的文化团体内部，通过参与研究来展示意义和行为的说明，将视线投向了受众，发现了受众在制造自己文化方面的空间和力量。

1975—1979 年，英国学者大卫·莫利参与了当代文化中心对 BBC 晚间新闻节目《举国上下》的观众研究，并于 1980 年发表了著作《〈举国上下〉的观众》。这是受众民族志研究的起点，即通过具体的节目来观察观众对同样传播作品符码的解码，用于理解和验证霍尔模式。莫利将一定数量的来自不同种族、阶级、文化背景的人编成 28 个小组，每组 5~10 人，成员范围包括商业经理、工团主义者和学徒工等。让他们观看预先录制的两期节目，内容是三个家庭评估政府年度预算将对他们造成的经济影响，之后开展焦点群体访谈，再通过来自各组的解读，具体分析社会文化背景如何影响个体观众对电视文本的解读。研究发现了霍尔的三种受众解码立场都存在：属于上层阶级的商业经理把节目看作是娱乐，但并不抱怨节目提出的观点，即主导性解码；商店服务员喜欢节目形式但反对节目传递的信息，他们觉得节目对中层管理者寄予太多同情，却没有解决根本的经济问题，即对抗性解码；实习老师和文科学生则是协商解码。其研究结果部分证实了霍尔模式，如阶级立场决定阅读。但也有不能解读的，如工人阶级的学徒组与中产阶级的银行经理组都处于支配性立场，从而证明霍尔模式有简单化的倾向。

民族志观众研究改变了受众研究的经验——批判二元对立的格局，使意识形态进入了以行为科学为基础的大众传媒研究，把经验实证的方法引入了批判体系，使受众研究从对抗、对比走向交流与融合。当然，有学者也批判其方法的简单性，认为其存在诸多问题：节目本身并非观众本人的选择；分组不能排除成员之间的相互影响；脱离了自然真实的电视环境。

7. 符号理论

美国传播学者约翰·菲斯克将大众传播研究分为过程学派和符号学派，其中，符号学派关注信息和文本如何与人们互动并产生意义，即文本的文化功能，其主要研究方法是符号学。符号学派认为，符号由能指（符号形式）和所指（符号内容）构成，罗兰·巴尔特认为符号有两个层次的含义即明示义和隐含义；约翰·菲斯克认为有三层含义：表层意义、深层意义、潜在意义。在符号学中，符号本身没有什么实际意义，只有符号内外的各种关系才是符号学所关心的重点，因此，不同的受众对于符号文本的解读成为研究的重点。

在菲斯克看来，传播文本的多义性不仅仅指文本建构时必然的庞杂性，也指处于不同社会地位的观众激活其潜在意义的多种方式。① 因此，从受众方对传播过程的反向解读也向传播文本制作方提出了有益的建议，即为了流行，电视必须抓住形形色色的观众，而且为了被他们选择，电视必须是开放的文本，允许不同类型的亚文化群体从中生发满足自己亚文化身份认同需要的意义，因此，它必须是多义的，观众都可以利用它，以便从中发现相对于自己的社会联系和身份认同的结构性相似意义。正如拉康所认为的那样，符号、语言或意义系统一直等候着我们，并已经设计了等待我们去占领的主体的位置。

8. 分类受众理论研究

随着受众研究地位的上升和相关理论的不断涌现，受众成为传播研究的中心，因此，各种亚文化的受众研究成了热门，比如，有色人种受众、同性恋受众、发展中国家受众、女性受众等，都有学者从不同角度进行深入探讨，涌现了很多重要的理论成果，不断丰富着受众学说。

此处仅从女性主义角度对受众理论进行说明。女性主义受众研究可以追溯到 1975 年基于心理分析和电影符号学的"女权主义电影理论"研究。当时，《屏幕》杂志发表了英国女性主义批评家穆尔维的文章《视觉愉悦和叙事电影》，其主要观点是好莱坞电影中愉悦的标准是由男性观点所决定的，女性观众被引导以男性观点分离愉悦。此后，文化研究流派的社会学家曾通过伯明翰中心发表了一些有关接受者问题的重要研究成果，比如莫利的《家庭电视：文化权力和家庭休闲》，揭示了家庭这个观看电视的自然环境中成员就电视发生的互动，讨论电视在成员的休闲行为中所发挥的作用，在阅读、节目选择决策权上的不平等分配、观看次数及不同的收看行为。这项研究采用民族志方法，通过电视和节目接受所显示的性别间的权力关系问题，与女性主义研究潮流相应。他还公开声称，

---

① 罗杰·迪金森、拉马斯瓦米·哈里德拉纳斯、奥尔加·林耐编：《受众研究读本》，单波译，华夏出版社，2006 年版，第 209 页。

自己的研究从美国女权主义者拉德威 1983—1985 年发表的有关女性阅读浪漫小说的著作中得到启发。

9. 媒介素养及媒介素养教育理论

媒介素养（media literacy）又称为媒介认知能力、媒介识读能力等，是受众对传播的信息来源和技术、所用的符码、所生产出来的讯息，以及对这些讯息的选择、读解和影响的理解。[①] 从这一概念中可以看出，对媒介素养的重视显示了受众对传媒传播内容、行为、方式的警惕与反击姿态。正如威廉·克赖斯特和 W. 詹姆士·波特认为的那样，受众必须明白，媒介是在被建构的同时建构现实的；媒介具有商业含义；媒介具有意识形态和政治含义；任一媒介的形式和内容都是相互关联的，每个都有其独特的审美取向、符码和规则；受众通过媒介探讨各种意义。[②]

作为受众自我教育的一种方式，媒介素养教育发轫于 20 世纪 30 年代的英国和丹麦。当地的教育工作者提出的一项教育主张，即指导学生正确理解、建设性地享用大众传播资源的教育。通过这种教育，培养学生具有健康的媒介批评能力，使其能充分利用媒介资源完善自我，参与社会发展。[③]

此理论提出后，自 20 世纪下半叶开始逐渐在欧洲、北美洲、大洋洲、拉丁美洲、亚洲部分地区成为一门新兴的教学科目。不同国家对此有不同的称谓，如英国称之为 "media education"，美国和加拿大称为 "media literacy education"，我国香港地区称之为传媒教育、台湾地区称之为媒体识读教育等。

受众理论研究尽管只是传播学的一个部分，但随着其在传播过程中地位的提升，研究的成果也日渐增多。在理解受众的众多理论时，必须清楚地看到，受众是以统一的、混淆的集体出现，还是以

[①] 斯坦利·巴兰、丹尼斯·戴维斯：《大众传播理论：基础、争鸣与未来》，曹书乐译，清华大学出版社，2004 年版，第 368 页。

[②] 斯坦利·巴兰、丹尼斯·戴维斯：《大众传播理论：基础、争鸣与未来》，曹书乐译，清华大学出版社，2004 年版，第 368 页。

[③] 宋小卫：《西方学者论媒介素养教育》，载《国际新闻界》，2000 年第 4 期。

独特的、黏合在一起的多种个体存在，这是研究理论发生转变的重要前提。在对受众分析的逐渐深入和辩证认识中，学者们向我们揭示了越来越接近真理的受众研究视野：受众确实是积极的但未必是具有绝对控制力的（使用与满足）；受众的需求、机会与选择在某种程度上受到限制（批判文化研究）；内容能够指导行为（社会认知理论、社会符号学理论）；人们必须实际地估测出他们与媒介文本的互动会怎样影响这种互动中他们所处环境中的功能（文化理论）；人类有不同程度的认知处理能力（认知与生物科学）。处于各种潜在关系和发展中的复杂受众情况，衍生出他们不同的社会定位和社会经验，反过来又影响着受众理论的研究成果，这种复杂性还将继续持续下去。

第三节　受众调查

　　早在 20 世纪 30 年代末，早期芝加哥学派的社会学家布卢默就提出了大众社会的理论架构，认为大众是现代社会的一种新型的社会构成，它与传统的社会构成具有鲜明的区别。[①] 面对这个新型社会，原来许多传统的研究方法可能就会失效；具体到传播领域，无论是研究传播主体的传播策略，还是对传播效果的剖析，都必须对受众进行深入探究，因此，受众调查就作为一种重要的研究策略成为受众研究的必备工具。

　　与国外受众研究呈现出的繁荣局面相比，中国受众研究直至 20 世纪 80 年代才真正起步：1984 年，第一个与受众研究相关的研究单位——复旦大学文化与传播研究中心成立；1985 年，我国受众研究的第一本调查报告——《北京读者、听众、观众调查》出版；1986 年，中国首届受众学术研讨会由中国社科院新闻研究所

---

　　① 　丹尼斯·麦奎尔：《大众传播理论》，潘邦顺译，台北风云论坛出版社，1996 年版，第 85 页。

主持召开；1995 年，全国最大的受众调查机构——央视调查咨询中心（央视—索福瑞调查中心）成立……进入 21 世纪，中国的受众研究开始广泛与世界接轨，并出现了一批有价值的理论研究成果。但从总体上说，中国的受众研究还远远没有取得世界性的影响，因此，此节我们着重探讨的是国外，尤其是西方主要的受众研究成果。

受众调查是调查研究的一种类型，而调查研究通常是试图就数个问题或主题，从回答者的样本中收集经验性的数据，用这些数据来支持或否定某些假设和命题。① 虽然在许多时候，调查研究只能对行为的存在和改变模式提供基本的信息，但对受众研究而言，受众调查却是十分必要的，因为通过调查，研究者们才有可能证实或归纳出符合实际传播情况的受众理论。

一、受众调查的兴起与发展

受众调查在测量方法论上的革命与统计学、社会理论的发展，尤其是大众社会理论的盛行是分不开的。其实，早在 18 世纪，统计数学的方法就已经在社会现象研究中开始应用并不断普及，但真正大规模的应用，还应该归功于 20 世纪初的舆论调查的兴起。

1914 年，美国广告商建立了视听率调查局；1923 年创建的尼尔森公司则立足于对听众展开收听调查；1930 年克罗斯利创建了广播分析公司（CAB），使受众测量的惯例得以确立。到 20 世纪 30 年代中期，舆论调查已经被当作日常公共事务管理的工具了，比如，盖洛普（Gallup）、罗珀（Roper）、克罗斯利（Crossley）三个民意调查机构就曾成功预测了 1936 年罗斯福的再次当选。②

在传播学领域中，受众调查的始创者是美国著名的传播学先驱

第七章 受众研究

---

① 安德斯·汉森等：《大众传播研究方法》，崔保国、金兼斌、童菲译，新华出版社，2004 年版，第 265 页。

② 阿芒·马特拉、米歇尔·马特拉：《传播学简史》，孙五三译，中国人民大学出版社，2008 年版，第 20 页。

之一、社会学家拉扎斯菲尔德（Paul F. Lazarsfeld，1901－1976）。与受众研究中的批判研究截然相反，这位1935年从奥地利移民到美国、曾受过严格的实验研究训练的学者称自己的受众调查为"行政研究"，即将传播过程从经济和政治权力构成的模式中抽象出来，单纯从统计数字上发现问题，形成观点。1935年，他曾主持研究洛克菲勒基金会出资进行的一次广播听众调查，由此开始进行受众调查的一系列开创性工作。1938年，CBS广播网总裁斯坦顿（Frank Stanton，1908－2006）发起的第一项受众量化研究"普林斯顿广播研究"就由拉扎斯菲尔德负责，在此项研究中，他完成了拉扎斯菲尔德—斯坦顿分析仪的研制和使用。1941年，拉扎斯菲尔德在哥伦比亚大学创建了应用社会研究所，初步形成了"二级传播"的研究模式。1949年，他与贝雷尔森共同发表了《人民的选择》，标志着有独立科学地位的受众学说诞生。正是在此著作中，他们首先证实了社会分类论，其次提出了二级传播理论，将受众调查的方法进一步推广。

拉扎斯菲尔德使受众研究成为一个学术领域：在认识论上，他采用了实用主义、实证主义的价值取向，把自己看成一个工具制造者而非现实的批判者；在方法论上，他采用定量分析方法，在应用社会学的名义下开创注重效果和实用价值的受众调查方法。因此，传播史学家罗杰斯才会这样说："为什么市场研究与大众传播研究如此接近，是因为这两个领域有着共同的创始人——拉扎斯菲尔德。"[1]传播学者戴维斯和巴兰也高度评价了拉扎斯菲尔德所做出的突出贡献："如果有人无愧于大众传播领域研究的创始人这一称号的话，那就是拉扎斯菲尔德，在确定如何发展理论和研究方法以帮助我们理解大众传播方面，没有谁做的工作是超过他的。"[2]

---

① Everett M. Rogers, *A History of Communication Study*, The Free Press, 1997, p. 289.

② 转引自斯蒂文·小约翰：《传播理论》，陈德民等译，中国社会科学出版社，1999年版，第613~614页。

二、受众调查的方法概述

受众研究自创立以来的半个多世纪中，世界发生了巨大的变化，科学技术创新层出不穷，为受众调查提供了丰富的现实课题和精良的研究辅助工具，带动了受众调查飞速发展，呈现出方法论多样化的趋势。

（一）视听率调查

视听率调查是早期受众调查的一种主要方法论，是伴随着新型的传播媒介——广播和电视的出现而诞生的，具体而言就是指在一定时段内收看或收听某一节目的人数（户数）占观众总人数（总户数）的百分比。一般而言，家庭视听率大于个人视听率。

AC 尼尔森公司创始人亚瑟·C. 尼尔森首次于 1923 年在美国建立第一家市场调查公司，并于 1926 年在麻省理工学院试验采用一种被称为"视听测量仪"的机械测量装置来进行广播收听率调查。这种调查方法随着受众研究的深入而得以普及，1985 年，全球只有 4 个国家采用人员测量仪进行收视率调查，到 2005 年，已经有 60 多个国家和地区使用这项技术。

世界上视听视率调查的主要方法有以下三种：

（1）访问调查法：指的是调查人员通过面访和电话访问的方法，采用同步或回忆的方式，向受众调查样本提出问题，记录答案，从而为后期研究获得相关的真实数据。后者又包括同步法和回忆法。

（2）日记卡法：指的是调查人员通过样本户中所有四岁及以上家庭成员填写日记卡来搜集收视信息方法，其中，每一家庭成员都有各自的日记卡，要求被调查对象将自己每天收看的频道和时间段随时记录在卡上，卡上所列的时间间隔为 15 分钟，每一张卡可记录一周的收视情况。

（3）人员测量仪法：指的是调查人员利用安装专业仪器统计广播电视的收听收视信息，是目前国际上较新的收视调查手段。具体的操作方法是被调查者在选择广播电视时必须先按一下手控器上代表自己的按钮，不看时再按一下，测量仪会把收看电视的所有信息以每分钟为时间段储存下来，通过电话线传送到总部的中心计算机进行统计分析。

中国电视收视率调查始于20世纪80年代中期，在90年代中后期快速发展，主要标志是1997年12月4日，由原央视调查咨询中心和法国索福瑞（Sofres）集团合作正式成立央视－索福瑞媒介研究所（CSM），我国现已拥有世界上最大的电视观众收视调查网络。

（二）受众效果分析指标

受众效果分析指标是把各种具体的调查数据填入一个"公式"，通过设定相应权重的方法来统计某一项调查主题的传播效果，量化性非常强。具体而言，其设计的变量主要有以下几种：

接触率/视听率 S1：此变量是考察媒介宣传与传播效果的重要指标，包括媒体或其下面的栏目的视听率、阅读率，指的是媒介接触者占可能接触者的总数的比率。

满意度/欣赏指数 S2：此变量反映受众对某一媒体或媒体产品的满意程度，调查者把所要调查的媒介产品排列出来让受众打分——可以将分值范围确定在0～100分之间任受众选择；也可以将受众对产品的满意程度按完全满意、比较满意、一般、不太满意、不满意等进行等级排列，供受众选择——继而分别统计每一类的百分比，得出受众对媒介产品的满意度。

知名度/认知度 S3：此变量与接触率有关，反映的是某一媒体及其产品的普及或知名程度，接触率与知名度成正相关。知名度＝某地区知道某一媒体或节目的受众人数/该地区的受众总人数×100％。

忠实度 S4：此变量表示的是受众接触某个媒体或栏目的稳定程度，与受众满意度正相关。一般按照受众接触某个媒体的频次把受众的行为分为：天天接触、经常接触（每周2～3次）、有时接触、偶尔接触、不接触。在统计时可将天天接触或经常接触的人称为稳定受众。受众的忠实度＝稳定受众/全体受众×100％。

可信度 S5：此变量是衡量一个新闻媒体的信誉指标，可分为五个层次：相信、比较相信、一般、不太相信、不相信，把相信和比较相信的人数加起来除以该媒体的全体受众人数就是可信度。

媒介产品技术指标 S6：此变量根据不同的要求来进行设定，比如受众对节目创意、编排、表现等方面的看法。

专家评价分数 S7：此变量将专家受众列为特殊的一项，通过对专家意见的统计，得出一项评价分数，具体的测量方法是：专家评价分数＝全部专家对该节目打分之和/专家人数。

在最终计算时，根据不同的调查要求将上述七个变量的统计结果分别对应于相应的权重 F1 至 F7，并注意，这七项权重加起来总和设定为 1，最终按下列计算公式得出媒体或栏目总体评价得分公式：$S = S1 \times F1 + S2 \times F2 + S3 \times F3 + S4 \times F4 + S5 \times F5 + S6 \times F6 + S7 \times F7$。

（三）问卷调查法

问卷调查法起源于第一次世界大战结束后，诸如德国人海恩斯·戴曼在《不依靠武器的世界大战》、英国人坎伯尔·斯特阿卿在《克尔之家的秘密》、美国人拉斯韦尔在《世界大战的宣传技巧》等著作中采用的新型调查方法。第二次世界大战后，媒体对于受众的研究借鉴了这种研究方法，如 1939 年在普林斯顿大学成立的美国监听外台广播中心负责人查尔斯在《短波广播》、日本人池田德真在《宣传战史》、苏联人瓦奇纳泽在《天线指向东方：西方国家对外广播内幕》、美国学者福特纳在《国际传播》中所采用的方法。世界著名的传播巨头 BBC 从 20 世纪 30 年代已经开始开展听众的研究工作，以对外听众调研部为中心，每年大约对 15 个国家的听众进行抽样调查收听研究，最常用的方法是发放各种调查表，并利用研究机构和大专院校进行协助调查。

问卷调查法也称"书面调查法"或"填表法"，指的是调查主体通过科学的抽象方式，向一定规模的调查对象发出简要征询问卷，将其答案收集汇总后，用以间接获取调查主题相关材料和信息的一种方法。

按调查问卷的设计方式，问卷调查法可分为三大类，即开放式问卷调查、封闭式问卷调查和混合式问卷调查。所谓开放式，是指对问题的回答不提供任何具体答案，而由被调查者自由填写，其灵活性大、适应性强，有利于发挥被调查者的主动性和创造性，使他们能够自由表达意见。但同时会出现标准化程度低、后期整理和分析比较困难、可能降低问卷的回复率和有效率等问题。所谓封闭式，是指将问题的几种主要答案甚至一切可能的答案全部列出，然后由被调查者从中选取一种或几种答案作为自己的回答，而不能作这些答案之外的回答，其常见的方式有填空式、两选一式、列举式、选择式、顺序式、等级式、矩阵式、表格式等方式。其优点在于标准化答案有利于被调查者正确理解和回答问题，节约回答时间，提高问卷的回复率和有效率，有利于后期的统计和定量研究。其缺点是设计比较困难，回答方式较机械，难以适应复杂的情况，难以发挥被调查者的主观能动性。混合式是封闭型回答与开放型回答的结合，综合了开放型回答和封闭型回答的优点，同时避免了两者的缺点，是目前采用最广的一种问卷调查方法。

按调查对象对问卷的填写方式，问卷调查法可分为自填式问卷查和代填式问卷调查。其中，自填式问卷调查，按照问卷传递方式的不同，可分为报刊问卷调查、邮政问卷调查和送发问卷调查；代填式问卷调查，按照与被调查者交谈方式的不同，可分为访问问卷调查和电话问卷调查。

自填式和代填式问卷调查方法的利弊，可简略概括如表 7－6 所示[①]：

表 7－6 自填式问卷调查与代填式问卷调查之比较

项目	自填式问卷调查			代填式问卷调查	
子项	报刊问卷调查	邮政问卷调查	送发问卷调查	访问问卷调查	电话问卷调查

① 资料来源：http://baike.baidu.com/view/222624.htm? fr＝ala0＿1。

项目	自填式问卷调查			代填式问卷调查	
调查范围	很广	较广	窄	较窄	可广可窄
调查对象	难控制和选择，代表性差	有一定控制和选择，但回复问卷的代表性难以估计	可控制和选择，但过于集中	可控制和选择，代表性较强	可控制和选择，代表性较强
影响回答的因素	无法了解、控制和判断	难以了解、控制和判断	有一定了解、控制和判断	便于了解、控制和判断	不太好了解、控制和判断
回复率	很低	较低	高	高	较高
回答质量	较高	较高	较低	不稳定	很不稳定
投入人力	较少	较少	较少	多	较多
调查费用	较低	较高	较低	高	较高
调查时间	较长	较长	短	较短	较短

按调查介质不同，问卷调查法可分为传统问卷调查与在线问卷调查。其中，在线问卷调查是通过互联网把传统的调查、分析方法在线化、智能化，其特点是经济与便捷，调查人员无须支付劳务费和邮费，就可将问卷发放至被调查对象中，被调查者自行填写录入，减少调查的差错率，同时可以自动生成结果，效率很高。其不足之处在于有可能存在样本有效性问题，难以核实被调查者的真实身份、回复率低等。

问卷调查法一般由卷首语、调查问题、问题编码和附件四个部分组成。

其中，卷首语一般放在问卷的首页，主要是向被调查者说明调查的目的、意义和主要内容，选择被调查者的途径和方法，对被调查者的希望和要求，填写问卷的说明，回复问卷的方式和时间，调查的匿名和保密原则，以及调查者的名称等。在写作中，卷首语要谦虚、诚恳、平易近人，文字要简明、通俗。

调查问题是问卷的主要组成部分，在编写时应尽量注意符合调查对象的客观实际，按照具体性、单一性、通俗性、准确性、简明性、客观性、非否定性的原则，围绕调查主题和研究假设科学地设计问题，同时注意各个题目的逻辑衔接。具体而言，调查问题大致有四类：背景性问题，主要是被调查者个人的基本情况；客观性问题，是指已经发生和正在发生的各种事实和行为；主观性问题，是指人们的思想、感情、态度、愿望等一切主观世界状况方面的问题；检验性问题，为检验回答是否真实、准确而设计的问题。

问题编码是把问卷中询问的问题和被调查者的回答，全部转变成为利于后期统计的代号或数字，从而有助于统计结果分析，其主要任务是给每一份问卷、每一个问题、每一个答案确定一个唯一的代码。从编码的时间顺序看有前编码和后编码之分，前编码适用于封闭式问卷中的答案，因为它们在设计问卷时就已经拥有代码；后编码适用于开放式问卷，因为它们的代码一般出现在调查结束后，是根据答案的具体情况再编定的。从编辑的具体内容而言，可以包括以下几种：调查对象类别代码、调查问题结果代码、调查时间代码、调查完成情况代码、调查员代码、调查结果评价代码、复核员代码、复核意见代码等。

附件是对问卷进行审核和分析的重要依据，主要包括问卷名称、被访问者的地址或单位（可以是编号）、访问员姓名、访问开始时间和结束时间、访问完成情况、审核员姓名和审核意见、结束语等。

（四）焦点小组访谈法

20世纪80年代，大众传播学研究的重点逐渐由媒介对于受众行为和信仰的影响效果研究，转移到受众是如何感知、理解、使用媒介内容，以及媒介技术之外的意义如何与其发生互动的，立足于效果的调查方法逐渐让位于更能揭示受众接受复杂性的焦点小组访谈法。相对于面对面的个人采访，焦点小组访谈法在时间、资源和研究经费等方面都具有一定的优势，既能在最大限度节约研究成本的前提下采访到更广泛的人群，又能让调查研究者近距离观察到受众是如何理解媒介内容的复杂过程，成为这一时期受众研究的主要方法。

需要指出的是，焦点小组访谈法在某些研究中可以作为一种单独的数据或资料的搜集方式，但更多情况是与其他补充性数据搜集方法结合起来使用的，比如与问卷调查、观察报告、内容分析等方法结合使用。同时，在一项研究的不同阶段上，焦点小组访谈法也可以发挥其不同的作用，比如在研究的早期阶段，可以用焦点小组访谈进行一些了解性的工作，了解在特定的领域和群体内，哪些话题是受众关心和正在讨论的，如何讨论；在使用问卷调查法和内容分析法的过程中，如果其中包含一些需要深入研究和详细考察的话题，焦点小组访谈法也会被穿插使用。

焦点小组访谈法最常用的步骤是由斯图尔特和沙姆达萨尼设计的[①]：

1. 问题定义/对研究问题进行简洁陈述

通过焦点小组访谈的主持人或协调人对参与访谈的受众进行话题的说明，作为辅助手段，经常可以让受众观看研究者专门选择的媒介产品，进而引出话题。

2. 确定样本结构

一焦点小组的数目通常是由研究的目的及可用的资源决定的，如果是为了一些探索性的目的，2～4个足够。如果这个方法构成了研究中的一个更为实在的部分，则必须多于6个。在20世纪八九十年代的很多受众研究中，一般使用12～20个小组，而每组的人数最好不超过10～12个人，最理想的规模是6～10人。场合不可避免地会对参与者的反应产生结构性的影响，要考虑到话题及所讨论问题的性质及客观物质条件的便利性。

① 转引自安德斯·汉森等：《大众传播研究方法》，崔保国、金兼斌、童菲译，新华出版社，2004年版，第309页。

3. 确定协调者

协调者也可称主持人，在焦点小组访谈中的作用是根据研究主题、希望达到的反应及参与者的特征等因素来决定的，即起到推动、协调和加速讨论的作用。

4. 制定访谈指南和进行前期验证

访谈指南是关于话题、论点及讨论所涉及范围的列表和菜单，需要协调人在访谈前给出相应指导，比如讨论何种话题，观点的顺序如何排列等；对焦点小组讨论进行推动及探查的程度和性质；图像和声音等辅助手段的使用方式；在讨论过程中必须加以特别介绍的关键点。

5. 征集参与人员

通过统计学的科学手段确定样本范围，进而征集参与话题讨论的人员。

6. 进行焦点小组访谈

将上述准备工作最终落到实处，完成所需的调查任务。

7. 分析解释数据并撰写报告

对访谈结果中数据和相关资料进行总结归纳，得出相应的结论并向调查主办方提交访谈报告，其中应列出相应的参考意见和有效建议，供调查主办方选择。

此处需要提及的是，在焦点小组访谈中，经常使用的一种辅助手法是由哈佛商学院饶尔特曼于 20 世纪 90 年代提出的 ZMET (Zaltman Metaphor Elicitation Technique) 法，又称为隐喻诱引技术，是一种以图片为媒介结合深度访谈的受众研究方法，具体而言就是以受众收集的图片作为线索提示工具，图片本身是隐喻，通过有效的探索和发掘，可以察觉到受众视觉隐喻背后所隐藏的东西，结合多层次的阶梯法（Laddering Technique）与凯利方格技术 (Kelly Repertory Grid Technique) 的辅助，抽取受众对特定主题的概念，并以概念与概念之间的关系构建代表受众深层想法与感觉的心智地图（Mental Map），获取受众潜意识下的感觉、想法与认知，甚至挖掘受众自己都不清楚认知的潜意识，是研究受众态度与行为的有效技术。[①]

（五）网络调查

顾名思义，网络调查是借助先进的网络技术，在网络平台上对受众进行的调查，调查者可以采用注册法（可获得受众的基本人口统计特征的资料）、软件分析法（服务器软件调查、COOKIE 技术跟踪法，可调查受众的身份、电子邮件地址、上网习惯、使用媒介情况等）、问卷调查法（网上调查和网下调查）和网上网下结合法（专业调查机构采用的权威的、全面的信息）等方法对相关样本进行调查，以获取所需的统计数据。

具体而言，网络调查有两层含义：

1. 以网络为手段进行的调查

这种调查又可以有三种形式，其一是通过网上定量研究的方法获取统计数据，比如网站或网页问卷调查、电子邮件调查、弹出式调查、网上固定样本调查；其二是通过定性研究方法获取相关的资料，比如一对一的网上深层访谈、小组座谈、观察法、文献资料分析法；其三是混合研究方法，即综合定量与定性的分析法。

2. 测量网络使用情况的调查

这种调查也包括三种形式：其一采用的是以网站为中心的测量，包括服务器日志文件分析、网站详情分析、网络广告服务；其二是以用户为中心的测量，包括固定样本的用户测量、用户结构分布及行为调查；其三是以广告为中心的测量，包括广告效果的调查、广告到达率的统计、广告行为影响的调查等。

（六）实地调查方法

实地调查又称田野调查，是借鉴了文化人类学、考古学的一种受众调查方法，即调查者通过实地参与受众的调查研究工作，通过直接观察的实践与应用，为了取得第一手资料而采取的前置步骤。

有的学者又将其称为跨时性固定样本连续研究（longitudinal

---

① 丁迈：《典型报道的受众心理实证研究》，中国传媒大学出版社，2008 年版，第50 页。

studies)，指调查者在某一较长的时段内，连续不断地关注并测度受试者的行为或特性。这种方法可以观察被调查者早期经历对后来发展的影响，但昂贵耗时，要求研究者具有极大的耐心与恒心。比如，美国学者埃龙曾在长达十数年的实地调查和测试中发现，观看电视暴力与真实世界的攻击性行为具有某种关联，8 岁就观看暴力电视的男孩预示了 18 岁时的攻击性行为，30 岁时的严重犯罪行为。[①]

（七）横向调查法

横向调查方法也称为横断面调查法，指的是调查者选取若干组在某些方面匹配的受试者，在同一时间内进行观察评定，以比较其行为或特性的研究方法。这种方法节约时间，但不能观察受试者以往经历对后来发展的影响，不能显示接触媒体与产生行为之间的因果关系，有可能出现逻辑漏洞。

一个典型的例子是英国的传播学者贝尔森曾在伦敦对 1500 多名 12 至 17 岁的青少年进行研究，用以获取青少年与媒介暴力之间的相关性。为使调查结果尽可能真实，调查者无论是抽取样本还是设计统计测度系统都做到了十分缜密。他测度了 13 种不同类型的暴力，例如正义的暴力，与之相对的恐怖的暴力，真实世界的犯罪行为等；开发了青少年观看不同类型电视节目（如体育、新闻、喜剧、动画）及其他媒介（如报纸、电影、连环漫画）中的暴力内容的详细测度方法。通过比较重度暴力观众和轻度暴力观众，将样本中的青少年根据不同的因变量测度、归类发现与轻度暴力观众不太严重的反社会行为相比（在前六个月平均有 5.02 次），重度暴力观众呈现出更多的严重反社会举动（前六个月平均有 7.48 次），揭示了重度暴力观众和轻度暴力观众之间在统计学上的重要差异。他还发现，当研究其他媒体时，这种接触暴力内容和反社会行为之间的

---

① 罗杰·迪金森、拉马斯瓦米·哈里德拉纳斯、奥尔加·林耐编：《受众研究读本》，单波译，华夏出版社，2006 年版，第 119 页。

相关模式也成立。[①]

（八）基于 SPSS 软件基础上的受众调查分析

20 世纪 80 年代以来，随着计算机技术的成熟和普及，受众调查主要转向了计算机，而 SPSS 软件就成为采用计算机软件或程序进行数据分析的主要工具。

SPSS 是世界上最早的统计分析软件，由美国斯坦福大学的三位研究生于 20 世纪 60 年代末研制，原意为 "Statistical Package for the Social Sciences"，即 "社会科学统计软件包"。1975 年，他们在此产品的基础上组建了 SPSS 总部，1984 年首先推出了世界上第一个统计分析软件微机版本 SPSS/PC+，开创了 SPSS 微机系列产品的开发方向，极大地扩充了它的应用范围，并使其能很快地应用于自然科学、技术科学、社会科学的各个领域。2000 年公司正式将英文全称更改为 "Statistical Product and Service Solutions"，意为 "统计产品与服务解决方案"，标志着 SPSS 的战略方向正在做出重大调整。至今全球约有 25 万家产品用户，是世界上应用最广泛的非专业统计软件。[②]

在进行受众调查的研究分析时，首先将从内容分析译码表或调查问卷中来的编码数据输入 SPSS 数据文档，文档中的每一列都表示一个变量，每一行都描绘一个个案，数据可以以变量的三种主要类型出现：连续变量、绝对变量和线性变量。SPSS 采用类似 EXCEL 表格的方式输入与管理数据，存储时则是专用的 SPO 格式，可以转存为 HTML 格式和文本格式，是非专业统计人员的首选统计软件（见图 7-1）。

① 罗杰·迪金森、拉马斯瓦米·哈里德拉纳斯、奥尔加·林耐编：《受众研究读本》，单波译，华夏出版社，2006 年版，第 115 页。

② 资料来源：http://baike.baidu.com/view/130328.html?fromTaglist.

图 7-1　SPSS 操作界面

SPSS 统计分析过程包括描述性统计、均值比较、一般线性模型、相关分析、回归分析、对数线性模型、聚类分析、数据简化、生存分析、时间序列分析、多重响应等几大类，每类中又分好几个统计过程，比如回归分析中又分线性回归分析、曲线估计、Logistic 回归、Probit 回归、加权估计、两阶段最小二乘法、非线性回归等多个统计过程，而且每个过程中又允许用户选择不同的方法及参数，便于满足不同的分析需要。

三、中国的受众调查

中国最早的受众调查可以追溯到《浙江潮》杂志于 1903 年 4 月 17 日第三期刊出的《杭城报纸销数表》，记载了当时杭州报纸的发行数字和阅报人身份。此次受众调查由杂志社自行发起，是对受众面的一个描述，缺少全面的考察，但其却因"开近代中国读者调查的先河"[1] 而显得意义重大。

1936—1937 年初，上海民治专科学校校长顾执中主持的"上海报纸和上海读者的调查"是"中国新闻史上旨在研究新闻理论而

---

[1]　傅宁：《中国报刊最早的受众调查》，载《新闻爱好者》，2003 年第 10 期。

开展的大规模的民意调查"①。

由于特殊历史原因导致的传者中心强势阶段的反常延续，对受众的忽视长达数十年，直到 20 世纪 70 年代末至 20 世纪 80 年代初，郑北渭、陈韵昭教授率先引用西方传播学的理论和方法，组织复旦大学的学生在上海运用简单随机抽样方法进行问卷调查，了解受众通过何种渠道得知"四人帮"受审的消息。因其借鉴了传播学中的"两级传播"理论，被看作是科学的受众研究在新闻传播教育和研究机构的开端。

1981 年，时任《人民日报》副总编的安岗发表一篇演讲《研究我们的读者》，强调把受众从接受新闻媒介灌输的对象提高到接受媒介服务的主体的地位，从理论和政策的角度为受众研究打开了发展的大门。

自此，我国的受众调查蓬勃开展，比如 1982 年由中国社会科学院新闻研究所发起，《人民日报》《工人日报》《中国青年报》和北京广播学院共同组织的"北京地区读者、观众调查"在研究手段上采取了定量分析与定性分析结合的方法，制订了抽样方案，并严格按照随机原则抽选样本，力图排除任何主观意图的影响，"是我国第一次运用电子计算机抽选样本和统计分析数据的民意调查"②。而 1986 年由《人民日报》发起的全国读者调查是新时期报纸大型抽样调查的起点，并将调查的结果用于实践的改进上，显示了受众调查的重要作用。

此后，广播电视领域的受众调查后来居上，如 1986 年，中央电视台举行了一次全国城市观众抽样调查，样本包括我国除港澳台地区和西藏自治区以外的全部地方，是我国电视史上首次大范围、专门性的观众调查；1988 年 2 月，中央人民广播电台举行首次全国听众调查。而民营的调查公司 ——中国社会调查所也于 1986 年成立，充分显示了受众调查市场的兴盛。

①　陈崇山、弭秀玲：《中国传播效果透视》，沈阳出版社，1989 年版，第 16 页。
②　陈崇山、弭秀玲：《中国传播效果透视》，沈阳出版社，1989 年版，第 23 页。

1992 年党的十四大召开，再次确认社会主义市场经济体制改革方向，促使媒体在经营上走向市场和竞争。1998 年 3 月第九届全国人大第一次会议指出，对包括传媒业在内的大多数事业单位，三年后实行自收自支。这些传媒政策表明传媒的产业属性被充分认可，因而各种传媒必须开始在经营策略上注重受众的主体地位，受众本位思想——大众传播媒介在信息的传播活动中，应以最大限度地维护受众的根本利益为出发点，以满足受众获取多方面信息的需要为己任，提高受众的思想素质、政治素质、道德素质和科学文化素质为目标，全心全意为受众服务[①]——得到了高度的认同，由此带动了我国受众调查市场的持续繁荣。

21 世纪以来，互联网等新媒介技术的广泛应用，改变了中国受众使用媒介的行为，2010 年前后，根据传统媒体与互联网使用频率，有学者对新媒介环境下的中国受众进行分类研究，发现六种主要受众形态，即电视主导型、媒体低耗型、电视杂志型、电视报纸型、电影网络型、电视广播型。[②] 当前，中国的受众研究主要是基于移动互联技术之上的，分众和小众的研究趋向更为明显，社交媒体受众成为研究热点。

小　结

在大众传播研究初期，受众这一概念是位于线性讯息传播过程终端的、讯息的实际或计划的接受者，它们通常是新闻或娱乐媒介的付费公众，广告宣传的目标对象；后来，另一种观点占据主流地位，即在一定的社会和文化环境中，媒介接受者或多或少具有一定

---

① 陈崇山：《论受众本位》，载《解读受众：观点、方法与市场》，河北大学出版社，2001 年版，第 71 页。

② 沈菲、陆晔、王天娇、张志安：《新媒介环境下的中国受众分类：基于 2010 全国受众调查的实证研究》，《新闻大学》2014 年第 3 期。

的主动性，可以抵御媒介的影响，并受到受众自身所关注内容的引导，传播过程被认为是一个协商、交流和互动的过程，因此受众是"被建构的"（constructed），是被有选择地根据不同的逻辑和话语来定义的。由此受众的划分类别多样性大大增加，导致受众研究中对象的种类繁多。

在今天，媒介和渠道的剧增使媒介注意力分散，受众更加分化，加之新型媒介的产生导致的传受一体，导致受众研究向着多元化方向发展。

从实质上说，只要大众媒介存在，受众的传统含义和现实也将继续存在，尽管接受者的影响力和自主性比以前有了更大的发挥空间，但传统的观念——媒介创造受众——还依然存在，只不过这种操纵变得更加巧妙和隐蔽，受众的不同理解的前提是核心经验的共同性。

思考题

1. 选择一些不同媒介平台上的节目，请同学们用实践操作性分类法进行归类，进而思考哪种主体愿意使用这种分类方法？为什么？说出理由。

2. 请学生借阅美国托克威尔著《论美国的民主》第二部分第七章《多数人在美国的无限权威及后果》、法国勒庞的《乌合之众——大众心理研究》，从中找寻被动性受众的一些研究依据。阅读后请对所研读的内容进行自我对照，看自己身上是否具备这样的特点。

3. 请学生结合自己的实际情况，对德弗勒提出的四种受众理论进行对照分析，看其说法是否有道理，哪些地方值得推敲和改进。同时请学生课下将本章的文化规范与传播效果章节中的议程设置理论进行对照阅读，了解两者之间的关系。

4. 请同学们对课堂上所讲授的各种受众理论进行消化吸收和总结，并从实际的传播现象中找出与之对应的例子。

5. 选择一种调查方法，制作一个调查问卷，选取一定的样本，就某一项自己感兴趣的媒介现象进行小范围的受众调查，并撰写研究报告。

6. 选取 5 本国内新闻传播学界核心期刊，搜集最近 10 年期刊上涉及受众研究领域的论文，结合定量分析的方法，梳理我国传播受众研究的成果，从研究对象、研究方法等方面总结这一阶段受众研究的特点。

第八章　传播效果研究

　　回顾传播学发展的早期历史，我们不难发现推动这个学科从无到有及由小到大发展、壮大起来的几个最重要、最根本的动力，都与传播效果密不可分：无论是政治领域中为了塑造候选人形象，游说选民，争取在总统竞选中胜出；还是为了在竞争激烈的市场环境中，使用广告等公关手段影响消费者，最大限度地获取利润；或者是在中立主义盛行的美国，要说服青年一代冒着生命危险，奔赴遥远的异国他乡，参加战争，流血牺牲……大众传播学从一开始便在传播效果这个环节投入了最多的关注与思考。可以说，对传播效果的关注是大众传播学得以产生的原动力之一。

　　丹尼斯·麦奎尔（Denis McQuail）不止一次谈到这个问题。在他看来，不仅仅大众传播理论之大部分（或许甚至是绝大部分）研究的是效果问题，可以说整个大众传播研究是以媒介会产生显著效果这个前提为基础的，虽然对于这个假设效果的内涵和外延都存在极大争议。[1] 很大程度上，也正是这一不确定性导致相关研究包括了多元而庞杂的内容。

　　本章将在重点介绍北美行为学派效果研究成果的基础上，横向涉及欧洲批判学派对北美研究传统的反思，同时，纵向延伸到近来影响日趋显著的文化研究范式。

---

　　[1]　丹尼斯·麦奎尔、斯文·温德尔：《大众传播模式论》，祝建华、武伟译，上海译文出版社，1997年版，第59页；Denis McQuail：*Mass Communication Theory: An Introduction*，London：Sage，1997，p. 327

第一节　效果研究的兴起

大众传播学伴随着第二次世界大战前后深刻的社会转型产生于行为主义盛行的美国。虽然要在知识积累、理论演变、人员兴替的渐变过程中寻求这个质变的精确时刻并非易事，但是仍然有学者不无根据地指出：这个学科的理论体系始建于1927年。定在这一年是因为哈罗德·D. 拉斯韦尔（Harold D. Lasswell）的博士论文《世界大战的宣传技巧》（*Propaganda Technique in the World War*）在这一年正式出版。[①] 如果看看在拉斯韦尔之前社会科学领域各学科之间的隔阂以及各学科学术著作写作方式的差异，再看看《世界大战的宣传技巧》一书以跨越政治学、社会学、心理学、生理学等多个学科的前所未有的恢宏气势和研究模式来观照人类历史上第一次现代意义上的全面战争，就不难理解这一跨学科的尝试为什么不仅让拉斯韦尔获得了"行为科学的达·芬奇"这一赞誉，更促成了宣传研究的崛起。

拉斯韦尔让人们逐渐认识到宣传在第一次世界大战中无所不在的效果：如果没有团结一致的国家作为后盾，就没有哪个政府敢于奢望赢得战争；而如果不能通过宣传控制国民的头脑，就没有哪个政府能够拥有一个团结一致的后盾。拉斯韦尔指出，现代战争必须在三个战线展开：军事战线、经济战线和宣传战线。经济封锁扼制敌人，宣传迷惑敌人，军事力量给予敌人最后一击。与其他形式的攻击武器配合运用，宣传可以耗尽敌方军事和平民力量，为士兵与坦克的武力威慑铺平道路。与此同时，也许大多数人没有预料到的是，宣传同样也是一种主动而有效的武器，它的主要功能是通过强化沮丧、幻灭和挑拨离间来摧毁敌人的意志力。即使排除那些夸

---

① 阿芒·马拉特、米歇尔·马拉特：《传播学简史》，孙五三译，中国人民大学出版社，2008年版，第18页。

张、虚构的因素，研究发现：宣传仍然是现代社会最强有力的工具之一。用拉斯韦尔的话来讲便是："在大型社会中，战舞的熔炉已不可能熔化个人的随意，必须有一种新的、更加巧妙的工具将成千上万，甚至上百万的人融合成一个具有共同的仇恨、意志与希望的集合体。必须用新的火焰烧光意见分歧的弊病，锻造参战热情的钢板。这种统一社会的新型锤子和铁砧的名字就是宣传。"[1]

拉斯韦尔认为宣传的作用包括以下四个方面：

（1）动员社会成员仇恨敌人；

（2）维持与中立国及盟国之间的友好关系；

（3）促使中立国转而反对敌国；

（4）粉碎敌人坚不可摧的抵抗。

从这几个方面不难看出，无论是对己还是对人，宣传的作用都主要体现在改变接收宣传信息的对象的态度上面。[2] 而且，进一步来看，宣传是实施宣传的主体经过深思熟虑，有计划有步骤地实施，并且意在影响舆论、操纵受众、控制局势。对于宣传主体而言，宣传是一种目的性非常明确的传播活动；而对于宣传对象来讲，宣传则是一种具有惊人效果的传播活动。

从研究内容的角度来看，拉斯韦尔的研究与同时代的许多学者关注的重点不同。他的研究主要从技巧的角度着手，并没有对其进行伦理或道德方面的评判。正是基于这个原因，他把自己的研究看作是对当时宣传研究中人们普遍偏爱"思辨"（contemplative）方法的一种反拨。[3] 恰好是这一点使得该研究不仅在学科上跨越了多个领域，也在研究范式上体现出显著的"过渡"特征。

一方面，此研究奠定了当时欧美，特别是美国，在社会学、政治学等社会科学逐渐兴起的行为学派的研究立场。强调从经验事实

① 哈罗德·D. 拉斯韦尔：《世界大战的宣传技巧》，张洁、田青译，展江校，中国人民大学出版社，2003年版，第177页。

② 同上，第22页。

③ 同上，第2页。

出发，采取中立态度，运用经验材料来对社会现象或社会行为进行实证考察。另一方面，拉斯韦尔对于宣传材料的分析方式主要是定性的。虽然已经开始采用后来被广泛用于传播量化研究的内容分析法，但是对于宣传材料的分析仍然以个人解读为主，主要目的是要揭示宣传技术的性质，基本是一种建立在归纳逻辑之上的研究方法。

拉斯韦尔对宣传的关注与研究引导世人将目光投向了这个具有惊人传播效果，之前却少有人以这种方式问津的领域。但是由于无法得到足够的资金支持，同时，研究成果很难形成连贯一致的理论体系，宣传研究自拉斯韦尔开始，经历了一个相对短暂的蓬勃发展之后的迅速衰落。20 世纪 40 年代以后，宣传研究几乎消失。

然而，在拉斯韦尔奠定的"传播具有强效果"的语境中，取而代之的则是在"传播研究"名下所展开的探索与尝试。而这其中，有关传播效果的研究如同雨后春笋一般迅速出现，在此后超过半个世纪的时间跨度上占据了传播研究的"半壁江山"。

第二节 "强效果"假说

20 世纪 30 年代前后，有两个因素促进传播的效果研究获得了它日后被广泛效仿的研究模式与研究方法：社会科学研究方法的日渐成熟以及规模越来越大并且被广泛关注的电影工业及其产品的影响。学术界逐步将最新发展出来的研究方法应用到观察电影影响力的研究当中。从这个时期开始，美国学术界开始大规模地研究电影对儿童的影响。由此，大众传播研究的主流便与"影响"二字紧密地结合在一起的，开辟了一条行为科学的道路。其中，佩恩基金研究是最早的重要研究之一。

一、佩恩基金研究

第一次世界大战以后，电视即便在美国也是普通人闻所未闻的东西，人们最喜闻乐见的娱乐形式，除了听广播，便是看电影。看电影成为家庭中能够被不同年龄层次成员共同接受的休闲活动。对约会的青年男女而言，电影院是最佳约会场所，父母也多以周末电影来奖赏表现良好的子女。这些因素都导致电影票房急速上升。1922 年以前还没有可靠的票房数字，而 1922 年当年每周票房就有 4000 万美元的记录。20 世纪 20 年代末，这个数字已经高达 9000 万！1929 年看电影的民众中约有 4000 万青少年，其中大约 1700 万是 14 岁以下的儿童。

与此同时，学术界也在经历着天翻地覆的变化。20 世纪 20 年代，从自然科学领域借鉴而来的科学方法已经在社会学和心理学这两个学科被完全接受。而传播学在方法论上的成熟在很大程度上要拜这两门学科所赐。同时，统计学和新的测量方法也开始被引入传播研究，传播学者开始采用社会科学的研究范式来观照传播效果的种种问题。"佩恩基金研究"便是这套方法的最早应用。

这个研究项目包括十三项从不同角度出发的子课题。它们用实证的方法证明了当时社会各界对于电影影响力的猜测和忧虑，从多个侧面为针对电影的各种批评提供了理性视点和理论支撑。虽然那些研究成果在现在看来已经没有太大实际意义，它们被证明在很大程度上不足以解释现代电影的影响。但是它们却是实证的传播研究发展史上的重要里程碑，相关理论因而逐渐成形，并且导引着更多的后续研究。

二、大众社会（Mass Society）

大众社会就是人数众多的社会吗？答案既是肯定的，又是否定的。无论从英文单词"mass"，还是从中文翻译的字面上看，"大众"都包含有"许多人"的意涵。但是，大众社会中的"大众"一词却不仅仅表示数量的多寡。事实上，是传统社会还是大众社会，不完全取决于成员数量，更在于社会成员之间的关系。

如果不能清晰透彻地理解"大众社会"与其他社会的区别，就无法理解它与效果研究之间形成密切关联的原因，也就无法掌握大众传播效果研究（特别是早期效果研究）得到种种"强效果"结论的基础和前提。

在传统社会，人们主要从事农业，靠天吃饭，自给自足；手工业者主要依靠人力和自然界力（风力、水力等）从事个体生产；没有大规模的工业生产和市场销售；社会成员少有流动，大家因为共同的信仰结成社会；多数人依赖口语传播，不能阅读报纸，识字、读书是少数人的特权……

与传统社会相比，大众社会出现了三个本质变化。

首先是工业化（Industrialization）。1776 年，瓦特发明蒸汽机，标志着工业革命的开始。随着科技的进步，更加庞大而且先进的机器逐渐被应用于工业生产，直接导致了生产规模的成倍增长，数量巨大的人群集中在一起生产劳动，更加细致的分工在各个领域当中出现，机器在生产过程中发挥主导作用，操作机器的人反而成为机器的附属品。更重要的，在此基础上，马克思提出了"疏离"这个概念。同时，作为劳动力的工人实际上是自愿或被迫从土地上脱离出来的农民，他们纷纷在契约制度的规范下进入工厂，付出劳动，获得酬劳，进行消费，并且周而复始，迅速地完成从农民向工人的转变。

与传统社会大量人口分散居住不同，工业社会需要大量劳动力集中居住，以提高生产效率。在此背景下，一些之前的小型城镇、村庄的规模开始扩大，人口剧增，现代意义上的城市出现了。这个过程被认为是人类社会的另一个本质变化：城市化（Urbanization）。在城市中居住、生活的成员往往来自四面八方，人们需要适应一个完全陌生的环境。在这种情况下，人们不再主要依靠亲情、友谊或者信仰来协调互相之间的关系，而是依靠契约制度来明确并且规范陌生人之间的权责关系。脱离自己原始生存环境的工人们在一定程度上也失去了文化认同感，传统的道德约束在这里开始失去效力。在这个几乎没有共同历史传统的新社会中，大家依靠现代管理制度协调彼此的关系，并且为特定的共同目标协作劳动。

随着工业化、城市化的推进，人类文明不断加速向前，科技进步日新月异，大量新技术被应用到生产环节，制造出数量惊人的新产品。在物质极大丰富的背景下，社会开始出现前所未有的分化，贫富悬殊出现并逐渐加剧。不同阶层社会成员之间通过对商品消费能力的差异来体现身份的不同，这与昔日通过宗教信仰、种族等标准所进行的社会划分已经大相径庭。文明的变迁当然伴随着大众传播内容和形式的巨变。种种潮流的共同归宿便是社会的现代化（Modernization）。现代化被认为是人类社会发展的一个新的阶段。虽然，现代化以及伴随着现代化而来的现代社会，一直以来都是人们争论的重要话题，它的利弊也被广泛地讨论。但是"在整个19世纪，尤其很明显地在20世纪，有一个运动使modern的词义演变朝向正面意涵"①。换句话说，许多人逐渐将"先进的、高级的、文明的……"等含义赋予具有种种现代特征的大众社会，从而在思想上认同朝向大众社会的现代化转型。

可见，"大众社会"这个概念包含多层含义，而大众社会中的成员——"大众"，也具有一些区别于传统社会成员的特征：（1）规模巨大，在人数上超过其他社会群体或集团；（2）广泛分布于社会各个阶层，在特定的有限时空中的成员具有分散且异质的特征；（3）成员之间互不相识，处于一种匿名的状态；（4）范围因不同的指标而时有变化，成员具有流动性；（5）缺乏明确的自我意识和自我约束，因而不能作为一个主体而自主行动，大众行为主要是在外部力量的刺激和动员下形成的；（6）具有相同的行为倾向，对于传播而言，可以被看作同质的主体，容易受到外部力量的操作和影响。②

正是这种失去传统人际关系中相互关联的"茕茕孑立，形影相吊"的个体，作为现代社会的基本单位面对兴起的现代大众传播媒

---

① 雷蒙·威廉斯：《关键词：文化与社会的词汇》，刘建基译，生活·读书·新知三联书店，2005年版，第309页。

② 郭庆光：《传播学教程》，中国人民大学出版社，1999年版，第168页。

介，他们孤立的状态很容易被媒体各个击破。① 这样我们就更容易理解人类社会经过现代转型以后的大众社会与其传统形态之间的区别。更重要的，这些区别为我们理解早期传播效果研究者的思路如何受到影响提供了线索，让我们有可能更全面深入地理解"魔弹论"诞生的社会背景与逻辑起点。

三、大萧条与战争阴影

20 世纪 20 年代的美国，在社会、经济、文化等方面都呈现出极度繁荣的面貌，为身处其中的民众提供了空前的物质享受和精神刺激，也为身在其外的人们塑造了完美的现代社会的理想和蓝图，可以说是上文中"大众社会"在现实中的完美例子。然而，这一切随着 1929 年 10 月股灾的爆发，在瞬间灰飞烟灭化为乌有。作家威廉·曼彻斯特（William Manchester）这样描述 1932 年美国的经济状况：

> 整个来说，纽约证券交易所行情牌上的股票价格，只等于 1929 年的 11％；投资者的损失达 740 亿元，相当于世界大战全部战费的三倍。全国有五千多家银行倒闭，8.6 万家商号暂停营业。美国国民总产值从 1040 亿元下降到 410 亿元（1973 年估计为 21770 亿元）。1932 年，有 27.3 万户人家被房东撵走。工人即使谋得一职，每周平均工资也只有 16.21 元。……穷人家为了省钱度日想出的种种妙法，说来真了不起。男人的刮胡子刀片磨了再用；自己动手卷纸烟，要不就抽"翅膀"牌（一角钱一包）；为了省电，改用 25 瓦灯泡。孩子们捡汽水瓶到铺子里退钱，一个两分；上面包店排队买隔宿的面包。妇女们把旧被单剪开再把两边缝接起来，这样就把中间磨损的地方分移到两边去了；把自己的衣服改一改给女儿穿，这样在邻

---

① 参见本章第二节中"大众传播传统模式与媒介影响的两级流动模式之比较"一图中，传统模式描绘的受众个体的状况。

居太太面前就不显得寒碜了——其实邻居手头一样紧，恐怕采取的办法也是一样。……甚至有一次，胡佛总统①到洛基山区钓鱼，有个本地人把他领到一间茅屋里，看到一个孩子已经饿死，另外七个也奄奄一息了。②

对于新兴的美国而言，这样的衰退可以说胜过了任何一场刻骨铭心的灾难。一直到 20 世纪 30 年代后期，虽然经济状况好转，失业率下降，生产开始恢复，但美国人对刚刚过去不久的那一场大萧条噩梦仍然记忆犹新、心存疑虑。

而此时，也就是 20 世纪 30 年代末期，报纸作为一种大众传播媒介的重要性逐渐因为广播的兴起而开始下降。后者开始成为美国大众最常用的主要信息和娱乐媒介。同时，广播节目的形式也层出不穷、花样翻新。广播新闻中经常使用的"现场报道"的形式开始被应用在广播剧节目中，以营造一种真实的氛围。1938 年，美国大约有 3200 万户家庭，这其中 2700 万户拥有收音机，而且数量还在迅速增加。

1938 年 9 月 12 日，希特勒在纽伦堡的纳粹年

【课堂教学活动】

播放纪录片《意志的胜利》相关片段。

会上做演讲。这是美国民众第一次在收音机听到他本人的声音，许多美国人觉得他的话里充满仇恨。事实上，广播是美国民众了解日益紧迫的欧洲时局的主要媒介。当身在美国国内的听众听到从欧洲大陆传来的爱德华·默罗（Edward R. Murrow）的声音的时候，无不感觉自己就是一名束手无策的旁观者，明知事变进程会严重影响自己的一生，也只有眼睁睁望着。难怪当《慕尼黑条约》签订以后，哥伦比亚广播公司说：广播事业"非但已成为传播新闻的媒

---

① 笔者注：美国第 31 任总统，1929 年至 1933 年在任。

② 威廉·曼彻斯特：《光荣与梦想》，广州外国语学院英美问题研究室翻译组、朱协译，海南出版社，2006 年第 2 版，第 25～31 页。

介，还成为一股社会力量了"①。这一股新的社会力量很快就在美国本土初露峥嵘。

而此时（20 世纪 30 年代后期），在世界范围内的一系列事件预示着战争的阴影正在步步走来，形势逼人：在东方，抗日战争已经在 1937 年夏天全面爆发；十月革命以后，苏联迅速崛起，成为第一次世界大战以后世界政治、军事力量上不可忽略的一极，再加上欧美普通民众心目中长久以来形成的对于共产主义的刻板印象，这个世界上最为辽阔的国家顺理成章地被看作一种明显的威胁；在欧洲，随着希特勒在德国上台并大权独揽，奥地利和捷克斯洛伐克的部分领土显然已经不能满足他日益膨胀的野心和胃口；而此前，墨索里尼已经在意大利建立起独裁的法西斯政权……全球范围内，轴心国逐渐形成自己的体系、联盟，一场新的世界大战愈来愈不可避免。用曼彻斯特的话来讲："捷克危机已把我们从长期的沉睡中惊醒，全国人民都提心吊胆，十分着急，咬指甲，用手指敲起桌面来了。轰炸、侵略、战争，这一切在过去不久的夏季还是不可想象的，而今可凛然在望了。"②

然而，在第二次世界大战真正全面打响之前，广播却把成千上万的听众带入了

> **【课堂教学活动】**
> 播放由科幻小说《世界大战》（*The War of the Worlds*）改编的电影《世界大战》（*War of the Worlds*，2005）开头 5 分钟片段。

另一场同样令人深感恐惧的"世界大战"。

四、广播剧《世界大战》及其影响

1938 年 10 月 30 日，再过一天就是一年一度的万圣节。晚上 8

---

① 威廉·曼彻斯特：《光荣与梦想》，广州外国语学院英美问题研究室翻译组、朱协译，海南出版社，2006 年第 2 版，第 142~148 页。

② 威廉·曼彻斯特：《光荣与梦想》，广州外国语学院英美问题研究室翻译组、朱协译，海南出版社，2006 年第 2 版，第 148 页。

点左右，大约600万人收听了哥伦比亚广播公司的广播剧《世界大战》。这部广播剧由奥森·韦尔斯（Orson Welles）根据英国作家威尔斯（Herbert G. Wells）的同名小说改编而成，描述火星人进攻地球的情景。同时，采用真假难辨的方式播送——让演员扮演各种身份的人物——从总统、内政部长，到大学教授、气象专家、电台记者，甚至普通居民——接受访问、发表看法，从而在戏剧中营造出新闻节目的真实氛围。节目导致了意想不到的后果——造成一场举国上下的恐慌。然而，从传播效果的角度来看，这却是一次难得的媒介奇观。同时，也催生了大众传播学早期效果研究的一座里程碑。

当天的节目由一段钢琴协奏曲拉开序幕，接着韦尔斯开始播送开场白：

> 我们知道现在正处于20世纪的初期，这个世界正由智者仔细地观察。人类忙着研究一切事物，甚至微细到要用显微镜才看得到水滴中的蜉蝣，并自得于洞悉地球的奥妙。事实上，地球不过是神秘的宇宙中不断旋转的一小块东西罢了。因为横越无限的虚无高空外，一群我们会视为野兽者，正冷冷地用贪婪的眼光向地球驶近。1939年人类幻灭的时刻来临了。[①]

接下来由另一位播音员播送天气预报。当天气信息之后探戈舞曲响起的时候，有人认为这样开头节奏太慢，可是韦尔斯不这样想，他坚持要逼真就必须如此。大约12分钟以后，突然插播：

> 一个巨大发光物体，应该是流星，落在新泽西州的格罗夫斯密尔附近，距离特伦顿大约22英里处。

紧接着插播的音乐变成现场访问，由演员扮演的"普林斯顿大学教授"接受身在火星人着陆现场的电台记者的采访，并且由这位

---

① 以下有关广播剧《世界大战》的资料主要来源于 Shearon A. Lowery，Melvin L. DeFleur 合著《传播研究里程碑》以及威廉·曼彻斯特所著《光荣与梦想》。

同样是演员扮演的记者向听众绘声绘色地描述现场的各种细节。很快便是一连串的坏消息，纷纷报道火星人在美国各地使用先进武器进攻人类的危急情况。

节目开始大约半小时以后，由演员扮演的"总统"宣布全国处于紧急状态，"内政部长"向全国发表谈话，呼吁全国人民相信上帝，恪尽职守，保卫家园。

"部长谈话"结束不久，哥伦比亚广播公司的节目监制大卫森·泰勒（Davidson Taylor）即被召回办公室。此时美国的部分地区已经陷入火星人入侵带来的混乱之中。因恐慌而受伤、自杀、死亡的消息如潮水般涌向电台，哥伦比亚广播公司的热线电话几乎崩溃。就在楼下，纽约警察已经包围了广播公司大楼，命令所有演员和技术人员在节目结束以后留下来接受讯问。

虽然广播剧的内容完全虚构，但是由它引发的恐慌却不是想象的，而是真实发生的。上级要求泰勒立刻中断节目并做公开声明。此时剧情刚刚发展到火星人向纽约喷洒毒气。节目中的音乐声忽大忽小，"最后的播音员"考林斯英勇地死在哥伦比亚广播公司的顶楼；而港口停泊的船不断发出笛声，直到船上的人死光，正当一切恢复死寂，一位无线电爱好者发出呼叫信号：

> 2X2L 呼叫 CQ，2X2L 呼叫 CQ，2X2L 呼叫 CQ，有人在频道上吗？有人在吗？

没有一点声音。五秒钟以后，播音员打破沉寂：

> 各位现在正在收听奥森·韦尔斯的太空剧场，播出由威尔斯的《世界大战》改编的广播剧。节目休息片刻待会儿再继续。

类似的声明在节目中重复播送了 4 次，但是，此刻已经几乎没有人还守在收音机旁边收听节目了。根据后来的调查，此时已经有几十万人冲出家门，公路水泄不通，人们在野外四处飞奔，哭声喊声响成一片。

五、效果如同魔弹

普林斯顿大学广播研究中心在事发之后迅速针对这个节目所引发的恐慌展开研究，成果由哈德利·坎崔尔（Hadley Cantril）等人汇集成书，并于1940年出版，这便是著名的《火星人入侵：关于恐慌的研究》（*The Invasion From Mars: A Study in the Psychology of Panic*）。

根据美国民意协会（American Institute of Public Opinion）事后的调查，600万听众中，大约有100万人承认受到该剧的影响，感受到惊吓。坎崔尔等人发现，《世界大战》所强调的戏剧效果、广播作为获得信息工具在普通民众中的威信、专家谈话和现场报道以及真实地名的使用等因素均增加了节目的可信度和真实性，是导致这出广播剧具有非同寻常的影响力的主要原因。

另外，听众在鉴别能力、宗教信仰、人格因素、收听情境等四个方面的差异是造成同样收听《世界大战》的听众中，一些人感受到恐慌而另一些则没有的主要原因。其中，收听情境主要指是否从开头收听节目。事实上，许多听众并没有一开始就收听这个节目（许多人有换台的习惯，因此是节目播出中间从其他频道转过来收听的），因而错过了介绍剧情的开场白。研究发现，凡是从头到尾完整收听节目的听众，相对很少产生恐慌情绪。若干年以后，传播学者罗吉斯（罗杰斯）回忆自己儿时这段经历的时候说："1938年的10月，家人和我正是受听威勒斯（笔者注：即'韦尔斯'）的'太空剧场'广播的六百万听众之一，不过我并非恐慌群众中的一分子，因为我有听到节目一开始时的说明。"[1]

虽然事后大量针对韦尔斯、太空剧场以及哥伦比亚广播公司的指控最终都没有成立（因为没有先例），但是，鉴于其潜在的巨大

---

① 罗吉斯（Everett Rogers）：《前言》，载于 Shearon A. Lowery，Melvin L. DeFleur，《传播研究里程碑》，王嵩音译，远流出版事业股份事业有限公司，1993年版，第15页。

威力和负面效应，美国联邦通讯委员会（FCC）仍然决议禁止在广播剧中使用"现场报道"的方式。

至此，传播媒介对受众的巨大影响力可谓有目共睹，许多人认为传播媒介拥有不可抵抗的强大力量，它们所传递的信息在受传者身上就像子弹击中躯体、药剂注入皮肤一样，可以引起立竿见影的效果，进而左右人的态度、意见，甚至直接支配他们的行为。学界把这种效果理论称为"魔弹论"，或者"枪弹论""皮下注射论"。《世界大战》所导致的巨大恐慌，可以说在很大程度上为20世纪早期关于大众媒介具有强大传播效果的假说提供了直接的注释和最好的证据。

然而，另一个方面的事实同样不可忽视：传播对象是"固执的"，他们拒绝倒下。虽然某些讯息可能说服某些人，但在这个过程中没有什么自然而然的事。即便是在"火星人入侵"这个魔弹论的经典案例中，也能够看到研究者通过研究个体差异来对传播的强大效果提出质疑的声音和尝试。换句话说，《世界大战》将大众传播效果推向极致的同时，关于强大效果的神话也开始退潮，后续研究的发展开始朝向新的方向前进，很快便抛弃了这种过分主观、过分简化，甚至有些幼稚的理论。

第三节　有限效果理论

传播学界对早期魔弹论的反思与保罗·拉扎斯菲尔德的工作密不可分。而1938年，普林斯顿大学广播研究中心进行有关《世界大战》影响研究的时候，拉扎斯菲尔德正是该中心广播研究的负责人。不久以后，拉扎斯菲尔德离开普林斯顿，去哥伦比亚大学创立了应用社会研究所。拉扎斯菲尔德在哥伦比亚大学任教25年，这期间，他从功能主义的立场出发，展开了大量针对社会心理的研究，其中影响最为深远的可以说就是针对1940年美国大选中选民态度的研究，研究成果后来结集出版，即《人民的选择》。

一、《人民的选择》（*The People's Choice*）

1940 年，对于美国而言是一个关键的时期：欧洲局势危在旦夕，战争已经如箭在弦；而美国国内，经过 20 世纪 30 年代的大萧条，经济开始复苏，罗斯福总统已经连任两届。虽然他的新经济政策力挽狂澜，迅速扭转了美国经济的颓势，使其不至于走向彻底崩溃。但是，他的一系列强化政府干预、统筹的经济措施，使得美国从一个奉行自由主义的国家朝向社会福利国家转型。同时，为了增加固定资产投资，罗斯福不惜大举国债，政府财政赤字急速飙升，其消极影响甚至持续到 21 世纪初。这些在美国国内都难免引起争议。而另一方面，共和党则长期在野，对于 1940 年竞选带来的种种机会正虎视眈眈。

对于媒介具有强大效果的假说因为诸如《世界大战》带来的恐慌而被最大限度地呈现在受众和学界面前的时候，拉扎斯菲尔德等人试图通过采用后来被广泛接受的调查研究的方法，对选民的态度进行反复调查，如他们自己所言："我们的兴趣在于探究人们在各种情况下的政治行为。研究的问题则是：发掘选民为何与如何决定选谁？"[①]

然而，调查的结果并非如大家想象的那样——总统候选人利用大众媒介能够轻而易举地改变选民的态度——恰恰相反，在接受调查的选民中，只有区区 8% 的人在选举过程中改变了自己的选择。这是一个非常令人意外的结果，毕竟此前几乎所有的传播效果研究均试图证明大众媒介那种具有魔力的效果。然而，《人民的选择》发现，大众媒体的宣传效果可以被分为三种模式：

（1）活化（activation）：就是让没有意识到自己的立场的人通

---

① Paul F. Lazarsfeld, Bernard Berelson, and Hazel Gaudet, *The People's Choice*, New York：Columbia University Press，1948. 转引自 Shearon A. Lowery，Melvin L. DeFleur《传播研究里程碑》，王嵩音译，远流出版事业股份有限公司，1993 年 3 月第 1 版，第 101 页。

过接受宣传内容而更清楚地意识到自己的立场。对于投票行为而言，它是促使选民达成与其政治倾向指标符合的决定过程；

（2）强化（reinforcement）：主要是提供证据来显示选民已有立场或者决定的正确性，媒体的作用就是要保持这些人的稳定，巩固他们已有的立场；

（3）转化（conversion）：让选民放弃某候选人转而投向其他候选人，也就是说，改变他的投票意向。研究发现，这种情况虽然存在，但是很少。①

拉扎斯菲尔德等人的研究并没有停留在对此前魔弹论的怀疑和否定这个层面上，他们进一步发现了另一个事先没有料到的情况：许多选民并非直接从媒体获得信息，而是更主要的直接受到其他人的影响。换句话说，就是人与人之间的影响在这里超越了媒介对人的影响。这是之前的效果研究从来没有重视过的问题。

研究者发现，受众当中存在一些"意见领袖"（opinion leaders，也被译为"舆论领袖"），他们通常对政治新闻和信息有更高的敏感度和较大的兴趣，在这个方面似乎更有见解。受众往往愿意通过与意见领袖的沟通来获取信息和观点。因此，媒体当中的信息与观点实际上更主要的是通过"媒体－意见领袖－普通受众"这个路径传递到普通受众那里。传播的模式也从此前的媒介直接对所有受众产生影响被改进成为"两级传播"——经过意见领袖中介的两级传播。（见图8-1）

《人民的选择》对于调查研究法具有开创性的应用，对于大众媒介具有强大效果假说的怀疑和否定，更重要的是，它发现了"意见领袖"并因此提出"两级传播"理论，这一理论对于传播研究可谓影响深远：直接导致大众传播研究与人际传播研究的结合，并成为直到当代仍有影响力的"传播流"（communication flow）研究取向的起点。

---

① Shearon A. Lowery, Melvin L. DeFleur：《传播研究里程碑》，王嵩音译，远流出版事业股份有限公司，1993年版，第112～115页。

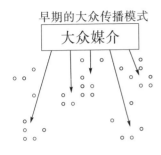

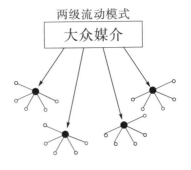

早期的大众传播模式　大众媒介

两级流动模式　大众媒介

○ = 构成群体的孤立个体

○ = 与舆论领袖有社会接触的个体
● = 意见领袖

图 8-1　大众传播传统模式与媒介影响的两级流动模式之比较①

二、《个人影响》（*Personal Influence*）

《人民的选择》的"研究设计并未期望人际关系在数据的分析中会发挥重要作用"②，因此可以说"意见领袖"的发现，是一个意外的收获。然而，其直接后果却造成支撑两级传播的假设的实证数据并不充分。因此，沿着拉扎斯菲尔德等人开辟的方向，传播流的研究在 20 世纪后半叶被拓展开来，取得了大量的研究成果，积累了丰富的研究经验，形成了独特的研究传统。

20 世纪 40 年代中期，伊莱休·卡茨与拉扎斯菲尔德选取伊利诺伊州一个小城的 800 名女性作为样本，研究她们在购买商品、看电影和公共事务等问题上受影响的情况，并出版了《个人影响》一书。这一次，研究者的重点不再关注大众媒体，转而将重心集中在人际影响方面。事实上，这项研究再次发现个人的影响比任何大众传媒更常见和更有效。

---

① 资料来源：丹尼斯·麦奎尔、斯文·温德尔：《大众传播模式论》，祝建华、武伟译，上海译文出版社，1997 年版，第 69 页。

② 伊莱休·卡茨：《二级传播：对一种假设的最新报告》，载于奥格尔斯等：《大众传播学：影响研究范式》，关世杰等译，中国社会科学院出版社，2000 年版，第 27 页。

学术界普遍认为《人民的选择》和《个人影响》这两个研究标志着意见领袖理论的出现和确立。

三、《创新的扩散》(*Diffusion of Innovations*)

随着传播流理论研究的发展，两级传播的模式逐渐演变成为一种多级传播的模式，并且主要被用于扩散（Diffusion）研究当中。所谓扩散研究，就是对创新的成果如何被人们所知晓并在社会系统中得到推广的研究。而这里所谓的创新（innovation)是"被采用的个人或团体视为全新的一个方法，或者一次实践，或者一个物体"[①]。

对大众传播模式的研究者来说，有关扩散研究的最重要的特征是：它必须赋予非媒介的信源以重要地位；通过用提供信息或试图影响动机和态度的方法去寻求行为变化的情况常常是存在的。

创新扩散理论认为任何创新的扩散过程至少包含四个环节：

> **【课后小调查】**
> ◆ 分组调查某种创新（例如某种手机应用、科技产品或特定公众号等）在大学生中的使用情况并描述其扩散规律。
> ◆ 能否使用创新扩散理论解释调查结果？
> （此调查需要任课教师详细说明调查涉及的变量、样本量、数据报表的具体要求，并且交代调查实施的步骤。）

（1）知晓：个体意识到创新的存在，并对创新的功能有所了解；

（2）劝服：个体对创新形成一种赞成或者反对的态度；

（3）决策：个体从事于导致对采纳或者拒绝创新做出选择的行动；

（4）证实：个体谋求加强其已做出的创新决策；但如果面临对

---

① 埃弗雷特·M. 罗杰斯：《创新的扩散》，辛欣译，中央编译出版社，2002 年版，第 11 页。

该创新有分歧意见的信息，他可能改变以前的决策。[1]

不同的创新为什么会有不同的扩散速度？罗杰斯认为影响创新被采用率高低的因素是比较复杂的，主要包括五个方面：（1）相对优越性：认为一项创新优越于它所取代的旧观念的程度；（2）兼容性：认为一项创新与现有价值观、以往经验、预期采用者的需求共存的程度；（3）复杂性：认为一项创新理解和运用的难度；（4）可试验性：一项创新在有限基础上可以被试验的程度；（5）可观察性：创新结果能够为他人看见的程度。[2]

从新药物的使用到农作物新品种的推广，再到新产品的流行，创新扩散理论可以被应用到非常广泛的领域。这其中尤以针对新闻扩散的研究在大众传播学范围内影响最大，最深远。

道彻尔曼（Paul J. Deutchmann）与丹尼尔森（Wayne A. Danielson）从 20 世纪中期开始追踪引起轰动效果的新闻事件的传播，例如美国总统、罗马教皇遇刺事件等重大突发新闻的扩散。他们发现重大新闻的传播速度极其迅速：在肯尼迪总统遇刺以后的 30 分钟内，68％的美国成年公民已经知道此事。1 小时以后，95％的成年公众知晓了这条新闻。他们证明了新闻传播的速度比之农业、教育和医疗技术创新的扩散速度要快，后者往往需要几个月或几年，而不是几个小时。一个新闻事件的较早认知者比起较晚的认知者相对拥有更多的正规教育和更高的社会地位。[3]

新闻事件扩散研究的一个重要贡献是发现了在什么条件下大众传媒比人际关系网传播渠道更重要。格林伯格在肯尼迪总统遇刺案发生以后进行的研究发现，在不同重要性的新闻（无关紧要的新闻、日常新闻和重大新闻）中，重大新闻的扩散过程较之一般新闻

---

① 丹尼斯·麦奎尔、斯文·温德尔：《大众传播模式论》，祝建华、武伟译，上海译文出版社，1997 年版，第 73 页。

② 沃纳·赛佛林、小詹姆斯·坦卡德：《传播理论：起源、方法与应用》，郭镇之等译，华夏出版社，2000 年版，第 234 页。

③ E. M. 罗杰斯：《传播学史：一种传记式的方法》，殷晓蓉译，上海译文出版社，2002 年版，第 70 页。

而言，人际传播发挥的作用更大。也就是说，当重大突发新闻出现，几乎与大众媒体的迅速介入同时，人们奔走相告，使得新闻迅速扩散，在很短时间内使得知晓度接近饱和。

然而，作为行为学派早期效果研究的代表，这些研究几乎都关注于个人的层面，主要在微观层面探讨传播效果的问题。几乎没有考察宏观的，特别是意识形态层面上的影响因素，甚至一些学者在主观上就排斥这些研究效果的路径。而这也是其被传播批判学派所诟病的主要问题之一。因此，也不难理解霍尔（Stuart Hall）在论及经验学派与批判学派区别时指出："从'主流'（笔者注：即'行为学派'）到'批判'观点的转变，最容易表现其特征的，主要是从行为学到意识形态的观点上的转变。"① 也因为这个原因，霍尔呼吁在媒介研究中重新重视"意识形态"的问题。这个问题涉及传播研究中两个主要流派的差异与分歧以及批判学派对于行为学派效果研究的反思。就这个问题，我们将在教材其他部分（例如本章第五节）专门分析。

虽然存在大量不同的声音和意见，但是《人民的选择》《个人影响》与《创新的扩散》共同构成了传播流研究的三个节点，被看作有限效果理论的主要代表是毋庸置疑的。这些主要在20世纪中期进行的效果研究开始反思早期关于大众媒介具有惊人效果的假说，逐渐发现媒介的神奇效果只是虚妄的假设，学界开始倾向于怀疑大众媒介的效果，更多注意力被放到人际传播等其他方面，此时期的人在很大程度上认为大众媒介的作用非常微弱，从根本上怀疑并否定了早期传播效果研究中的"魔弹论"。

---

① 斯图亚特·霍尔：《"意识形态"的再发现——在媒介研究中受抑止后的重返》，杨蔚译，载蒋原伦、张柠主编《媒介批评》第1辑，第170页。

第四节　宏观效果理论

效果研究在经历了从强大效果到有限效果的戏剧性降温以后，到 20 世纪 60 年代后期开始，学界对于大众媒体效果的态度开始有所调整，观点倾向于回归中立。这一系列研究几乎都从宏观的角度出发，观照相对长期的传播效果问题，因而被统称为宏观效果理论。

一、议程设置（Agenda-setting）

早在 20 世纪 20 年代，李普曼（Walter Lippmann）在他的代表作《公众舆论》（*Public Opinion*）一书的开头讲了一个故事：1914 年，生活在大西洋一个岛屿上的英国人、法国人和德国人与外界的唯一联系是每 60 天往返于大陆之间的英国邮轮。到这一年 9 月，邮轮路过这个岛屿之前，岛上居民所知道的欧洲大陆仍然是平静的，人们谈论的话题仍然是两个月前送来的最后一期报纸所提供的那些新闻。

> **【课堂教学活动】**
>
> 第一步：请闭上眼睛，想一想最近的重大新闻、重大议题；
>
> 第二步：请查阅近期报纸头版或新闻网站页面；
>
> 第三步：比较你想到的重大新闻、议题与媒体呈现内容之间的异同；
>
> 第四步：分析原因，由此进入议程设置理论的学习。

当 9 月中旬的一天，邮轮再次来到岛屿的时候，居民才得知 6 个星期以前第一次世界大战就已经爆发了——几十天以来都友好相处的他们已经在事实上成了敌人。有趣的是，事实上岛上居民与大陆居民的情况并没有本质的区别：无论是 60 天，还是 6 天、6 小时，所有消息的接收者（这里主要是报纸的读者或大众媒介的使用者）无不在事实发生一段时间以后才了解到有关信息，而在此之前，他们头脑中的世界仍然保持着事件发生前的状态。换句话说，人与其生活其中的现实环境之间还存在一种拟态环境（Pseudo-environment）。李普曼在《公众舆论》一书中提出"拟态环境"这个概念，对于理解媒介在受众中产生的效果很有价值。在李普曼看来："虚拟并不是指制造谎言。我指的是对环境的描写，而这个环境在某种程度上是人类本身创造出来的。"①

正是在"描写环境"这个层面，学界找到了议程设置的理论起点。科恩（B. Cohen）关于这个问题的论述被经常引用："报纸多半不能告诉人们想什么，却极有效地能告诉读者该想什么。"②在大众媒体日益发展的背景下，人们实际上很少有机会能够亲自观察重要事件的发生、发展，绝大多数情况下，都只能依赖媒介塑造的拟态环境来了解所谓的"真相"。既然如此，媒介塑造的世界在多大程度上能够还原真实的世界？更重要的，这个媒介塑造的世界又在多大程度上影响到读者、受众头脑中建构起来的世界？这些世界的相似性有多大？也就是说，这两个"世界"在多大程度上相关？都成为亟待研究者回答的问题。

1972 年，麦库姆斯（M. E. McCombs）和肖（D. L. Shaw）在《舆论季刊》（*Public Opinion Quarterly*）上发表了他们针对 1968 年美国大选期间，媒介设定的重要议题与公众认为的重大议题之间相关性的研究成果。③ 他们的研究旨在证明：公众会按照媒介对各种问题的重要程度的设定来调整自己对这些问题重要性的看法，或者说媒介对某一事物的强调程度同公众对同一事物的重视程度构成正相关关系（见图 8-2）。麦库姆斯和肖发现，在主要新闻部分，媒介对某一问题的强调程度与选民对某一问题的感知程度之间的相关系数是".967"，在次要新闻部分，其相关系数达到".979"。麦库姆

---

① 沃尔特·李普曼：《公众舆论》，阎克文、江红译，上海人民出版社，2002 年版，第 13 页。

② Bernard Cohen, *The Press and Foreign Policy*, Princeton University Press, 1963, p. 13. 转引自 Shearon A. Lowery，Melvin L. DeFleur：《传播研究里程碑》，王嵩音译，远流出版事业股份事业有限公司，1993 年版，第 351 页。

③ 如果完全一致，即正相关，则相关系数为 1；若没有关系，则相关系数为 0；若完全相反，即负相关，则相关系数为-1。

大众传播学通论（第二版）

斯和肖将这种相关性归因于"新闻媒介的议程设置功能"（The agenda-setting function of the press）。[①] "议程设置"理论因此得名。

各种问题	不同的媒介注意	随之产生的公众对问题的感知
X1		X1
X2		X2
X3		X3
X4		X4
X5		X5
X6		X6

图 8-2　议程设置模式[②]

　　这个研究的结论因为研究样本的局限（只针对北卡罗来纳州 Chapel Hill 的一群还没有最终决定选谁的选民）而受到批评。而且，这个研究没有明确媒介议程与公众议程之间的因果关系。然而，麦库姆斯和肖在1968年的研究证明了大众媒体塑造的世界与选民头脑中的世界的高度一致性或者说相关性，为议程设置研究打开了大门。

　　此后，许多传播学者针对议程设置的问题展开了大量程序式研究（programmatic research），即针对特定研究主题在不同时段反复研究，其目的是通过这种方式来修正研究方向，积累研究成果，完善研究结论。研究者相信通过实践这样的研究模式，在一定特定的主

　　① Maxwell E. McCombs and Donald L. Shaw, "The Agenda-Setting Function of Mass Media", *The Public Opinion Quarterly*, Vol. 36, No. 2 (Summer, 1972), pp. 176-187.

　　② 资料来源：丹尼斯·麦奎尔、斯文·温德尔：《大众传播模式论》，祝建华、武伟译，上海译文出版社，1997年版，第85页。

题范围之内不断重复、前进，可以发展出日益完备、规模庞大，也更具有理论阐释力和适用性的研究成果。这种方式也被认为是实证研究范式为传播研究提供的除了研究结论本身之外的一个重要贡献。

　　1972年，麦库姆斯和肖的研究小组便针对几乎同样的问题开展了更大规模、设计更复杂的研究。他们选择北卡罗来纳州的夏洛特的两百多位选民（考察样本本来更多，但是因为各种原因流失了一部分）作为研究对象，采用固定样本连续访问的方法，仍然主要关注两个方面：一方面是媒体中的政治议题，另一方面是选民心目中重要的议题。研究结果汇集成书，便是《美国政治议题的产生：新闻媒介的议程设置功能》（*The Emergence of American Political Issues: The Agenda-Setting Function of the Press*）。

　　在夏洛特的调查中，研究者针对美国大选不同阶段（特别是两党代表大会期间和大选揭晓前的选战白热阶段）媒体以及公众议题的情况进行专门调查：一方面对当地媒体（主要是当地的《夏洛特观察家报》）的内容进行计量统计；另一方面对不同时段的选民议题进行调查。将获得的数据进行"交叉时滞相关分析"（cross-lagged correlation），得到以下结果（见图8-3）：

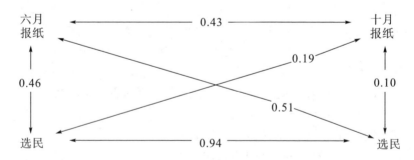

图8-3　报纸议题与选民议题之间的交叉顺序相关①
（图中数字为皮尔曼等级相关系数）

　　① 资料来源：Shearon A. Lowery，Melvin L. DeFleur，《传播研究里程碑》，王嵩音译，远流出版事业股份有限公司，1993年版，第369页。

从图 8－3 中可以看见，不同时段报纸议题之间相关系数为".43"，不同时段选民议题之间的相关系数为".94"。同时，同一时段中报纸议题与选民议题也在不同程度上相关（相关系数分别为".46"和".10"）。但是，这还不能说明报纸议题和选民议题之间的因果关系。但是，如果比较"六月报纸议题—十月选民议题"（.51）和"六月选民议题—十月报纸议题"（.19）相关系数的时候，不难发现两者之间的显著差异（.32）。这说明，六月报纸议题更能够解释十月选民议题。从这个角度来看，可以说六月报纸议题和十月选民议题之间构成了一种因果关系。

然而，这个结论显然远未达到完美。例如，不同时段选民议题之间的高度相关性（.94）说明选民议题从始至终基本保持不变。既然如此，媒介议程对于选民的影响如何体现出来？而且，更加无法回避的问题是：如果媒介设置公众的议程，那么，谁设置了媒介的议程？这个问题的答案并非想象中那么简单：似乎很难直接找到这个议程的"终极源头"。休梅克（Shoemaker）和里斯（Reese）在更晚近的研究中指出至少有五种因素影响媒介的议程：

（1）来自媒介工作者个人的影响，包括传播者自身的特性、个人和职业的背景以及个人的态度和职业角色；

（2）来自媒介日常工作惯例的影响，主要指媒体的截稿时间等时间限制，出版物的版面限制，新闻报道对写作方式、新闻价值的规范和要求以及记者对官方信息来源的依赖等；

（3）媒介组织方式对内容的影响，媒介自身的各种目标，在美国的环境下，媒介对于利润的追求可能以各种方式影响媒介的内容；

（4）来自媒介机构之外的组织对媒介内容的影响，包括利益集团的游说、制造媒介事件等，另外，还有政治权力通过立法的方式对诽谤、色情等内容的限制与规范；

（5）意识形态的影响，一些研究者无法解释的现象最终似乎都可以归因于这个宏观层面的因素，而意识形态的影响也似乎是无孔不入、无远弗届的。①

虽然在休梅克和里斯看来，意识形态是最宏观、最基本的影响力，但是，议程设置理论对于意识形态作用的分析仍然是有限而肤浅的。难怪伊恩格尔（Iyengar）与肯德尔（Kinder）认为，"议程设置可能是一个恰当的比喻，但它绝不是理论"②。这些都直接导致许多学者认为议程设置理论存在一些明显的缺陷。例如，研究者始终不能明确议程设置的起点是媒介、公众还是精英，也不能确定议程设置的对象是公众还是精英或者两者兼而有之。而且，议程设置的作用方式是媒介对受众个体的直接影响，还是通过人际影响发生作用也不确定。

然而，另外，议程设置研究中对意识形态在传播效果中地位与作用的反思与重新评估意味着传播效果研究已经逐步走出 20 世纪 40 年代开始一直持续到 60 年代的行为主义研究范式。随着议程设置理论研究的逐渐深入，大众传播研究也开始逐渐摆脱其发展初期明显的社会学、心理学学术背景，在研究人员、研究对象、研究方法等方面显示出越来越明显的独特之处，特别是向着新闻学传统的靠近可以被看作后来传播研究发展的主流趋势。

从这个层面上看，议程设置理论可以被看作北美传播效果研究的转折点——如果说此前的研究完全脱胎于社会科学，甚至可以被看作社会学心理学当中关注传播现象的一个分支的话；那么，此后的传播研究则更加自信地专注于本学科特有的一些主题，不同渊源的学术资源已经不可逆转地进入主流传播研究当中，虽然这些研究可能还包含着很明显的社会科学基因。另外，学界的兴趣，由此开始逐渐从对短期、微观问题的关注转向对长期、宏观影响的研究。

① P. J. Shoemaker，S. D. Reese，*Mediating the Message: Theories of Influences on Mass Media Content*. New York：Longman，1991.

② 转引自奥格尔斯等：《大众传播学：影响研究范式》，关世杰等译，中国社会科学院出版社，2000 年版，第 67 页。

二、沉默的螺旋 (The spiral of silence)

对沉默的螺旋的思考起源于对于舆论产生规律的好奇。

1965 年，德国大选中出现了一些令人困惑的现象。参加大选的两个主要政党基督教民主联盟与社会民主党展开竞争。在开始的连续六个月中，竞选双方的支持率一直处于胶着状态：双方的支持者数量差不多，并且没有发生明显变化。然而，距离大选还有两个月的时候，预测基督教民主联盟一方将会赢得大选的人数明显增加。也就是说对于大选结果的预测开始出现倾向于一方的潜在变化，虽然选民的实际立场还没有发生真正的变化。然而，戏剧性的一幕发生在大选前两周左右——选民的实际立场在短时间中出现剧烈变化：基督教民主联盟一方获得了比预期多 4% 的选票，而社会民主党则在最后时刻失去了 5% 的选票。这一出人意料的变化导致基督教民主联盟一方最终以 9% 的优势赢得大选。

是什么因素导致基督教民主联盟在选举的最后时刻脱颖而出？又是什么因素导致社会民主党一败涂地？德国学者伊丽莎白·内尔－纽曼 (Elisabeth Noelle-Neumann) 对这个问题倍感困惑，故而展开了针对舆论 (public opinion) 的研究，并提出了所谓"沉默的螺旋"理论。纽曼发现，距离大选还剩下两个月的时候，选民对于最终结果的预期发生的显著变化是一个非常重要的线索。换句话说，在调查选民投票意向的时候，调查人们对于谁会赢得大选的预测甚至比直接询问其个人的真实立场更有助于了解其最终选择。可以肯定的是，有一种巨大的力量促使选民从猜测最终结果到真正改变自己的立场。

在纽曼看来，人类社会之所以具有凝聚力，是因为社会成员在价值观和目标上的一致性，而这里的"一致"在很大程度就是所谓的"舆论"。舆论不仅在政治事务中（例如大选），也在其他许多问题上对普通社会成员构成心理压力，进而影响他们在这些问题上的行为。与处于优势的舆论选择不同的立场和行为方式，将可能导致个人在社会中被孤立、被排斥。而每个社会成员都要尽力避免被孤立的情况出现。因此，每个社会成员都在不断监测自己周围处于优势地位的观念和行为模式，预测最有可能出现的发展结果，以便指导自己下一步的行为举止。

纽曼用四个假设概括出沉默螺旋理论的轮廓：

（1）社会使背离社会的个人产生孤独感；

（2）个人恐惧持续的孤独；

（3）对孤独的恐惧感使个人不断地评估处于优势的观点；

（4）评估的结果会影响个人在公开场合的行为，特别会影响个人是否公开表达观点。[①]

这四个假设建构出人们在公开场合行为模式的一个核心问题：即舆论与每个社会成员的相互关系。根据纽曼等人的相关研究发现，如果人们认为自己的观点与大多数人的观点一致，他们一般会自信地表达这些观点，不管是公开的还是私下的；然而，如果人们觉得自己的观点只与少数人类似、相同，那么，他们的表达将变得谨慎，甚至沉默。而这个过程本身正好强化弱势观点的弱势，从而在实际上强化强势观点的强势。由此，不同观点在公众中接受度便出现了一种似乎不可逆转的分化：弱的更弱，而强的更强……"沉默的螺旋"出现了（参见图8-4）。

正是从这个角度，纽曼给舆论下了一个操作性的定义：那些能在公开场所发表出来的、且不会受到孤立的、对有争议的问题的意见。[②]

①　伊丽莎白·内尔-纽曼：《大众观念理论：沉默的螺旋的概念》，载（美）奥格尔斯等：《大众传播学：影响研究范式》，关世杰等译，中国社会科学院出版社，2000年版，第140页；丹尼斯·麦奎尔：《麦奎尔大众传播理论》，崔保国、李琨译，清华大学出版社，2006年版，第390页。

②　伊丽莎白·诺尔-诺曼：《沉默的螺旋：舆论——我们的社会皮肤》，载张国良主编《20世纪传播学经典文本》，复旦大学出版社，2003年版，第540页。

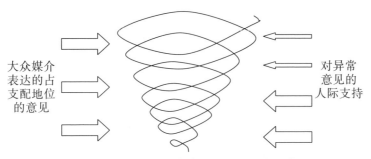

大众媒介
表达的占
支配地位
的意见

对异常
意见的
人际支持

不公开表达异常意见和（或）从异常
意见转到支配意见方面的人数

图 8-4　沉默的螺旋模式图①

回顾一下人类历史，我们不难发现沉默的螺旋——即人类观点的"马太效应"可以说俯拾皆是，有些时候给人类带来的不仅仅是一些人的沉默，更惨痛的教训和代价甚至到今天也难以磨灭——在开始的阶段可能并非处于绝对弱势的不同观点——正是因为进入由大众传播、人际传播共同营造的"沉默的螺旋"当中，而逐渐失去了表述自己的机会和空间，最终当一种观点武断地占据了绝大多数人的头脑的时候，悲剧就成了一种宿命。

当然，沉默的螺旋理论并非没有缺陷。

有人怀疑螺旋是否意味着态度的真正变化。换句话说，不同的观点可能只是受到压制，暂时沉默，当形势发生逆转、具备有利条件的前提下，原来处于劣势的观点很可能卷土重来。更重要的，"舆论"这个概念作为整个沉默的螺旋理论的基础，很难通过经验主义的方式得到确认。而这个概念的模糊，直接影响到沉默的螺旋理论的阐释能力。

---

① 　资料来源：丹尼斯·麦奎尔、斯文·温德尔：《大众传播模式论》，祝建华、武伟译，上海译文出版社，1997 年版，第 92 页。

三、知识沟（Knowledge gaps）

如果观点在特定社会环境中的强弱分化是沉默的螺旋关注的焦点的话，那么，知识沟理论关注的则是知识、信息在传播、分配过程中的两极分化。

在大众媒介的种类不断增加，大众传播的规模日益壮大，人类知识的总量以几何数级增长，信息以层出不穷、花样翻新的方式扩散的背景下，作为社会成员的普通受众从理论上本来应该获得较之以前更大、更多、更便利的机会，来寻求需要的知识和信息。然而，事与愿违，实际情况与理想状态并不一致。在这样的背景下，知识沟的假说被提出来了。

1972年，蒂奇纳（Tichenor）等人在研究不同社会地位的人群获得知识、信息的差异以后，提出所谓的"知识沟（knowledge gaps）假说"。其主要内容可以概括为：当一个社会体系中的信息流增长时，那些受过较好教育、具有较高社会经济地位的人，将比受教育较少、地位较低的人更好地吸收信息。这样，信息增长导致了知识沟的扩大而不是缩小（参见图8—5）。

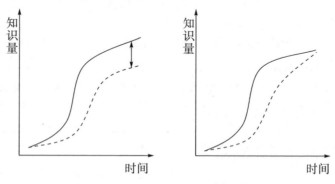

图8—5　知识沟以及上限效果示意图[①]

---

① 资料来源：郭庆光：《传播学教程》，中国人民大学出版社，1999年版，第231页。

蒂奇纳等人发现，导致知识沟的因素主要包括：第一，传播技能。受教育程度高的人具有更大的阅读量和更强的理解力，这有助于他们获取知识。第二，信息储备。获取知识是一个积累的过程，这个过程存在一个加速度：前期的知识储备越充分的人就越能够在大量信息当中获取相关知识，而且，也更能够理解已经获得的知识。第三，相关的社会交往。教育通常意味着日常交往的人更多、更密切，增加了获得相关知识的机会。第四，对信息的选择性接触、理解和记忆。第五，发布信息的大众媒体的性质。较高社会地位的人更多使用印刷媒介，同时，印刷媒介的使用门槛（阅读能力、购买力等）也反过来增加了较低社会地位的人使用的难度。[①]

　　实际上，并非所有的学者都同意知识沟会不断扩大的观点。

　　艾特玛（Ettema）和克莱因（Kline）认为，因为各种原因，知识沟理论所描述的知识分化不会无限扩大。例如大众媒介传播的知识是针对普通大众的，是普通的，而不是深奥、精密的；受众自身不会无限度地获取知识，当知识水平达到一定程度以后，接受行为会减缓甚至停止，接受的信息量也就相应地不再增加；如果受众认为自己的知识水平已经超越大众传媒提供的知识，他们就不再使用大众媒介。因此，艾特玛等人认为人类获取知识的行为存在一个"上限"，这个饱和的状态会使得处于有利地位的受众在较快获取一定量的知识以后减缓获得知识的速率，原地踏步等待处于不利地位的受众逐渐赶上自己，最终所有社会成员获得知识的总量不会存在显著差异。这就是所谓的"上限效果"假说（参见图8-5）。

　　然而，多诺霍（Donohue）等人的研究发现一些知识沟最终不能合拢。也就是说，人类获取知识的活动是多元的，试图用简化的方式理解这个过程的想法往往无法完善的描绘、解释实际情况。

　　在当下席卷全球的信息化浪潮，特别是互联网迅速普及的背景

---

① P. J. Tichenor, G. A. Donohue, C. N. Olien: "Mass Media Flow and Differential Growth in Knowledge", *The Public Opinion Quarterly*, Vol. 34, No. 2 (Summer, 1970), p. 163.

下，知识沟的假说面临着一个几乎全新的媒介环境和知识扩散体系。这些新元素的进入，为弥合知识沟带来机遇的同时，也天生地包含着产生新的知识沟、进而扩大社会分化的可能和挑战。

一方面，互联网等新媒体在构造和使用方式上具备的开放性为更多的人更方便地获取知识、信息提供了条件。根据中国互联网信息中心（CNNIC）2008 年 7 月发布的数据，截至 2008 年 6 月底，中国互联网网民数量达到了 2.53 亿，已超过美国，跃居世界第一位。[①] 互联网提供的海量信息正在铺天盖地地汹涌而来，大有彻底改变人类文明形态的趋势。谷歌（google）董事长兼首席执行官艾瑞克·施密特（Eric Schmidt）曾说，谷歌将用 300 年时间组织全世界的信息！这个想法在 10 年，甚至 5 年以前听上去仍然会让人觉得疯狂。但是，如今你会发现通过 google earth 不但能够查阅罗马地图、游览罗马街道、参观古罗马竞技场，还能够"穿越时空"，在 google earth 提供的不同时间层面上回到古罗马时代的罗马城，回到古代的罗马竞技场……IT 技术带来的信息传播变革可谓大矣！

另一方面，中国互联网的普及率为 19.1％，低于世界平均水平 21.1％，更大大低于互联网普及率最高的冰岛（85.4％）。[②] 在全球范围内，发达国家利用自身对于大众传播系统的控制、引导能力，利用"全球化"的潮流，在世界范围内强势地传播信息、影响舆论，试图最大限度地控制落后国家。从这个角度来看，无论是在信息、知识的传播阶段，还是在使用、消费阶段，知识沟不但没有因为互联网的出现而缩小，反而有扩大的趋势：在不同媒介素养（media literacy）的使用者之间扩大，也在不同经济发展水平的国家和民族之间扩大。知识沟成为促成、强化社会分化的一个重要原因，被许多传播学者重视和反思。

---

① 数据来源：《第 22 次中国互联网络发展状况统计报告》，http：//www. cnnic. net. cn/.

② 数据来源：同上。

第五节　效果研究的源流

苏轼有诗云："横看成岭侧成峰，远近高低各不同。不识庐山真面目，只缘身在此山中。"回顾传播效果研究将近一个世纪的发展历程，各种理论争奇斗艳、奇峰林立的局面难免让初学者感觉茫然，甚至迷失，很难把握这些研究成果的发展脉络与内在逻辑。

一、传播效果的理论演进

从纵向的时间维度上寻求各种效果理论对于不同传播效果的判断，能够非常有效地帮助我们理解它们之间前后继承、在批判中不断积累发展的演进脉络。

从图 8-6 中，能够发现对于传播效果的认识经历了一个明显的"U 形"发展过程：从 20 世纪早期简化、片面、极端的强大效果假说经过《人民的选择》等研究的怀疑与批判，对传播效果的看法在 20 世纪 40 年代，一度出现了急转直下的剧变——普遍认为大众传播的效果有限，甚至没有效果。这种对于传播效果的矫枉过正的看法，从一个极端走向了另外一个极端，并且一直持续了 20 多年时间。直到 20 世纪 60 年代末，随着议程设置等宏观效果理论的兴起，对于传播效果的认识才开始"拨乱反正"，回到相对中庸的评判立场。此后，学界更倾向于认为大众传播对于受众虽然没有立竿见影、药到病除的神奇效果，但是，大众传播也绝非一无是处、可有可无的自言自语。在新媒介形态层出不穷、社会面貌千变万化的背景下，宏观效果论到目前为止仍然引领着传播研究的主流方向进入崭新的 21 世纪。

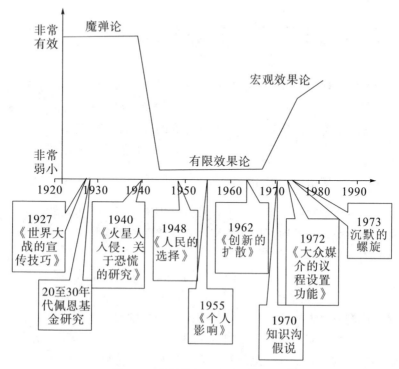

左侧竖排标题：大众传播学通论（第二版）

图中文字：
- 非常有效
- 魔弹论
- 宏观效果论
- 非常弱小
- 有限效果论
- 1920　1930　1940　1950　1960　1970　1980　1990
- 1927《世界大战的宣传技巧》
- 20至30年代佩恩基金研究
- 1940《火星人入侵：关于恐慌的研究》
- 1948《人民的选择》
- 1955《个人影响》
- 1962《创新的扩散》
- 1970知识沟假说
- 1972《大众媒介的议程设置功能》
- 1973沉默的螺旋

图 8—6　传播效果理论演进示意图①

二、传播效果的理论分布

同时，利用"效果的持续时间"和"传播意图"这两个变量构成的两维坐标体系能够为各种效果理论提供准确、直观的定位，从而便于我们理解这些理论的内在逻辑和相互关系。

① 资料来源：沃纳·赛佛林、小詹姆斯·坦卡德：《传播理论：起源、方法与应用》，郭镇之等译，华夏出版社，2000 年版，第 309 页。笔者作了适当修正。

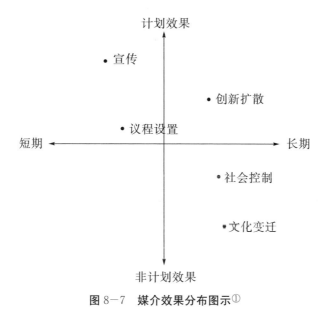

图 8-7　媒介效果分布图示①

　　效果理论因为不同的侧重点与特征而分布于图 8-7 中不同象限的不同位置。不难发现，本章前四节所介绍的传播效果理论基本都集中在图示的上半部分。也就是说，大多数行为主义研究倾向于关注有意识、有计划的传播效果。② 对于非计划的效果，特别是长期的非计划效果的关注在行为主义研究范式中是相对非常薄弱，甚至被刻意回避的方面。这一点被许多学者关注、讨论甚至批评（例如本章第三节涉及对传播流研究的反思）。

　　① 　资料来源：丹尼斯·麦奎尔：《麦奎尔大众传播理论》，崔保国、李琨译，清华大学出版社，2006 年版，第 361 页。笔者作了适当修正。
　　② 　由于有限效果论的研究倾向于怀疑大众传播是否存在显著效果，而此图示隐含的前提之一就是"大众传播对于受众有效果"（无论效果持续时间长短、有意还是无意），因此在此图示上面没有标注出有限效果理论的位置。

三、反思行为学派

　　"有人认为从文化传统的角度看，这是美国科学主义与理性主义的产物。美国人不搞思辨、不搞形而上学，而搞实证，行为科学比较发展。"[①] 这样的判断虽然是过于简化而有失偏颇的，但是不能否认，这在很大程度上说明了兴起于美国的行为主义传播研究范式的来源及其自身特点。同时，正如英国学者安东尼·吉登斯（A. Giddens）评价的那样，美国学术界因为过分"专业化"，只关心研究自己专业内部的问题，不管外面广大天地的气候变化，目光愈变愈窄，关怀愈变愈技术化，导致社会理论的重心已经从美国渡海转移到了欧洲。[②]

　　吉登斯这里所说的"重心转移"主要是针对 20 世纪 70 年代兴起于英国的文化研究。文化研究吸收早年法兰克福学派的批判精神，结合法国结构主义思潮以及意大利共产党人葛兰西（A. Gramsci）的霸权理论，并与英国本土的左翼激进思想集合，汇集形成规模日益庞大，影响逐渐扩散的文化研究学派。早期文化研究学者，如雷蒙·威廉斯（Raymond Williams）、理查德·霍加特（Richard Hoggart）等人大多出身贫寒，带着传统文学研究者的身份与知识背景进入对于社会、文化的分析与批判，多数研究成果带有强烈的个人自传色彩，将研究者主体与自己所关注的客体融为一体，难分彼此。在这样的研究模式中，不完全甚至完全不追求研究者外在于研究对象，而是毫不避讳地将个人的经验作为理解传播现象的线索和依据，并且取得了引人注目的研究成果。这些成果大多数从社会的宏观层面，关注文化外在因素与内在逻辑的变迁与交错。其中大量有关传播效果的成果在类型上都应该被纳入"非计

---

　　① 常昌富：《大众传播学影响研究——兼谈建立中国大众传播学的一点思考》，载奥格尔斯等：《大众传播学：影响研究范式》，关世杰等译，中国社会科学院出版社，2000 年版，第 20 页。

　　② 李金铨：《视点与沟通：中国传媒研究与西方主流学术的对话》，载《新闻学研究》第 77 期，2003 年 10 月，第 1～21 页。

划"和"长期"效果的右下象限当中（参见图 8—7），成为传播效果研究中与美国行为学派遥相呼应，虽然立场和许多观点迥异，但却不可或缺的重要组成部分。正是兴起于欧洲的批判学派（以文化研究为主要代表）在世界观、方法论和研究内容等方面与北美行为学派的差异和互补关系，才使得当代传播效果研究的实践获得了多元的特征以及从不同角度无限接近于真理的可能性。

小　结

从 20 世纪 20 年代末的强大效果假说，到 40 年代不无矫枉过正地提出有限效果理论，再到 70 年代以降渐趋中庸的宏观效果理论……传播效果研究伴随着人类社会的整个当代历史以及大众传播系统的电子化、全球化，走过了一条曲折蜿蜒却收获颇丰的道路。在面临急剧社会转型的当今中国，效果研究可谓方兴未艾：后起却势头迅猛的现代化潮流、有中国特色的社会经济结构、独特的文化传统……都为中国传播学界提供了前所未有的机遇与挑战。

思考题

1. 传播效果可以从哪些层面来测量？

2. 魔弹论在什么条件下有效？请举一个魔弹论在特定条件下仍然有效的例子。

3. 谁是你周围的舆论领袖？他们有哪些相似之处？

4. 从议程设置理论角度来看，传播媒介扮演了什么样的角色？镜子还是探照灯？

5. 当下中国的知识沟在扩大还是在缩小？有什么证据？

6."沉默的螺旋"对于人类社会有什么害处？请列举两个例子来说明。

第九章　大众传播理论与方法

第一节　经典理论的类型

斯蒂文·李特约翰认为，传播理论的许多方面都很难做出明确的分类，因为没有哪个分类系统是完全适合于组织这类材料的。本节所提到的五个经典理论，可以为学习者提供关于传播理论构建的一般分析视角。

一、结构功能理论

结构功能理论是现代西方社会学中的一个理论流派。该流派认为社会是具有一定结构或组织化手段的系统，社会的各组成部分以有序的方式相互关联，并对社会整体发挥着必要的功能。整体是以平衡的状态存在，任何部分的变化都会趋于新的平衡。该理论的核心观点是：社会结构是真实的而且是以可以观察到的方式发挥着功能。例如，我们可以假设大众传播活动是真实的，其活动过程中形成的诸种传播关系是可以观察的。因此，"关系"可以被视为社会结构，社会结构的方式变化，"关系"就会随其变化，所发挥的社会功能也会产生变化。

现代社会学中的结构功能理论是在以往的功能主义的思想基础上形成和发展起来的。功能主义产生于生物学，强调以有组织的系统作为维持自己的运转方式。结构主义源于语言学，强调语言和社会系统的组构。20世纪40年代，美国社会学家 T. 帕森斯第一次提出结构功能这一概念。他认为系统由变量组成，变量在功能网络中与其他变量产生因果关系。许多组织传播的研究者在其研究中就采用了结构功能理论。他们把组织（一个相对独立的系统）看成一个由诸如生产子系统（工厂、车间、工段）、推销子系统（零售、批发）、适应子系统（情报、技术开发）和维持子系统（材料、人事、总务后勤）相互依存关系结成的网络系统。这个组织系统是真实的和可以观察的。

结构功能理论的第一个特点是，结构主义和功能主义都强调时间上的稳定性，即共时性。也就是说，重视研究组织传播的状态，而不是以组织传播在历史进程中的变化即历时性为基础。稳定预测的一个例子是，一个组织中的居高位者常侵犯地位较低者的领域，但居低位者很少会侵犯地位较高的雇员领域。

结构功能理论的第二个特点是对无意图的行为后果而不是有目的的结果的重视。结构主义者对诸如"主观性"和"意识"一类概念表示怀疑，转而寻找人的控制和意识之外的因素。基于这一原因，这类理论有时被称为有反人性倾向。我们回到组织传播的例子，结构主义者更感兴趣的是意识和控制以外的组织特征，如自然发展形成的而不是计划建立的网络等。

第三个特点是，这些理论倾向于把语言和符号与用符号代表的思想和物体分离开来，以二元视界指称两个有区别的部分——物体和符号。例如，组织结构是现实中实际的东西，我们用来表达结构各部分的词语是指代这些事物的符号形式。

从二元论引出结构功能理论的第四个特点是真理对应理论的使用。对应理论提出，语言必须与现实相对应；符号必须准确地代表事物。因此，我们必须谨慎小心，保证用语的准确。我们要求"地位"和"领域侵犯"这些词语意义是清楚明确的。

结构功能理论家们认为，传播是一种过程，在这当中，社会个体用语言把意思传达给他人。同时，传播使用的语言和符号系统又与把它们作为工具使用的人脱离，从而拥有自己的生命。因此可以说，结构功能理论把准确清楚的判断作为良好传播的标准，而且把传播能力视为对语言和其他符号的准确、恰当和熟练地使用。

上述思想在传播领域具有极大影响，而且影响了美国许多学者对大众传播的看法。对正处于快速转型期的中国社会和发展传播学中国模式研究而言，结构功能理论是一种长效的基础理论。

二、认知和行为理论

与结构功能理论一样，认知和行为理论也把两个虽不相同但都拥有许多共同特点的学说结合了起来。这些理论也和结构功能理论一样支持关于知识的普遍观点。这两大理论的主要差别在于其研究重点和学科背景上。结构功能理论把研究重点放在社会和文化结构上，而认知和行为理论则把研究重点放在社会个体方面。

心理学是关于个人的认知和行为理论的主要来源。传统上，心理行为主义研究的是刺激（输入）和行为反应（输出）之间的关系。例如，奖励和学习。认知理论承认刺激和反应之间的关系，而且更加关注两者之间的信息处理过程。认知论者感兴趣的是，在个人的心理活动中怎样把奖励转化为强化因素的思想过程。"认知"一词特指人的思想或电脑，因此，认知论强调的是人们怎样思考。直到 20 世纪 60 年代中期，行为主义一直占上风。今天，大多数坚持实践这一理论的心理学家和传播学者都声称自己是认知论者。

认知研究以"变量分析"为中心，并对主要的变量进行归类，进而描述它们之间互相关联的方式。同时，认知研究者还对信息和认知变量所引起的某些行为结果方式感兴趣。例如，一个认知传播理论可能揭示人们评价信息特征（如可信度、共享性和扩散等）的方式，它对那些可能影响人的思想的信息类型可以做出常规预测。

三、相互作用理论

这一类理论把社会生活视为相互作用的过程，相互作用被认为对行为、意义和语言的产生、保持、变化具有至关重要的作用。换言之，传播（相互作用）是我们学习和理解事物意义的工具。

相互作用理论者把社会结构看成相互作用的关系网络而不是其决定因素。社会结构不能使传播发生，相反是传播使得社会结构得以存在。例如，家庭是由其成员交际的方式而形成的。相互作用理论的关注焦点是，语言怎样通过使用而制定或形成社会结构，以及语言是怎样通过使用而得到再创造、保持和变化的。符号相互作用论与一般相互作用论的不同点在于强调符号和意义的作用。符号相互作用依据三个基本假设：（1）人们是依据事物对他们的意义来处理事物的。事物指社会客体，可以是具体的，也可以是抽象的。（2）社会客体的意义来自社会相互作用，不是客体本身所具有的。（3）意义可以被掌控，也可以通过解释而改变。符号相互作用论把语言视为相互作用的工具，认为语言作为符号和意义系统，可以使人进入自己与他人的交流活动，并使这些活动成为意义的客体。因此，语言应当是研究人的相互作用的出发点。举例来说，你怎么看待你的父母，是由你和他们之间多年的语言交流所决定的。

结构功能主义认为，有组织的客观的社会结构发挥作用产生结果；相互作用理论则认为这些社会结构是相互作用中语言符号运用的结果。因此，相互作用导致并强化共享的意义，建立诸如规则、角色和建模等的常规，后者进一步推动相互作用的发生。

常规或者说标准的意义和行动是通过相互作用产生的，意义随着时间、语境和群体的变化而变化。归根结底，在一定的群体内的相互作用既是传统的中心又是变化的根源。由于意义和行为随着环境而变化，相互作用论者的知识比起结构论和认知论的知识而言更依赖于环境。相互作用理论多把意义和行为放在特定的社会群体和文化中进行描述，它们不会做出超越环境的概括。因此，相互作用理论多对传播过程及其怎样影响意义做出描述，而不是根据已知的一组变量对结果进行预测。

譬如，组织传播的社会理论可能显示组织文化通过讲故事和举行仪式的手段获得，因为不同组织中的故事和仪式是不同的，因而组织拥有非常不同的文化。这类理论可以用来追踪随着一代人的更替和新的故事和仪式的产生而引起的组织文化的变化，而且对我们今天关于大众传播的思考有很大的影响。

四、阐释理论

阐释理论认为，阐释的目的不是去发现制约事件发生的法则，而是揭示人实际理解其经验的方式。阐释理论赞成主观主义或者说个人体验的重要性，对个人对事件的理解赋予极大的重视。它们一般强调语言是体验中心，认为语言创造了意义世界，个人在此世界中生活并通过它理解一切体验。

阐释理论描述活跃的头脑揭示各种各样体验的意义的过程。有时理解包含对文化的阐释，有时是对各种各样的文本及制造物的解释。这些理论多避免对观察到的现象做出规定性的判断，阐释往往是用相对的、不很明确的词语表述的。

有几个传播理论都持阐释论观点，其中包括文化阐释论、组织文化论和文本阐释论。例如，用一个研究理论对各种文化的传播实践进行检验，试图理解它们对这些文化的成员意味着什么。阐释理论和相互作用理论有密切的联系，因为它们对语言和意义有共同的兴趣，并且都使用了阐释方法。

五、批评理论

批评理论由一组松散地对传播和人类生命质量拥有兴趣的思想观点组成，它们尤其关注不平等和压迫现象。多数批评理论关注社会中利益的冲突以及传播使得一个群体长久控制另一个群体的方式。因此，批评理论不仅仅是观察而已，它们更大的贡献是对社会系统中的传媒组织及其生存样态进行批评。

批评理论的一个重要分支是女性主义。女性主义对男性和女性传播体验的区别进行检验和提问。该理论也对社会中的压迫和权力分配表示关注。

批评理论借用了其他流派的许多观点。尽管它们倾向于拒绝功能主义和认知论，但许多批评理论多少以结构主义为方向，因为它们在寻找影响社会中阶级和性别关系的基本社会结构。批评理论也借助了相互作用理论，承认文化和物质变化及日常行为再现（有时甚至改变文化）的方式的重要性。的确，批评理论的重要贡献之一是对传播决定文化样态的认识。批评理论和阐释理论都对语言及语言影响经验的方式表示极大关注。这些理论也大都借用了阐释方法。

必须指出，这五个理论流派对什么是知识以及对现实和价值观的理解存在很大分歧。每一派理论都使得理论家能从事某些方面的研究。每个流派中的各种思想学说及每一个具体的理论都各有其长处和局限性。

结构功能理论对各种类型系统中的范畴和变量之间的关系做了详细说明，但该理论及相关学说在揭示个别事件和具体的人类经验的协调方面是较为薄弱的。例如，组织功能理论能够在一般意义上显示某些管理风格对生产力的影响，但是它不能帮助我们理解个别工人对管理人员可能抱有的看法以及他们述说的自助故事。

认知理论对思维的一般方法做了描述和解释。这类理论告诉我们许多关于个人心理的知识，但是它们很少涉及社会群体的动态变化。认知理论旨在显示人们一般是怎么思考的，但它们却很难解释人们是怎样写作、怎样完成某一任务的。例如，一个信息处理的认知理论可能会解释个人在对某一问题形成看法时是怎样掂量信息的，但是它不能揭示通过群体相互作用形成意义的方式以及态度怎样受到文化价值观的影响。

相互作用理论旨在揭示社会过程并显示个人行为怎样受到群体常模和规则的制约。这些理论还显示传播可以怎样改变社会的习俗。因此，这些理论的长处是对人际的动态变化和关系做了描述和解释。它们能明确解释人和群体怎样随着时间和环境的改变而改变，但是却未能很好揭示存在于各种环境中的人类生活的结构。例如，一个相互作用理论可能会揭示你的自我概念会怎样依据所处群体的价值观和规则发生变化，但是同样的理论却不能帮助你理解你的稳定的个性。

阐释理论在揭示个人体验、文本和社会结构的意义方面是很有力的。批评理论强调价值观和利益在判断事件、情境和制度方面的作用。这些理论可以成为促成变革的强大因素，这是其他理论流派做不到的。同时，阐释和批评理论不适于对制约人类活动的法则做出科学解释。举例来说，一个批评理论或许会帮助观察者分析某一群体的言语，并揭示这类话语反映该群体在社会中受到压迫的情形，甚至推导出为减少或消灭压迫而进行制度改革的结论；但这些理论并不能清晰地告诉我们作为改革表征的劝说的一般过程及其运作的方法。

第二节　帕森斯的传播功能理论

传播功能的研究视角及方法深受结构功能主义学派的影响，并吸收了心理学、社会心理学的相关研究成果。帕森斯的传播功能理论就是这一时期的重要成果。

一、帕森斯其人

塔尔科特·帕森斯（Talcott Parsons，1902—1979）出生于美国科罗拉多州的科罗拉多斯普林斯，父亲是一位牧师，曾任俄亥俄州玛丽埃塔学院院长。帕森斯先后就读于加利福尼亚州的阿默斯特学院、英国伦敦经济学院、德国海德堡大学，学习生物学、经济学、人类学和社会学，1927 年获经济学博士学位。在攻读博士学位和刚刚执教于哈佛大学经济学院期间，帕森斯开始接触 A. 孔德、H. 斯宾塞、E. 迪尔凯姆、A. 拉德克利夫－布朗、B. K. 马林诺夫斯基、马克斯·韦伯等早期社会学家的思想，并将自己的热情和精力倾注到研究社会结构及其各组成部分之间在功能上的差异和相互关系上。1930 年，哈佛大学建立社会学系时，帕森斯进入该系成为首批教师队伍中的一员，1937 年出版《社会行动的结构》一书。20 世纪 40 年代，他提出结构功能主义的思想，并在以后的许多论著中为建立结构功能主义的系统性理论做出了巨大贡献，成为结构功能分析学派的领袖人物。1942 年，他出任美国社会学会会长，1949 年出任美国东部社会学会主席，在全世界许多大学任客座教授，在国际社会学界享有很高的声誉。1973 年，帕森斯从哈佛大学社会学系退休，1979 年 3 月 8 日在德国慕尼黑逝世，一生共发表论文 200 余篇，出版专著 20 余部，教学 40 载，可谓著作等身、弟子盈门。

帕森斯对现代功能主义理论的主要贡献包括两个学说：社会行动系统论和社会变迁理论，但与传播学直接相关的是前者。

二、帕森斯的社会行动系统理论

社会行动系统论是帕森斯结构功能理论的核心，是帕森斯对社会如何构造，如何共同适应问题的宏观描绘。这个社会行动系统理论共涉及以下四个系统。

1. 文化系统

这个系统基本的分析单位是"意义"（meaning）或"符号系统"。帕森斯认为，宗教信仰、语言和民族的价值观都是符号系统，如果这些符号系统的价值观被社会成员所内化（使社会性的价值观成为自己所有），就会产生文化的"社会化"。所谓社会化，指一种维持社会控制和保证社会团结的极为强大的聚合力。在《社会系统》一书中，帕森斯明确指出："很显然，人类行动系统之精品不可能在没有比较稳定的系统中存在。在这一符号系统中，意义不是以极端特殊化的状态而定。它是这样一种共同分享的系统——在被称之为文化传统的互动当中产生功能。"[①]

2. 社会系统

这一系统的基本单位是"角色互动"。帕森斯认为："社会系统是在一定情境中的单个行动者相互作用的复数形式。这一情境至少具有物质的或环境的一些成分，并且有以一种'满足最优化'的趋向为动机的行动者。这些行动者与其所处的情境的相互关系是根据

---

① T. 帕森斯：《社会系统》，纽约自由出版社，1951 年版，第 11 页。

文化构成的共同分享的符号系统来定义和传达的。"①

这里的"复数"意味着两种或更多的关系呈现，而行动者既可以是个人也可以是集体。这样，社会系统可以小到两个在电话上（交谈）互动的人；可以大到联合国组织内部的多元关系。由于"单个行动者"的动机是自我满足，因而社会系统就会启动文化系统中"共同分享的价值观"去迫使社会角色进行互动。

3. 人格系统

人格系统的基本单位是单个的行动者——人，有心理和社会需求的个体。分析研究的重点在个人的需要、动机、态度上。帕森斯的研究角度是"为了达到满足最优化的动机"，这与现代冲突理论和社会交换理论关于人是"自利者"的观点相适应。

4. 行为个体系统

其基本单位是具备生物特性的人类，即人的自然层面，其中包括有机体及其赖以生存的自然环境。因此，对行为有机体的研究，应该包括对人的中枢神经系统和人体的机械运动的探索。

帕森斯认为，在社会行动系统中，以上四个组成部分以有序的方式相互关联。比如，人刚出生时只是行动有机体。随着个体的发展，他（她）可以通过从社会系统中的其他行动者那里学习自己期望的东西，从而使社会文化系统中的某些元素成为自己的东西（个人认同）。也就是说，个体学会了"角色期望"并由此而成为社会的完全参与者。其中，个体的价值观出自文化系统，个人的认同出自人格系统，人作为生物的素质则出自有机体。他进一步指出，社会的这些组织部分都各自对社会整体发挥着重要的功能，而且，整体是以平衡的状态存在，任何部分的变化都会趋于新的平衡。为此，帕森斯提出了他的"AGIL 模型"（或称作"四功能图式"，该图式由每一功能的开头字母组成，见图 9-1）。

---

① T. 帕森斯：《纽约时报》，1978 年 7 月 9 日，第 5 页。

A（adapt 适应）	G（go 达标）
有机系统： 手段和条件（经济）	人格系统： 具有动机的行动者（政治）
文化系统： 目标或目的（教育、宗教、家庭）	社会系统： 规范性标准（法律）
L（liaise 维模）	I（integrate 整合）

AGIL：四种系统需要
LIGA：四个系统层次

图 9-1　帕森斯的 AGIL 图式

在 AGIL 图式中，"A"代表适应功能，指保障从环境得到足够资源（resources）并通过系统对这些资源进行分配的问题。这是指社会系统需要一定的结构和制度，即经济便成为有机系统中最重要的制度（手段和条件）。"G"代表达标功能，其核心问题是决策者们的功能——为了组织和调动系统中的资源并加以利用来实现其生存优势，人格系统要求决策者们通过政治制度来表达自己的意愿（desire）、动机（motive）和态度（attitude）的能力。反过来讲，分析一个系统是否达标，我们可以直接分析社会决策行动者们的动机成因。"I"意味着需要在系统内部的各行动者或单位之间调整（adjust）关系以保持系统的功能，也就是说，需要一些社会共同体或规范性秩序，比如"期望的标准化、权利和义务的限定"这样一些把社会各部分整合起来的东西，法律制度和司法机构恰好是适应这一需要，可以执行上述规范的"整合"手段。"L"是通过传播社会价值观来保持价值系统完好无损并保证系统成员一致性的问题。教育、宗教、家庭及相关的制度成为实现这类传播行为的主要目标。根据帕森斯的观点，文化系统关注意义（meaning）系统或者说文化价值观。它在控制的层次上排列最高，因为具有共享文化价值观和道德行为就是社会化的意义之所在。它可以说是社会控制和社会平衡的基础。

如果人们从 L→I→G→A 这一逆方向看 AGIL 图式，就会发现文化系统的"交流层次"特征十分突出。当一个国家或民族需要使用人类已有的传播手段——尤其是大众传播手段——去传播社会价值时，"L"所能提供和控制的信息内容就会倾向于对社会系统中一套规范性标准形成有利的东西。这一套规范性标准以其整合或协调"I"的功能将决定行动者怎样达到某种目标"G"；而行动者为了在组织能源方面确定其优先权，又必须依赖于所生存的自然环境和社会环境提供的资源条件来保障"A"。所以，系统的四个需要与四个层次之间不仅相互依赖，还对社会整体发挥着重要的功能，使整体以一种平衡的状态存在。

第三节　"使用与满足"研究

一般而言，大众传播的效果问题可以从两种视角进行考察：一种是从传播者的角色考察传播活动是否达到了预期目的，或者给予了受众什么样的影响；另一种是从受传者的角色出发，通过分析受传者接触媒介的动机或者这种接触满足了他们的什么需求，来考察大众传播给人们带来的心理和行为上的效用。后一种视角构成了"使用与满足"（use and gratification）研究的基本内容。

"使用与满足"研究出现于 20 世纪 40 年代。当时，美国的收音机家庭普及率已达到 80％以上，许多人认为收音机的普及为众多不识字者提供了受教育的条件，广播媒介将会大大提高整个社会的文化教育水平。然而，广播收听率调查的数据却显示，那些以启蒙、教育和素质培养为目的的"好"节目拥有的听众并不多，而"格调低俗"的轻喜剧、连续剧以及游戏节目的收听率却高得出奇。这种现象使一些传播学者对受众媒介接触行为背后的心理动机产生了浓厚的研究兴趣。

最早对广播节目的"使用"动机进行调查的是哥伦比亚大学广播研究室的 H. 赫尔卓格。1940 年，他对知识竞赛节目的爱好者进行了面访，发现尽管是同一节目，人们的收听动机、欣赏的层面、获得的满足是不同的。赫尔卓格认为有三种基本心理需求使得人们喜爱知识竞争节目：

（1）竞争心理需求——通过抢先猜测答案使自己与出场嘉宾或收听伙伴处于竞赛状态，享受由此带来的竞争乐趣。[1]

（2）获得新知的需求——从节目中得到新的知识或话题。

（3）自我评价需求——通过猜测答案来判断自己的知识程度，确认自己的价值。

1944年，赫尔卓格还对广播剧的爱好者进行了调查，发现人们怀着多种动机收听广播连续剧。受众中有的是为了"逃避"日常生活中的烦恼，有的是为了寻求"代理参加的幻觉"，有的则把广播剧当作"日常生活的教科书"。这些需求类型，反映了听众对广播媒介的"使用"的多样性。

B. 贝雷尔森是用大众传播实证研究的方法对印刷媒介的效用进行考察的学者。他在1940年发表的《读书为我们带来什么》一文中指出，人们对书籍的使用受到性别、年龄、阶层、学历等因素的影响。一些具有普遍性的读书动机表现为：追求书籍内容对工作与生活的参考价值的"实用动机"；消除疲劳、获得休息的"休憩动机"；向人谈论新书内容以获得别人称赞和尊重的"炫动机"；通过读书转移日常生活烦恼的"逃避动机"等等。1949年，贝雷尔森又发表了《没有报纸意味着什么》的研究论文。这项研究以1945年6月30日纽约八家报纸的发行人员大罢工为背景，试图通过调查人们读不到报纸所带来的不便，揭示报纸在人们日常生活中的效用。根据调查结果，贝雷尔森总结了人们对报纸的六种利用形态：（1）获得外界消息的新闻来源——没有报纸就失去了了解外部变化的耳目；（2）日常生活的工具——例如看不到天气预报、购物指南、广播节目预报等信息，会给生活、出行带来诸多不便；（3）

① 何景熙、王建敏：《西方社会学说史纲》，四川大学出版社，1995年版，第254~266页。

休憩的手段——从读报中获得清静和休息；（4）树立社会威信的手段——通过披露从报纸上读来的新闻或新知识来获得别人的尊敬；（5）社交的手段——读报可以为日常社交提供丰富的话题；（6）读报本身的目的化——每天读报已成为习惯性行为，读不到报纸便缺乏生活的充实感。总之，当人们突然失去了读报的条件，"饥渴型资讯焦虑"（与"过剩型"相对）就会出现，甚至影响社会的常态秩序。

20世纪40年代的此类研究还有许多。到了50年代，"使用与满足"研究进入了一个停滞期。其原因是早期的研究仅仅囿于归纳一些"使用"或"满足"的基本类型，在理论上没有进一步的突破；在方法上又以面访记录为主，尚未形成较严密的调查分析程序，使得这项研究出现了难以为继的局面。

60年代以后，"使用与满足"研究的价值重新受到学界的肯定，其研究方法再次被广泛应用，使大量研究成果具备了以下新的特点。

1. 对"使用与满足"的传播形态进行系统的定量定性研究

例如英国学者麦奎尔等人在1972年对新闻、连续剧、知识竞赛等六种电视节目进行问卷调查和实证研究，从概念确认到数据收集和分析都采用了一套严格的分析程序。这次调查不仅归纳了各类节目提供"满足"的不同特点，还抽出了它们之间共同的四种基本类型，即"心绪转换"效用、"人际关系"效用、"自我确认"效用、"环境监视"效用。这些类型与40年代的结论并无多大区别，但重要的是这些严谨的调查分析程序排除了研究人员的主观随意性，为其他学者提供了验证的手段。

2. 重视对受传者使用动机产生的社会条件的考察

例如，施拉姆等人在研究电视对儿童的影响时发现，少年儿童的电视接触行为与他们在家庭、学校中的处境有着密切的关系。那些与同学关系不融洽、家庭处境不顺的儿童喜欢看打斗场面多、富于刺激性的节目，而且主要是从冒险情节和场面的紧张感中得到"满足"；而那些伙伴关系融洽、家庭处境顺利的儿童则不同，他们更喜欢看一些轻松、快活、有趣的节目，并将节目中的内容用在和伙伴们的游戏之中。不少研究证明，父母要求过严或在家庭中得不到温暖，在学校比较孤独等处境，都会引起儿童的"欲求"不满，这种状况如果在现实中得不到改善，他们就会逃向幻想的世界来寻求一种"代替的满足"，而电视节目、动画片等传播路径恰好为他们提供了这样一个世界。

3. 加强了对"使用与满足"过程的理论总结

例如，卡茨和布鲁姆勒在《个人对大众传播的使用》（1974）一文中，把媒介接触行为概括为"社会条件＋心理倾向→接触需求→接触行动→满足结果"的因果连锁过程，并提出了"过程的基本模式"。日本学者竹内郁郎后来对这个模式作了若干补充（见图9-2）。

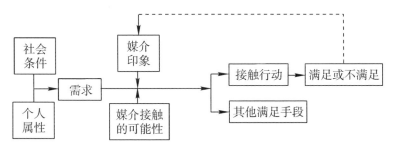

图9-2 "使用与满足"过程的基本要素

该图的含义是：（1）人们接触传播媒介的目的是为了满足他们的一些基本需求，这些需求有着特定的社会和个人心理起源。（2）实际接触行为的发生需要两个条件，其一是媒介接触的可能性，即身边必须要有电视机或报纸之类的物质条件；其二是"媒介印象"，即对媒介能否满足自己的现实需求的评价，这种印象是在以往媒介接触经验的基础上形成的。[①]（3）根据"媒介印象"，人

<hr />

① 山根常男等：《社会学讲义》，载《大众传播》第 6 卷，有斐阁 1977 年版，第113 页。

们有选择地对特定的媒介或内容加以接触，接触行为可能使他们的需求得到满足，也可能无法使其满足，但不管怎样，这一结果将影响以后的接触行为，人们会根据"满足结果"来修正既有的"媒介印象"，在不同程度上改变对媒介的期待。

总之，"使用与满足"把能否满足受众的需要作为衡量传播效果的重要标准，这个视角具有重要的意义。对"使用与满足"效果观，人们有不同的认识和评价。一方面，有人认为它考虑的是受众的媒介使用形态的多样性，强调的是受众需求对传播效果的制约，因而它与20世纪40—60年代占主导地位的"有限效果论"是相呼应的；另一方面，也有人认为"使用与满足"研究指出了大众传播对受众的一些基本效用，属于某种"适度效果理论"，对过分强调大众传播无力性的"有限效果论"是一种"有益的矫正"。但不管怎样，用这样一个经典传播学理论分析中国传媒现实并验证其科学性，仍然是一件有趣的事情和有意义的工作。

第四节　传播学的研究方法

一、实验型定量方法

传播学的定量分析方法和传统的定性分析方法有所不同。所谓传统的定性分析方法，一般是指人文学科所沿用的记叙与归纳性的描述方法，也就是归纳、演绎、推理的逻辑方法。这种方法是思辨型的，其研究程序是：提出需要定性的问题，运用定性的方法进行论证，最后得出定性的结论。这种定性分析方法对传播学科的发展曾起过重要的作用，如新闻史论的研究。

但定性分析的研究方法也有很大的局限性。它往往停留在以事件（人物）为点，以直接因果关系为线的平面叙述上，并且带有主观判断的成分，因而"仁者见仁，智者见智"，缺乏定量客观的分析与测定，使结论的准确性缺少应有的依据。不容置疑的事实是，当今大众传播的功能扩散与社会政治、军事、经济等各个方面密切相关，传统的思辨型定性方法对测定宣传效果、社会影响等已捉襟见肘、力不从心。而采用行为科学的实验型定量方法对传播现象及其行为进行研究已越来越重要。

实验法有两个主要特征：

（1）以数理统计和计算机为工具；

（2）有一套严格周密的操作程序。

实验法的操作步骤：

（1）确定假设；

（2）通过观测与测量搜集数据。如实地调查法要设计问卷，进行随机抽样和访问调查，访问对象一般在 1000 人以上；

（3）运用数理统计手段，对资料数据做出精确的定量分析；

（4）根据统计结果，对假设加以验证并据此提出结论或理论。

二、实地调查法

实地调查法是定量分析法中的一种具体方法，又名"观察法""抽样法""问卷法""面谈法"等。

实地调查法由 19 世纪后期的欧洲经验社会学派建立，以研究社会问题。法国矿业工程师普勒用此法写就《欧洲的劳工》一书。英国社会学家查尔斯·布斯用 20 年时间，对伦敦居民的贫困状况及其原因进行实地考察，最后于 1905 年出版了《伦敦人民的生活与劳动》17 卷巨著。

20 世纪 20 年代前后，调查研究方法的理论基础——数理统计取得重大进展，促进了社会调查的进一步科学化与准确化。在美国，实地调查法开始广泛应用于市场调查、民意测验、竞选预测等领域。

大众传播研究从一开始就引入了这种调查研究方法，其先驱者是拉扎斯菲尔德。他的许多著名的个案研究为我们提供了实施实地调查法的具体步骤：

（1）建立"研究假设"。就某一传播现象提出一项有待证实和说明的理论命题。有时一个假设里可以包含正反两个命题。

（2）确定调查范围和样本数。实地调查法分"普查"和"抽样"两种方法。受人、财、物条件的限制，研究者一般采用后者。所谓抽样调查法是从被研究对象的全部单位中抽取一部分单位进行考察和分析，并用这部分单位的数量特征去推断总体的数量特征的一种调查方法。在抽样调查中，被研究对象的全部单位称为"总体"；从总体中抽取出来，实际进行调查研究的那部分对象所构成的群体称为"样本"；说明总体数量特征的指标叫"样本指标"。"抽样推断"就是指从样本指标推算总体指标的过程。只要样本与总体保持一定比率，样本又足够多，结果的误差就小。

（3）制定抽样方案。总体中每个对象均有同等的抽样机会，叫随机抽样；按研究者主观意图选择对象，叫非随机抽样。传播研究多采用前者。

（4）设计问卷。可以"观察记录""访问记录""填表"三种方式进行。

（5）分析结果。计算百分比、平均数、标准差、相关系数、卡方分析等。然后用分析结果去验证原来的假设，如果两者吻合，则假设成立，形成一项新的理论；否则，假设被推翻，或证明假设的逆命题成立。

实地调查方法的长处是不受人为控制因素的影响，其不足是较难从大量的现实现象中概括出起主要作用的因果关系。

三、内容分析法

内容分析法是一种非接触性（或称"非调查性"）研究方法。所谓非接触性，指分析研究的样本资料不是通过实地调查直接获取的，而是现存的一切被记录与保存而又有传播价值的信息内容，这些信息内容的主要载体形式有书籍、杂志、报纸、朗诵、音乐、绘画、演说、信件、照片、广告、法律文本等。因此，当拉斯韦尔1948年第一次尝试内容分析方法之后，1952年贝雷尔森在他的《内容分析：传播研究的一种工具》一书中，对内容分析作了经典性的定义：内容分析法就是对这些"显而易见"的第二手资料（即"文献资料"）进行客观、系统的定量分析与描述的方法。

当我们想就电视上的暴力是太多还是适量，电脑网络对青少年的影响是弊大于利还是利大于弊等问题发表评论时，想比较中国改革开放 40 年间传播理念的变化时，想分析中国电影前后六代导演操作符号的价值差异时，想评价某些新闻媒体在舆论监督方面是否比其他新闻媒体做得更符合职业操守时，抑或想比较中国摇滚音乐的讽喻是否比外国摇滚更强时，21 世纪的流行歌曲歌词中的求爱模式之变异时……总之，只要我们想对文献资料提出：谁说了什么、对谁、为什么、怎样、结果如何时，都可以采用内容分析来实施自己的研究，而无须担忧它是属于哪个领域、哪个层面的问题。

（一）内容分析程序

1. 抽样

内容分析的抽样常常在书刊、报纸、广播、电视、电影、广告等媒体或其他文本类似的标题和期号中进行，还有一些则是在书籍或文献资料的章节、段落、句子、词汇等层次上进行的。内容分析中使用的抽样方法主要是分层随机抽样和多阶段随机抽样。前者是一种将总体单位按其属性特征共分为若干层（即类型），然后在层中按随机法则抽取样本的方法。比如，为了分析全国报纸对某一社会问题的报道和评论，我们可以先按地区、出版单位的级别、报纸出版频率等特征分层，从中抽取一个分层样本。后者是集综合整群抽样和其他元素级抽样于一身的抽样方式。它把从调查总体中抽取样本的过程分成两个或两个以上阶段进行。其抽样步骤和方式为：先将调查单位按一定标志分成若干集群作为抽样的第一级单位，然后将第一级单位又分成若干小的集群，作为抽样的第二级单位，以此类推，还可分成第三、四级单位。比如，我们为了从全国某一年的家庭刊物中抽取一类研究文章的样本，我们可以先从该年全国所有家庭刊物名单中抽取 10 种月刊，然后再从这 10 种月刊中的总 12 期期号中随机抽取 5 期，比如第 1、2、4、6、8 期；然后再从抽中的每期月刊中随机抽取两篇文章，比如第 5 篇和第 8 篇文章。

这样，由这 10 种月刊的 1、2、4、6、8 期中的所有第 5 和第 8 篇文章组成的 100 篇文章，就是我们分析的样本。

2. 编录

内容分析的基本做法是对样本中的信息进行编录，即根据特定的概念框架，对信息一一做分类记录。工作分两点：其一是选择编录的单位，即选择具体的观察和点算单位；其二是制定一份编录单，即对文献资料进行观察和记录的工具，它的形成和结构将主要依赖于编录单位的选择。比如，如果编录单位是家庭杂志中的离婚问题，研究前就必须为每一种期刊准备一份编录单；如果编录单位是短篇小说的中心人物，研究者就必须为每一个人准备一份编录单。

一旦选定了编录单位，研究者就要为它们制定或赋予数值。分类的原则是：每一事实或材料必须只能归于某一类，而制定的各种类别必须是相互排除的。比如，一个被归于"男性"的人物，就不可能又被归于"女性"；被列入"离婚"类的文章，也不能又被列入"婚姻"类中。表 9-1 是一份用于研究杂志里短篇小说中人物的编录单节选。

表 9-1　编录单

小说标题_____小说编号_____
人物姓名_____
人物的描述_____
_____

1—居住国　　　　　　　5—角色
（1）中国　　　　　　　（1）主要英雄人物
（2）外国　　　　　　　（2）主要反面人物
（3）不详　　　　　　　（3）一般人物
2—国籍　　　　　　　　（4）小角色
————

3-民族	6-年龄段
（1）汉族	（1）儿童
（2）少数民族	（2）少年
（3）其他（写明）	（3）青年
（4）不详	（4）中年
4-性别	（5）老年
（1）男性	（6）年龄变化
（2）女性	（7）不详

（资料来源：袁方主编：《社会研究方法教程》，北京大学出版社，1997年版，第408页。）

（二）内容分析的类型

1. 计词法

计词法是内容分析中最简单、最常用的方法。这种方法是：首先确定与研究问题有关的关键词（记录单位），然后统计这些关键词在各个样本（分析单位）中出现的频率和百分比，最后进行比较。比如，要确定某些小说的情爱程度，你可以直截了当地数一数"爱情"一词在样本中出现的次数，或平均每页出现"爱情"一词的次数。也可以用"爱""吻""拥抱"和"抚摸"这些词分别做出小说情爱程度的指标。用这种方法，我们也可以比较出反映同一问题的不同期刊在导向上的差异。比如，选出两组样本，一组词全部与法制观念有关，另一组全部与道德观念有关。现在假定样本总体是两份家庭方面的月刊杂志中的"离婚问题"专栏、全年的评论员文章或编者按。然后计算出这两组词在每篇文章中出现的频率，再合计总数及每个词所占的百分比。结果，我们发现两家编辑部在对待离婚问题的讨论上，一家注重法制观念，另一家注重道德观念。

2. 语义强度分析

计词法注重数量方面的差别，语义强度分析则注重性质的状况。后者通过给出词汇的"强度权"，以显示它们在使用时的差别。

比如"爱"比"喜欢"的加权数高。

强度权是由词汇的语义所决定的。区分词汇强弱程度的目的，是想区分人们态度的强弱程度。假如某出版社在一次读者调查中发现，对他们隆重推出的某本书持肯定态度的读者和持否定态度的读者各占一半，他们就应该知道两类读者各自的态度程度如何。如果持否定态度的读者是"不喜欢"，而持肯定态度的读者是"热爱"，则表明，虽然两种态度在人数上均等，但在程度上却有差异。

下面，我们给出词汇的正、负度加权数，来测量某些态度和行为的"质"度（见表9-2）。

表9-2 词汇的正、负加权数

词汇	加权数
爱	+2
喜欢	+1
崇拜	+2
藐视	-2
不喜欢	-1
厌恶	-3
无所谓	0

例如，某地政府提出一项建议，动员居民义务劳动，将××湖边的一块空地建成一座儿童游乐场，但在居民中反响不一。为此，一家报纸在"本市天地"专栏中开展了讨论，听取群众意见，帮助政府做出最后决定。现在以读者来信作为分析单位，以词作为记录单位，按语义强度分析的方法给每封信打分，测量群众来信中所反映的态度。下面看看如何给来信打分。

编辑同志：

贵报连日来在开展对政府关于将××湖边的空地改建成儿童游乐场的建议的讨论，我作为湖边的一个住户，也想谈谈自己的看法。

我们这些湖边的老住户对那块多年无人管理、又脏又乱的空地真是 厌恶 已久了，现在那里几乎成了垃圾场。我们曾提过不少的意见和建议，但从前无人理睬。不过说实话我起初并 不喜欢 政府的这个建议，因为怕孩子们的嘈杂声影响我们。但后来一想，这样一可解决我们的老大难问题，二可为孩子们造福，总比维持现状好，这个建议理应受到 支持 。

尽管我的一些邻居们 不乐意 这么做，可我还是呼吁大家为孩子们想想（这将成为全市第一座儿童游乐场），无非是多流些汗水，我也相信此建议将受到多数人的 欢迎 。

（资料来源：袁方主编：《社会研究方法教程》，北京大学出版社，1997年版）

在信文的旁边，给出了记录单位的权重，权重结果为该词汇负度加权数与强弱度加权数的乘积。注意，"厌恶"一词没有计分，因为该词在使用时与建议没有直接关系。最后结果，此信具有权重：+12。依照这种方法算出每封信的权重分数后，就可以综合测量读者对那项建议的态度了。

该分析方法具有应用广泛、省时省力、其结果可定量计算等长处，但不足是，难免以偏概全，使结论与实际情况不符。

四、控制实验法

控制实验法是从实验心理学中引入传播研究领域的一种研究方法。它要求在实验室内进行，并在实验过程中对某些实验因素加以人为的控制。

控制实验法与实地调查法的区别有以下几点。

1. 研究对象的个数不同

调查法以大量定律为理论依据，需要成千上万的调查对象，故称"大样本"；而实验法只要探索"因果关系"，通常研究对象只有数十人，故称"小样本"。

2. 研究环境不同

实地调查法以自然地域为研究范围，控制实验法则以人为环境为研究范围；并在实施之前，同样需要建立假设，确定研究命题。其程序是：

（1）简化因素模式。即在大众传播的众多因素中，根据研究目的和前人已有的定论，选择和确定一对有重要影响的因果关系因素。

（2）控制与实验。将选择出的研究对象分为两个组，条件大致相同。一组叫"实验组"，另一组叫"控制组"。实验时两组的唯一区别是接触材料的变量各不相同，并据此计算因变量是否会产生相应变化。

（3）统计分析。将实验所得的大量数据进行整理，从而描述或推论出某些发现、结论，并对假设进行验证。

控制实验法的长处在于实验本身有比较严密的逻辑程序，研究者便于控制实验因素。不足是：实验环境毕竟是人为地布置出来的，无法真实再现实际生活中复杂多变的状况，其结果往往会出现误差。为了弥补这一缺陷，该法已转向"自然实验法"（或称"社会实验法"），即以整个社会作为"实验室"，采用多元分析进行控制实验。

五、个案研究法

它是用来检验某个传播者（如报社、电台、广告公司）的多方面特性，或者了解研究者所感兴趣的某一特定案例在一段时间内的全面情况的研究方法。

个案研究本来是心理学中的一种研究方法，是对研究对象（如智障者、精神病患者）的各种背景资料（如家庭情况、社会地位、教育、职业、健康状况），尤其是曾对研究对象产生重大影响的事件等信息的收集，然后进行综合分析，从而探究其心理特征的形成和发展过程的研究。可见，个案研究法是集中对某一个体的各个侧面进行综合的量化分析，尽可能多地去囊括和分析一切有关因素，即以小见大的研究模式。而调查法和实验法都是集中研究为数不多的几个相关因素。

个案研究的特殊意义在于较详细深入地占有资料，提供丰富的观点和支撑其他方法求得一般性结论的基础。因此，个案研究常配合其他方法一起使用。需要特别提醒的是，与抽样调查不同，个案研究只涉及某一个别事例，即考虑到研究对象的典型性而不可能做到"以点带面"，因此，个案研究一般事先不提出什么假说，也不以研究的结果去证实带有普遍性的全面观点。

小　结

在最后一章回归到大众传播学的相关知识问题，是为了配合学生们在了解传播学的基本架构、经典范式和不断更新的前沿论域之后，对基础理论和研究方法的一个延伸学习。特别是那些对传播史论研究感兴趣的探索者，在试图以中国传媒实践的特殊视角去验证传统理论的普适性和科学性时，本章的内容有可能引导他们在发展传播学领域找到自由思考的空间，从而对日益重要的发展中国家传播模式进行创新与建构。

思考题

1. 结构功能理论的核心内容和世界观。
2. 认知理论的核心内容和科学视角。
3. 阐释学与符号学的相关论域。
4. 如何掌握和运用传媒研究的常规方法？
5. 使用与满足理论对中国传媒实践的重要意义。

参考文献

一、国外译著

John Fiske. 传播符号学理论（*Introduction to Communication Studies*），张锦华，等，译. 台北：远流出版公司，1999.

Sarah Trenholm, Arthur Jensen. 人际沟通. 李燕，李蒲群，译. 台北：扬智文化事业股份有限公司，1995.

Shearon A. Lowery，Melvin L. DeFleur. 传播研究里程碑. 王嵩音，译. 台北：远流出版公司，1993.

［法］阿芒·马特拉，米歇尔·马特拉. 传播学简史. 孙五三，译. 北京：中国人民大学出版社，2008.

［美］埃弗雷特·M. 罗杰斯. 传播学史：一种传记式的方法. 殷晓蓉，译. 上海：上海译文出版社，2002.

［美］埃弗雷特·M. 罗杰斯. 创新的扩散. 辛欣，译. 北京：中央编译出版社，2002.

［英］安东尼·吉登斯. 现代性与自我认同. 赵旭东，等，译. 北京：生活·读书·新知三联书店，1998.

［美］奥格尔斯，等. 大众传播学：影响研究范式. 关世杰，等，译. 北京：中国社会科学院出版社，2000.

［英］奥利弗·博伊德－巴雷特，克里斯·纽博尔德，编. 媒介研究的进路——经典文献读本. 汪凯，刘晓红，译. 北京：新华出版社，2004.

［法］波德里亚. 消费社会. 刘成富，等，译. 南京：南京大学出版社，2000.

［美］布热津斯基. 大失控与大混乱：21世纪前夕的全球混乱. 潘嘉玢，刘瑞祥，译. 北京：中国社会科学出版社，1994.

［美］戴维·巴勒特. 媒介社会学. 赵伯英，孟春，译. 北京：中国社会科学文献出版社，1989.

［美］戴扬，卡茨. 媒介事件. 麻争旗，译. 北京：北京广播学院出版社，2000.

［英］丹尼斯·麦奎尔. 麦奎尔大众传播理论. 崔保国，李琨，译. 北京：清华大学出版社，2006.

［英］丹尼斯·麦奎尔，［瑞典］斯文·温德尔. 大众传播模式论. 祝建华，武伟，译. 上海：上海译文出版社，1997.

［美］德弗勒，丹尼斯. 大众传播通论. 严建军，等，译. 北京：华夏出版社，1989，

［美］菲德勒. 媒介形态变化：认识新媒介. 明安香，译. 北京：华夏出版社，2000.

［美］菲利浦·M. 南波利. 受众经济学：传媒机构与受众市场. 陈积银，译. 北京：清华大学出版社，2007.

［法］弗朗西斯·巴勒. 传媒. 张迎旋，译. 北京：中国传媒大学出版社，2007.

［美］哈罗德·D. 拉斯韦尔. 世界大战的宣传技巧. 张洁，田青，译. 展江，校. 北京：中国人民大学出版社，2003.

［加］哈罗德·伊尼斯. 传播的偏向. 何道宽，译. 北京：中国人民大学出版社，2003.

［美］凯瑟琳·奥兰丝汀. 百变小红帽：一则童话三百年的演变. 杨淑智，译. 北京：生活·读书·新知三联书店，2006.

［英］利萨·泰勒，安德鲁·威利斯. 媒介研究：文本、机构与受众. 吴靖，黄佩，译. 北京：北京大学出版社，2005.

［美］罗伯特·J. 希勒. 非理性繁荣. 廖理，施红敏，译. 北京：中国人民大学出版社，2001.

［英］罗杰·迪金森，拉马斯瓦米·哈里德拉纳斯，奥尔加·林耐，编. 受众研究读本. 单波，译. 北京：华夏出版社，2006.

参考文献

〔加〕马歇尔·麦克卢汉. 理解媒介：论人的延伸. 何道宽，译. 北京：商务印书馆，2000.

〔美〕尼尔·波兹曼. 童年的消逝. 吴燕莛，译. 桂林：广西师范大学出版社，2004.

〔美〕斯蒂文·小约翰. 传播理论. 陈德民，等，译. 北京：中国社会科学出版社，1999.

〔美〕斯坦利·巴兰、丹尼斯·戴维斯. 大众传播理论：基础、争鸣与未来. 曹书乐，译. 北京：清华大学出版社，2004.

〔美〕托马斯·鲍德温，等. 大汇流——整合媒介信息与传播. 北京：华夏出版社，2002.

〔美〕威尔伯·施拉姆，威廉·波特. 传播学概论. 陈亮，周立方，李启，译. 北京：新华出版社，1984.

〔美〕威廉·曼彻斯特. 光荣与梦想. 广州外国语学院英美问题研究室翻译组，朱协，译. 海口：海南出版社，2006.

〔美〕沃尔特·李普曼. 公众舆论. 阎克文，江红，译. 上海：上海人民出版社，2002.

〔美〕沃纳·赛佛林，小詹姆斯·坦卡德. 传播理论：起源、方法与应用. 郭镇之，等，译. 北京：华夏出版社，2000.

〔德〕伊丽莎白·内尔－纽曼. 大众观念理论：沉默的螺旋的概念. 载〔美〕奥格尔斯等. 大众传播学：影响研究范式. 关世杰，等，译. 北京：中国社会科学院出版社，2000.

〔德〕伊丽莎白·诺尔－诺曼. 沉默的螺旋：舆论——我们的社会皮肤. //张国良. 20世纪传播学经典文本. 上海：复旦大学出版社，2003.

〔日〕佐藤卓已. 现代传媒史. 诸葛蔚东，译. 北京：北京大学出版社，2004.

二、中文著作

蔡帼芬，等. 媒介素养. 北京：中国传媒大学出版社，2005.

陈崇山，孙五三. 媒介·人·现代化. 北京：中国社会科学出版社，1997.

陈学明. 社会水泥——论大众文化. 昆明：云南人民出版社，1998.

陈阳. 符号学方法在大众传播中的应用. http：//academic. mediachina. net/article. php? id=2185 ［2005－11－28］.

戴元光，金冠军. 传播学通论. 上海：上海交通大学出版社，2000.

董璐. 传播学核心理论与概念. 北京：北京大学出版社，2008.

龚文庠. 说服学——攻心的学问. 上海：东方出版社，1995.

郭美女. 符号学在艺术与人文课程运用之研究：以意大利小学艺术教育为例. http://www. teach. eje. edu. tw/data/files/edushare/SIG00004/... /1207114710. doc ［2009－12－8］.

郭庆光. 传播学教程. 北京：中国人民大学出版社，1999.

胡正荣. 传播学总论. 北京：北京广播学院出版社，1997.

李彬. 传播学引论. 北京：新华出版社，2003.

李春霞. 电视与中国彝民生活. 成都：四川大学出版社，2007.

李金铨. 视点与沟通：中国传媒研究与西方主流学术的对话. 新闻学研究，2003（10）.

李苓. 传播学：理论与实务. 成都：四川人民出版社，2002.

李思屈. 东方智慧与符号消费：DIMT 模式中的日本茶饮. 杭州：浙江大学出版社，2003.

李幼蒸. 理论符号学导论. 北京：中国人民大学出版社，2007.

林之达. 传播心理学新探. 北京：北京大学出版社，2004.

刘京林，罗观星. 传播、媒介与心理. 北京：北京广播学院出版社，1999.

刘晓红，卜卫. 大众传播心理学研究. 北京：中国广播电视出版社，2000.

刘友芝. 现代传媒新论. 武汉：武汉大学出版社，2006.

罗钢，刘象愚. 文化研究读本. 北京：中国社会科学出版社，2000.

罗明主. 中国电视观众现状报告. 北京：社会科学文献出版社，1998.

邵培仁. 传播学. 北京：高等教育出版社，2000.

宋友权. 中国广播受众学. 北京：中国广播电视出版社，1998.

王菲. 媒介大融合：数字时代下的媒介融合论. 广州：南方日报出版社，2007.

王宇. 大众媒介导论. 北京：中国国际广播出版社，2003.

吴满意. 网络媒体导论. 北京：国防工业出版社，2008.

吴文虎. 传播学概论. 北京：中国新闻出版社，1988.

徐耀魁. 西方新闻理论评析. 北京：新华出版社，1998.

叶舒宪. 熊图腾：中国祖先神话探源. 上海：上海画报出版社，2007.

臧海阳，张晨阳. 受众学说：多维学术视野的观照与启迪. 上海：复旦大学出版社，2007.

张国良. 传播学原理. 上海：复旦大学出版社，1995.

张国良. 20 世纪传播学经典文本. 上海：复旦大学出版社，2003.

张咏华. 大众传播社会学. 上海：上海外语教育出版社，1998.

郑兴. 受众心理与传媒引导. 北京：新华出版社，1999.

三、外文参考资料

McQuail, Denis. *Mass Communication Theory: An Introduction.* London：Sage, 1997.

P. J. Shoemaker, S. D. Reese. *Mediating the Message: Theories of Influences on Mass Media Content.* New York：Longman, 1991.

Joseph R. Dominick, Fritz Messere, Barry L. Sherman. *Broadcasting，Cable，the Internet，and Beyoond：An*

Introduction of Modern Electronic Media McGrow-Hill Companies, Inc. 2004.

McLuhan, Marshall. *Understanding Media* (second edition). New York: Mcgraw-Hill Book Company.

Hall and Fagen, "Definition"; Anatol Rapoport, "foreword", in *Modern Systems Research for the Behavioral Scientist*, ed. W. Buckley. Chicago: Aldine, 1968.

General System Theory: Foundations, Development, Applications. New York: Braziller, 1968.

Maxwell E. McCombs and Donald L. Shaw. "The Agenda-Setting Function of Mass Media", *The Public Opinion Quarterly*, Vol. 36, No. 2 (Summer, 1972).